我们需要怎样

中国基础教育改革概论

（第2版）

张荣伟 著

WHAT KIND OF
EDUCATION DO WE NEED

AN INTRODUCTION TO CHINA'S BASIC

EDUCATION REFORM

—SECOND EDITION—

教育科学出版社

·北京·

出 版 人　李　东

责任编辑　王晶晶

版式设计　孙欢欢

责任校对　贾静芳

责任印制　叶小峰

图书在版编目（CIP）数据

我们需要怎样的教育：中国基础教育改革概论／张
荣伟著. —2 版. —北京：教育科学出版社，2018.3（2021.8 重印）
ISBN 978 – 7 – 5191 – 1485 – 5

Ⅰ.①我… Ⅱ.①张… Ⅲ.①基础教育—教育改革—
研究—中国 Ⅳ.①G639.21

中国版本图书馆 CIP 数据核字（2018）第 058909 号

我们需要怎样的教育——中国基础教育改革概论（第 2 版）
WOMEN XUYAO ZENYANG DE JIAOYU ——ZHONGGUO JICHU JIAOYU GAIGE GAILUN

出版发行	教育科学出版社					
社　　址	北京·朝阳区安慧北里安园甲 9 号		市场部电话	010 – 64989009		
邮　　编	100101		编辑部电话	010 – 64989363		
传　　真	010 – 64891796		网　　址	http://www.esph.com.cn		
经　　销	各地新华书店					
制　　作	北京金奥都图文制作中心					
印　　刷	唐山玺诚印务有限公司		版　　次	2012 年 7 月第 1 版		
开　　本	720 毫米 ×1020 毫米　1/16			2018 年 3 月第 2 版		
印　　张	12.75		印　　次	2021 年 8 月第 5 次印刷		
字　　数	201 千		定　　价	36.00 元		

如有印装质量问题，请到所购图书销售部门联系调换。

教育改革需登高望远

　　张荣伟的新著《我们需要怎样的教育——中国基础教育改革概论》就要出版了。他来信，希望我能够写点文字。一个重要的原因大概是我曾经是他的博士生导师，比较熟悉他的思想与文字吧。或者，因为这本书介绍的九大教育学派，也包括了"新教育实验"，他希望我成为第一位读者，听听我的意见吧。不管出于什么原因，我怀着为自己的学生摇旗呐喊的快乐心情，断断续续读完了书稿。认认真真读完，我发现真的从中学到了许多东西，于是，欣然写下一些感想。

　　我曾多次去福建省厦门市，但直到有一天登上鼓浪屿的最高峰日光岩，才真正看清厦门的地理位置和整体风貌。观察任何事物，最重要的是明确立场，最难得的是找到观察事物的独特视角或"制高点"（commanding height）。同样，要整体把握中国基础教育改革，必须找到观察中国基础教育的"制高点"。"制高点"是决胜的关键。或许，这个"制高点"就是中国基础教育改革哲学。只有找到了这个"制高点"，只有从本体论（什么是改革）、价值论（为什么改革）、方法论（怎么改革）等不同维度确立可靠的改革观，中国基础教育改革才可能在理论和实践层面获得实质性进展。否则，"顶层设计"无从谈起，必然出现"头痛医头，脚痛医脚"现象，必然出现形式主义、盲目主义、功利主义等价值偏向。荣伟这本书的一个重要意义，是在构建中国基础教育改革哲学（观）方面做出了积极的探索。

2003 年至 2006 年，荣伟在苏州大学跟我读哲学博士。那时，"新教育实验"才刚刚启动，荣伟经常随我参加各种会议，听我的各种讲演，经常和我一起到中小学与一线的校长、老师交流，了解实验进展。我有一个不成文的规定：我的博士生，是必须做新教育研究的，荣伟也不例外。所以，他不仅在论文选题时把新教育的话语体系作为研究方向，而且协助我做了大量"新教育实验"的事务工作。亲身参与实验，为他研究实验提供了切实的感受；生命在场的体验，也为他日后研究中国基础教育改革问题，奠定了坚实的基础。

荣伟这本书的基本论题在他的博士学位论文中已初见端倪。博士毕业以后，他回到福建师范大学教育学院工作，为教育学专业的本科生开设了"基础教育改革研究"这门必修课。据说，已有七届学生（2004 级—2010 级）修了他的这门专业课，而他一直是这门课程唯一的授课教师。另外，这些年他还为教育学专业的研究生讲授了"教育哲学""当代教育理论专题""中国教育体制改革研究"等课程，"中国基础教育改革"是其中不可或缺的话题。在繁重的教学工作之余，荣伟一直没有忽视阅读、思考和写作，先后主持了全国教育科学"十一五"规划教育部重点课题"中国基础教育'九大学派'研究"、教育部人文社会科学研究规划基金项目"我国基础教育'十年课改'的历史考察与反思"等研究项目，并出版了《当代基础教育改革》《"新课程改革"究竟给我们带来了什么？》《新中国教育实验改革》等著作。如果说已出版的三本书，重点在于对中国基础教育改革进行点状和线性描述的话，那么，现在这本书的特色则在于，自觉地构建中国基础教育改革的总体认知框架，试图为探讨中国基础教育改革确立更为宏观、更为根本、更为可靠的问题域。

在我的博士生中，荣伟是比较擅长理论思维的，也是比较能够坐冷板凳研究学问的。在"新教育实验"的理论构建过程中，荣伟也做出了自己独特的贡献。我经常说，问题的高度和深度直接决定理论的高度和深度。细读全书，可以看到清晰的问题意识和严谨的逻辑结构。我想用表 1 来呈现本书的内容框架。

表 1　本书内容框架

主题	内容
前言	我们需要怎样的教育
当代格局	我们在争论什么　我们在借鉴什么　我们在探索什么
言说方式	谁在言说　向谁言说　如何言说
话语类型	意识形态话语　知识精英话语　平民实践话语　大众诗性话语
行动逻辑	谁来改革　改革什么　怎么改革
实践模式	行政模式　专家模式　校本模式　共同体模式
主体形态	政策规划型主体　理论建构型主体 实践突破型主体　商业炒作型主体　社会公益型主体
对象与目标	改变学生的生存状态　改变教师的行走方式　改变学校的发展模式 改变父母的家教观念　改变人才的评价制度　改变教育的研究范式
教学关系范型	多教少学　先教后学　以教定学　教学分离　教学互损 少教多学　先学后教　以学定教　教学合一　教学相长
九大学派	情境教育　情感教育　理解教育　生命（化）教育　主体教育 指导—自主学习　新基础教育　新教育实验　新课程改革
结语	中国基础教育改革的困境与出路

通过这个框架，我们可以看到，本书对于中国基础教育改革的脉络、现状、问题的把握是系统全面的，分析是鞭辟入里的。可以说，这是迄今为止我见到的研究中国基础教育改革最优秀的著作、最具深度的研究成果。

我们知道，教育改革是一项系统性工程，"顶层设计"非常重要。"顶层设计"所强调的是"全局意识"和"整体谋划"，它需要拥有一个考察教育改革现状的整体认知框架，需要拥有推动教育改革的可靠的立场、视角和思维方法，或者更直接地说，需要一个教育改革的哲学。可以说，正因为改革哲学的不同（虽然有些改革者自己并没有自觉的哲学意识，但事实上也会有个人混沌的偏好喜恶），或改革者在立场、视角、思维方面存在差异，才出现了各种不同的改革理论与实践。

教育改革如何才能拥有自己的哲学头脑？中国基础教育改革何以走向理性和自觉？荣伟这本书本身就是一部教材、一个案例。这本书对基础教育改革的一些深层次问题，对基础教育改革的合理性、合法性、可行性问题进行了探讨；对一些比较有影响的重大教育实验改革案例进行了评析；对改革过程中的一些片面化、简单化的思维方式和行为模式进行了批评。所有的基础教育改革者，不妨用本书所构建的框架图，来剖析一下自己的教育哲学，分析一下自己的言说方式、话语类型、行动逻辑、实践模式、主体形态等，从而更自觉地从事教育改革与探索。

基础教育改革的力量和智慧来自哪里？我一直认为，我们长期以来的做法是以自上而下的行政推动为主，最终往往走向了封闭、保守和大一统，丧失了灵活性和创造性。许多改革为什么没有深入持久地进行？为什么经常是雷声大雨点儿小？为什么经常是虎头蛇尾，不了了之？就是因为缺乏广泛的群众基础。形式主义是对付官僚主义最有效的办法，也是一线校长、老师用脚投票的意见表达。日本教育家佐藤学在《静悄悄的革命》一书中也分析过教育改革的困难之处。他认为，真正的教育变革是从课堂开始的，是从教师开始的。对于教育行政部门来说，应该学会关注并且推广那些行之有效的民间教育实验成果，应该汲取民间教育改革的智慧。这也是荣伟这本书给我们的重要启示。

是为序。

朱永新
2012 年 5 月 14 日晨写于烟台

教育改革需要系统思维

　　教育改革是一项系统工程，必然需要系统思维，必然要坚持系统原则。系统思维注重事物的整体性、全面性，注重事物的各个部分及其内在逻辑。基于系统思维的中国教育改革，需要拥有整体观和全局观，需要综合把握中国教育的发展动态和各种现实问题。

　　系统思维反对就事论事，在各项行动中，倡导把目的、手段和可能遇到的问题联系起来统筹考虑。以系统思维探讨中国基础教育改革，至少会论及基础教育（改革）的理念系统、目标系统、操作系统、话语系统、价值系统、评价系统六个方面。中国基础教育改革与发展，只有比较全面地把握这六大系统及其总体结构，才可能走向理性和自觉，才可能拥有自己的哲学头脑。

　　这里需要强调的是，基础教育的六大系统与基础教育改革的六大系统，并非一回事，尽管两者紧密关联，但各自具有相对独立性。因为，基础教育本身的理念、目标、操作、话语、价值、评价问题，并不等同于基础教育改革的理念、目标、操作、话语、价值、评价问题。如果基础教育自身在理念、目标、操作、话语、价值、评价等方面没有问题的话，基础教育改革便无从说起。相反，恰恰因为基础教育在六大系统的某一方面或若干方面出现了或大或小的问题，基础教育改革才会成为人们关注和议论的话题。

　　就当前中国基础教育改革与发展而言，社会各界在六大系统方面的认识是否一致？有什么不同？有哪些新见解和新思路？中国基础教育究竟有什么问题？这些问题之间有什么关系？目前依然存在诸多争议，而从根本上看，如何发现问题、如何研究问题和如何解决问题，成为基础教育理论工作者、实践工作者和管理工作者不可回避的现实难题。事实上，也只有明白了这三大难题，才可能弄清楚中国基础教育改什么、怎么改之类的改革性质和改革策略问题。

当然，探讨中国基础教育改革与发展，有多种提问方式和应答逻辑。众所周知，自20世纪80年代以来，以推进素质教育为主旋律，基础教育一直处于改革状态。不难发现，无论在决策层面，还是在实践领域，包括在研究领域，大家都自觉或不自觉地回归到了起点问题：应该培养什么人？应该怎么培养人？应该办什么样的学校？应该做什么样的教育？同样不难发现，因为立场和追求不同，关于以上问题的论点和主张之间产生了不少矛盾和分歧。在解答这些基础性问题的过程中，从"三育""四育"到"五育"，从"双基""三维目标"到"核心素养"，无论理论框架还是方案设计，包括主题词和关键词，均处于不断变化和更新之中。

但是，千举万变，其道一也。中国基础教育改革与发展，最可怕的是自说自话、自以为是、故步自封，最难得的是自我反思、自我超越、高瞻远瞩。研究表明，基础教育改革从顶层设计到基层落实，只有坚持系统思维，具备开放的头脑和开放的心灵，才可能全方位地汇聚力量和智慧。而要走到这一步，不仅需要梳理前文提到的六大系统，还需要从当代格局、言说方式、话语类型、行动逻辑、实践模式、主体形态等方面对基础教育改革进行系统分析（第一章至第六章），并在宏观上对基础教育改革的对象与目标，在微观上对理想课堂的教学关系范型进行重新定位（第七章、第八章）。另外，具有重大影响的教育实验改革是洞察教育本质及其规律的窗口，中国基础教育发展面临的许多深层问题，都可以在历史和现实中找到答案，或者说，已经发生或正在发生的各类重大实验改革，不管成效如何，都应成为未来教育改革与发展的财富和航标。为此，本书最后一章（第九章），对中国基础教育"九大学派"进行了个案研究和理论透视，并对其核心思想与实践模式进行了提炼和归类。

本书是对《我们需要怎样的教育——中国基础教育改革概论》第1版的修改和完善，在基本框架不变的前提下，重点修订了第七章、第九章和结语部分。遗憾的是，校书如扫尘，一面扫一面生。限于时间和个人水平，书中肯定还存在一些不妥、不当和肤浅、谬误之处，敬请读者朋友批评指正。

张荣伟

2018 年 1 月 15 日于福州怡景书斋

目　录

 我们需要怎样的教育

一

　　我们需要怎样的教育？在当代社会，这是任何个人、家庭、民族、国家都要经常面对的问题。当然，这也是广大教育工作者常常不知如何回答为好的问题。

　　我们需要怎样的教育？从理论上讲，这应该是教育哲学、教育基本原理或当代教育理论专题、中国教育体制改革研究等学科、课程进行深入探讨的话题。

　　在今天的中国，人们对于教育的关注达到了史无前例的程度。我们需要怎样的教育？从现实来看，这更是一个众说纷纭而没有统一答案的问题。什么样的教育才是好的教育？教育的本质是什么？如何构建新的教育体制？如何实现理想的教育？诸如此类的问题，不但与纷繁复杂的政治、经济、文化等社会问题纠缠在一起，而且与言说者的个人处境与实际立场有千丝万缕的联系。

二

　　印度教育家克里希那穆提（J. Krishnamurti）在《我们需要怎样的教育》一文中慨叹："我不知道有多少人问过自己受教育的意义是什么？我们为什么要上学？为什么要学习各种科目？为什么参加考试，和同学比得分高低？所谓的教育究竟含有什么意义？它涵盖了什么？这实在是一个非常重要的问题。我们不只是为学生质疑这个问题，同时也跟父母、老师以及所有热爱地球的人们，共同来探究这个问题。"

　　在这篇文章中，克里希那穆提还说："我们为什么要通过竞争来受教育？难道受教育只是为了通过几项考试，得到一份工作？还是为我们在年轻时奠定基础，以便了解人生的整个过程？获得一份工作来维持生计是必要的，然而这就是一切了吗？难道我们受教育就是为了这个目的？"在他看来，"生命

并不只是一份工作和职业而已，生命是极为广阔而深奥的，它是一个伟大的谜，在这个浩瀚的领域中，我们更有幸生为人类。如果我们活着只是为了谋生，我们就失去了生命的整个重点。去了解生命本身，比只是准备考试、精通数学、物理或其他科目要重要多了"。他特别强调："除非教育能帮助你了解广大生命的所有精微面——它惊人的美、它的哀愁及欢乐，否则教育是没有什么意义的。你也许会得到学位，得到一连串的头衔，得到非常好的工作，然后呢？如果在这些活动的过程中，你的头脑变得迟钝、衰竭、愚蠢，那么生命的目的又是什么？所以当你年轻时，你是不是应该弄清楚生命究竟是怎么一回事？"（克里希那穆提，2004）[1-10]

仔细研读克里希那穆提关于教育的一系列论述可以发现，他认为教育的真正意义就在于培养人的智慧，让人拥有自由，消除那些外在及内在的破坏人类思想、关系及爱的那份恐惧。在我看来，教育的很多根本问题及其答案是没有时空界限的。克里希那穆提的追问及见解，对于我们认识教育的本质尤其是当前的中国基础教育改革，具有极其重要的启发和借鉴意义。

三

相比于家庭和社会，学校无疑是当代教育体系最为核心的组成部分。从制度化教育的现实形态来看，谈论"我们需要怎样的教育"其实就是在追问"我们需要怎样的学校"。正如联合国教科文组织国际教育发展委员会编著的《学会生存——教育世界的今天和明天》一书所指出的那样：

教育活动起初是分散的、片断的并为少数杰出人才服务的。这些教育活动，从各个时代和无数历史对比看来，不可避免地倾向于同一个结论：即建立一种具有普遍使命的、结构坚固而权力集中的学校体系。然而，当这些机构似乎接近完成的时候，出现了或再度出现了越来越多的校外活动与校外机构，其中大部分往往跟正规的、官方的教育没有任何有机联系。这些正规的、官方的教育十分狭隘，十分死板，以致它们不能包括这些校外活动与校外机构。于是一些开明人士企图用合并学校与校外体系的办法来补救这个不和谐的缺点。但是正当他们在理论上（即使没有在实际上）赢得胜利的时候，又出现了别的见解。新的现实和潜力已经丰富了生活。当前的社会——更不必说未来的社会——的前景已不限于建立一些可以任意扩大和分隔这栋教育大厦，把各种各类的教育加在一起并组合起来的体系。我们必须超越纯

体系的概念之外，来考虑对事物的另一种安排。（联合国教科文组织国际教育发展委员会，1996）[199]

不难发现，这段文字为 21 世纪的教育改革和学校发展提供了一种非常缜密的思维方式，那就是：打破历史传统，突破原有体系，重构教育哲学，重建学校制度。

但是，我们究竟需要怎样的教育，建设什么样的学校？学校究竟应该是一个什么样的地方？学校究竟应该关心什么、追求什么？目前存在着太多的不确定性。有人说"教育应该关怀个体生命""呵护生命是学校的神圣职责"，也有人说"教育应该为社会服务""学校是优秀公民的摇篮"，还有人说"教育改变命运""不上学读书就没有幸福生活"，如此等等。显然，站在教师、学生、父母、社会等不同立场上，对教育与人的发展之间的关系、教育与社会发展之间的关系及人的发展与社会发展之间的关系的认识，往往各不相同，而这些恰恰是基础教育改革出现诸多分歧的重要原因。

四

我们需要怎样的教育？我们应该建设什么样的学校？这是中国基础教育改革的前提性和方向性问题。从根本上看，这两个问题的答案之所以人言人殊、莫衷一是，甚至彼此对立，与对教育的整体结构和理论基础的认识深度不同有直接关系。其中，对于教育整体结构的认识，关键是要弄清楚"教育是什么""教育为什么""教育该如何"三大问题。对于教育理论基础的认识，关键是要弄清楚影响教育活动的人性论、知识论和学习论问题。

从逻辑上讲，只有把握教育的整体结构，才可能形成正确的教育观。而要把握教育的整体结构，首先需要对"教育是什么"——教育的起源及其形态转换有一个比较清晰的认识，即对生物起源论、心理起源论、劳动起源论的差异性，对家庭教育、学校教育、社会教育的统一性，形成比较可靠的知识体系。其次需要对"教育为什么"——教育的目的和功能进行澄清，即对个体本位论、社会本位论的价值取向，对教育的个体个性化功能和个体社会化功能的整合方式，形成一个站得住的立场。最后需要对"教育该如何"——教育的质量和公平问题进行辨析，即对教育品质的保障制度和教育资源的均衡配置方式，形成比较科学的认知依据。

从实践层面来看，没有科学的理论指导，教育活动必然陷入无知、浅薄和荒谬。人性论、知识论和学习论是教育的三大基石。首先，教育理论和实践总是离不开对人性的理解和认定，人们的儿童观和教育观总是以特定的人性思想为基础。实践表明，对人性的不同见解，直接影响到人们的教育主张，直接影响到人们对于教育目的与教育功能的判断，直接影响到人们对于教育内容、教育方法和教育原则的选择。其次，没有知识传授的教育不是真正意义上的教育，传授知识在任何时候都是教育的底线。但是，教育的功能又不仅仅在于简单的知识传授，而在于人的全面生成和发展。正因为人们的知识观不一样，教育思想中才出现了不同的知识命题，教育实践中才出现了形式各异的课程和教学改革。最后，学习是当代多门学科都在探讨的一个前沿性话题。从教育的本质在于促进学习这一角度来看，一切教育活动都是学习的特殊组织形式。从包含与被包含的关系上看，我们完全可以将学习视为教学的主轴，将教学视为教育的轴心。以学习为视角，很容易看出种种教学问题的根源所在，也比较容易发现基础教育改革的最大误区在哪里。

反观现实，无论是理论界还是实践界，人们对于教育整体结构的把握并不到位，对于教育理论基础的认识也存在不少偏差和失误。因而，无论是教育基本常识的普及，还是教育热点、难点问题的探究，都任重而道远。

五

关于中国基础教育改革，如果没有共同的问题指向，便没有共同的话语体系，更谈不上达成什么共识。一般认为，提高教育质量和促进教育公平是中国基础教育改革的两大核心问题。但相比较来看，教育公平主要是一个与经济、政治乃至社会正义（制度）有关的问题，属于基础教育改革的外在性、宏观性、背景性问题。教育质量更多属于基础教育改革的内在性、本体性、基础性问题。从根本上讲，培养什么样的人、怎样培养人，才是中国基础教育改革必须首先予以解决的问题。正是基于这一认识，本书相对简化了教育公平问题，而将重心落在了基础教育的质量提升上。

在中国，基础教育主要包括幼儿教育、小学教育、初中教育和普通高中教育。根据《教育大辞典》，"基础教育"亦称"国民基础教育"，是对国民实施基本的普通文化知识的教育，是培养公民基本素质的教育，也是为继续升学或就业培训打好基础的教育（教育大辞典编纂委员会，1990）[71]。根据

《世界全民教育宣言：满足基本学习需要》（*World Declaration on Education for All：Meeting Basic Learning Needs*），"基础教育"即满足人的基本学习需要的教育。该宣言的第一条指出："每一个人——儿童、青年和成人——都应能获得旨在满足其基本学习需要的受教育机会。基本学习需要包括基本的学习手段（如读、写、口头表达、演算和问题解决）和基本的学习内容（如知识、技能、价值观念和态度）。这些内容和手段是人们为能生存下去、充分发展自己的能力、有尊严地生活和工作、充分参与发展、改善自己的生活质量、作出有见识的决策并能继续学习所需要的。基本学习需要的范围及其满足的方法因各个国家和各种文化的不同而不同，而且不可避免地会随着时代的变化而变化。"（赵中建，1996）[15-16]由此看来，基础教育本身不仅是目的，而且是终身学习和人类发展的基础。这种基于"人的基本学习需要"的普遍性定义，为我们探讨中国基础教育的本质特征和改革方向提供了一个较为开阔的视野。

中国是一个地域辽阔、人口众多、经济和文化差异较大的国家，城乡之间、地区之间的基础教育发展水平目前尚存在一定差距。这是探讨中国基础教育改革时必须正视的问题。同时，本书所探讨的中国基础教育改革，分析对象主要聚焦在内地（大陆）的基础教育改革，因为经济、政治、文化尤其是历史方面的原因，中国香港、澳门、台湾地区的教育改革有其特殊性，不在本书探讨的范围之内。

第一章 中国基础教育改革的当代格局

从19世纪洋务运动开始建立新式学堂到20世纪初《钦定学堂章程》《奏定学堂章程》颁布，从1905年科举制度废除到民国时期壬子癸丑学制、壬戌学制相继出台，从1949年中华人民共和国废旧立新到21世纪《基础教育课程改革纲要（试行）》实施，现代意义上的中国基础教育走过了百年历程。因此，中国基础教育改革的当代格局可以定位在"废科举、兴学堂"以来的100年格局，也可以定位在新中国成立以来的70年格局，还可以定位在"拨乱反正"之后的40年格局，再近则可以定位在21世纪之初的20年格局。需要注意的是，所谓中国基础教育改革的当代格局，有其时限、标准、视角、立场的差异性，但更有其特定的历史因素和演变逻辑。其中，进入20世纪之后的社会制度变迁，新中国成立之后的政治、经济、文化形势，尤其是1978年之后的改革开放，是我国基础教育改革21世纪格局得以形成的宏观背景。

"史论结合"是探讨中国基础教育改革当代格局的基本方法。但是，人们对于百余年来中国教育改革史的基本内容并不陌生，对于眼下中国基础教育"以考为本"的现实状况也比较熟悉，相关研究文献非常丰富，而且已经形成了基本共识①。因此，本章的重点不在于"史"，而在于"论"，在于

---

① 在相关文献中，周洪宇、申国昌的《20世纪中国教育改革的回顾与反思》一文，对中国教育改革阶段划分得比较细致、清晰。该文将百余年的中国教育改革史划分成上、下两段。上段为旧中国的教育改革，下段为新中国的教育改革。其中，上段细分为四个阶段：1901—1911年为第一阶段，主要内容包括清末为挽救危亡的命运所进行的学制改革、教育行政机构改革、选士制度改革等；1912—1927年为第二阶段，是民国初期及北洋军阀时期进行的一系列教育改革，主要有学制改革、教育宗旨改革、机构改革、高等学校管理改革、教学方法改革等；1927—1937年为第三阶段，是全面抗战前南京国民党政权对教育制度及管理的微调；1937—1949年为第四阶段，历经抗日战争和解放战争，既包括南京国民政府在战争状态下应对性的教育改革，也包括革命根据地充满生机与活力

"以论带史"，寻求将重要基础教育改革事件贯穿起来的思想主题和逻辑主线，进而确立一个分析中国基础教育改革的理论框架。同时，在叙述的过程中特别倾向于一种由小到大、由近及远的分析思路，即首先关注当下的、眼前的短时格局、小格局，然后再追溯、过渡到更为深远、广阔的时空背景中去。具体而言，本章将主要从"我们在争论什么""我们在借鉴什么""我们在探索什么"三个方面，对中国基础教育改革的典型性事件进行宏观梳理和评析。

一、原点之思：我们在争论什么

21 世纪以来，人类似乎面临着比以往任何时候都更为深重的危机和忧患。除了种族冲突、区域战争、宗教偏见、金融风暴外，瘟疫、海啸、地震、泥石流等自然灾害频频发生。加上环境污染、人口结构变迁及科学技术的突飞猛进，世界各国的教育发展都不得不面对一系列挑战。我们清晰地看到，在全球化、信息化、后现代这样一种时空背景下，教育终身化、社会学习化、发展个性化、人才多元化、知识综合化、生活网络化、管理民主化等已成大势所趋。在这种大趋势下，应试教育与素质教育之间的矛盾、专才教育与通才教育之间的矛盾、精英教育与大众教育之间的矛盾、制度化教育与非制度化教育之间的矛盾越来越尖锐。人们越来越深刻地意识到，教育必须改革，而且很多问题都必须回到原点上重新思考、重新设计，否则就没有出路。

令人欣慰的是，20 世纪 80 年代以来，以《中共中央关于教育体制改革的决定》《中国教育改革和发展纲要》《中共中央国务院关于深化教育改革，

的教育改革。下段细分为七个阶段：1949—1956 年为第一阶段，主要包括新中国教育部的成立、学制改革、高等学校院系调整等；1956—1966 年为第二阶段，包括 1957 年高等学校布局调整、1958 年教育革命、20 世纪 60 年代的教育大调整；1966—1976 年为第三阶段，为"文化大革命"时期，教育处于混乱状态；1977—1985 年为第四阶段，主要包括拨乱反正、学制改革、教育机构改革、"三个面向"的提出；1985—1993 年为第五阶段，包括《中共中央关于教育体制改革的决定》出台、学校管理体制改革、《中华人民共和国学位条例》和《中华人民共和国义务教育法》出台；1993—2009 年为第六阶段，主要包括一系列教育法律的制定、素质教育的实施、基础教育课程改革的启动、免费义务教育的实施、高校招生制度改革、教师教育改革、职业教育改革等；从 2010 年开始进入了第七阶段，主要标志是国务院通过了《国家中长期教育改革和发展规划纲要（2010—2020 年）》。

全面推进素质教育的决定》《国务院关于基础教育改革与发展的决定》《面向 21 世纪教育振兴行动计划》《基础教育课程改革纲要（试行）》等一系列重要文件的颁布实施为标志，我国基础教育进入了一个转型性变革的全面提升时期。尤其是进入 21 世纪后，随着改革的不断推进、深化，不仅中小学校园（课堂）发生了一系列的实践变革，而且关于基础教育改革的学术讨论也愈加激烈，呈现出一种百花齐放、百家争鸣的大好局面。

（一）"王、钟之争"：谁是"轻视知识"教育思潮的代表？

这是一场"由应试教育向素质教育转轨"这一提法引发的学术争鸣。双方的代表人物是北京师范大学的王策三教授和华东师范大学的钟启泉教授。两人争论的焦点是：是否存在"轻视知识"的教育思潮？王先生认为，"转轨"的说法是"轻视知识"教育思潮的表现，而钟先生认为，"转轨"的提法和实践并不是不重视知识，只是同时强调了情感、体验等。为此，双方就应试教育和素质教育、知识和学习、课程和教学以及当下教育教学改革等方面存在的核心问题展开了针锋相对的辩论，引人注目，发人深省。

王策三教授早在《保证基础教育健康发展——关于由"应试教育"向素质教育转轨提法的讨论》一文中就明确指出，"由应试教育向素质教育转轨"的提法是存在分歧和争议的，这种提法虽然存在合理成分，如它着眼于提高国民素质，争取基础教育的独立地位，确实反映了我国社会转型时期教育发展特别是中小学教育性质和任务变化的趋势，这些观点值得充分肯定。此外，它对追求升学率现象的批判，也有重要作用。但是，这种提法是"轻视知识"的，它不仅在道理上说不清，难以付诸实践，在我国缺乏必要的社会物质基础，而且与教育现代化进程不大合拍，这种提法的流行最终将导致对科学知识教育和提高教育质量的轻视。后来，在《认真对待"轻视知识"的教育思潮——再评由"应试教育"向素质教育转轨提法的讨论》一文中，王教授进一步指出，"由应试教育向素质教育转轨"的提法不仅还在流行，而且已从理论走向实践。这一提法以及在课程改革中反对"知识本位"的说法，反映了一股"轻视知识"的教育思潮。这种现象的存在具有复杂的社会、思想根源和片面道理，它未能全面把握个人发展的社会机制和认识机制，误解了教育改革的实质。正是这种提法的流行，使得素质教育至今仍然陷在困境中。为此，我们必须摒弃这一提法。他认为，中国教育特别是基础教育中的根本问题，不是追求升学率（所谓"应试教育"）或者"知识本位"（所谓"过于注重知识传授"）的问题，而是教育自身发展不能全面适应现代化建设，不能满足人民群众的实际需要，即优质教育资源严重不足与社会发展、人的发展要求高涨之间的尖锐矛盾。所以，必须赋予素质教育以全面发展的科学内涵，加强教育理论建设，倡导多样性、综合性办学原则。

王教授此言一出，尤其是第二篇文章发表后，立即引发了学者们的激烈争论，支持王教授观点的人有之，如刘硕、孙喜亭、孙振东、陈荟等；反对、批驳王教授观点的人亦有之，如钟启泉、有宝华、张正江等。以《全球教育展望》2004年第10期上刊发的两篇文章为标志，这场争论进入了"白热化"阶段。一篇为《发霉的奶酪——〈认真对待"轻视知识"的教育思潮〉读后感》，署名钟启泉、有宝华。另一篇为《素质教育是轻视知识的教育吗？——与王策三先生商榷》，署名张正江。其中，在《发霉的奶酪——〈认真对待"轻视知识"的教育思潮〉读后感》一文中，钟启泉教授和有宝华博士从4个维度展开论证，试图澄清基础教育课程改革的基本理念。在教育价值观方面，钟、有二位反对王教授将应试主义教育或精英主义教育同全面发展教育联系、等同起来，认定王教授把应试教育作为全面发展教育的一种具体形式，是试图渲染精英主义教育价值观和应试主义教育模式。同时，他们认为只有我国新一轮基础教育课程改革所确立的教育价值取向——大众主义教育价值观才符合我国基础教育发展的现实状况和民族振兴的迫切要求。在知识教育观方面，钟、有二位认为王教授极力赞成或宣扬"加强现成知识的教育和以传授的方式对学生进行知识教育"的观点只能在久远的历史年轮上方可寻觅到，而知识教育只有贴近实际，走进生活，引发学生的学习兴趣和愿望，激发学生从现实出发思考和探究未知世界的动机，才能使知识真正成为学生的知识。此外，钟、有二位认为，学习知识的目的并不仅仅在于对知识本身的掌握，而且在于加深对知识思想文化内涵的理解和学习能力的形成。在继承与借鉴方面，钟、有二位强调，新一轮基础教育课程改革很好地继承了以往基础教育发展的优秀成果，客观、理性地借鉴了国外经验，脚踏实地地确立了基础教育发展的方向和策略，并以此反驳"新课程的倡导者以及新课程'不讲继承，与传统一刀两断；重起炉灶，另来一套'"的批评。在追求理想与面对现实方面，针对新课程"理想色彩过浓"的批评，钟、有二位认为，基础教育课程改革的"理想"是有由来的，课程实施的原则和具体措施都指向我国基础教育中的薄弱环节，并具有极强的可操作性，而且实践证明了新课程与现实状况之间并非存在着巨大的鸿沟。总之，钟、有两位学者毫不留情地批驳了以"凯洛夫教育学"为代表的教育思想，提出教育理论工作者要敢于放弃陈旧、发霉的思想，坚持与时俱进，树立良好学风。①

之后不久，在《概念重建与我国课程创新——与〈认真对待"轻视知识"的教育思潮〉作者商榷》一文中，钟启泉教授又试图通过辨析"知识""学习""课堂文化"等概念对"轻视知识"的批评进行反驳，进而明确课程创新与概念重建之间的关系。文章指出，我国课程创新的基本准则是"全球视野，本土行动"，且主要涉及三个方面的问题："知识"概念的重建与课程创新、"学习"概念的重建与课程创新、"课堂文化"的重建与课程创新。文章在对三个问题进行阐述后，引出了三个结论：我国基础教育的唯一出路就是实现从精英主义教育向大众主义教育的转型，或者说，从应试主义教育向素质教育的转型；我国的教育科学研究需要"破旧有之陋习，求知识于世界"，直面现实，与时俱进；无论是《基础教育课程改革纲要（试行）》还是对其的解读，都是围绕着新的时代所需要的新人的成长这一主题展开的，而这个主题自然离不开"提升知识"的内容。

在《素质教育是轻视知识的教育吗？——与王策三先生商榷》一文中，张正江则强调："由应试教育向素质教育转轨"是我们党和政府及其最高教育行政部门近十年来一以贯之的提法，根本不存在什么轻视知识的教育思潮。教育应该以学生的身心发展为本，不应该以知识为本，这绝不是轻视知识。应试教育作为"唯分数论"背景下以片面追求升学率为目的的一种学校教育范式，不是指我国整个的基础教育，而是对当下基础教育中的弊病的概括，它在我国教育的各个阶段中客观存在，而且具有普遍性。素质教育由此提出，并超越了与应试教育相对立的地位，这是顺应时代的必然的价值选择，因而成为继承、丰富和发展了的，具有时代气息的，促进学生身心整体、全面发展的现代教育。

_____

① 1949年新中国成立后，我国翻译出版了大量的苏联教育著作和教科书。其中，凯洛夫主编的《教育学》（1948年版）先是被节译发表在《人民日报》上，后于1950年由新华书店出版发行全书，很快风靡全国，对中国教育尤其是基础教育产生了巨大影响。"凯洛夫教育学"究竟具有怎样的历史价值，今天是否还具有理论和实践价值，应该怎样批判、继承和发展？这些是"王、钟之争"的关键所在。

　　针对王、钟两种不同的学术观点，有学者提出了不同看法。例如，李耀宗在《"发霉的奶酪"和"填不饱肚子的维C"——评关于应试教育与素质教育的一场争论》一文中提出：两种观点是有很多交集的，双方都认为知识教育很重要，不能忽视，只是双方对知识认识的角度和深度不同。两者反对的只是对方的极端化，素质教育论者反对的是极端的凯洛夫主义，知识教育论者反对的是极端的乔纳森主义（或所谓的建构主义）。李耀宗认为，两种观点都有其合理成分，但王教授依据新课程实施过程中出现偏差和阻碍而给素质教育理论扣上"轻视知识"的帽子，当然会使人不服气，文章中透着为应试教育辩护的意味；新课改及其理论基础也确实存在着一时难以解决的矛盾和障碍，与我国的国情还存在较大的差异，注定了它不是现实意义上的"面包"，只能是不可不吃、不能多吃、无法吃饱肚子的"维C"。李先生指出，不同的教育理论流派各有不同的针对性，各有优缺点，目前无法找到一种完美的普适的教育理论，将来也无法找到，因此我国基础教育改革在主张以建构主义理论为一元主导的同时，不能抛弃传统的知识教育理论。

　　值得一提的是，在这场讨论之初，刘硕发表了《究竟要改什么？——就关于基础教育现行课程五个"过"的判断与有关人士商榷》和《传授知识是教师的神圣职责——试论知识传授的作用与价值》两篇文章，特别强调了知识传授的根本价值所在。不仅如此，王策三、孙喜亭、刘硕还专门汇编了三人的相关论文，出版了《基础教育改革论》一书，集中表达了他们对于我国基础教育改革的根本态度。三位作者在这本书的前言中明确指出，这样做的根本目的是要"留下一点反思的历史记录"。事实上，这些年来，"王、钟之争"一直在进行中。其中，王先生发表的论文有《关于课程改革"方向"的争议》《"新课程理念""概念重建运动"与学习凯洛夫教育学》《台湾教改与"我们的课改"》《恢复全面发展教育的权威——三评"由'应试教育'向素质教育转轨"提法的讨论》。钟先生发表的论文有《中国课程改革：挑战与反思》《凯洛夫教育学批判——兼评"凯洛夫教育学情结"》。仔细研读相关论述可以发现，表面上看双方争论的焦点是"凯洛夫教育学"与"新课程改革"之间的关系问题，以及对待两者的立场和态度问题，实质上则是选择课程知识的立场问题以及知识教学的本质问题，而之所以产生一系列冲突，根源在于双方对知识本质的认识，尤其是对知识与教育的关系的认识存在着一系列分歧。

　　目前看来，华中师范大学王道俊教授撰写的《知识的教育价值及其实现方式问题初探——兼谈对杜威教育思想的某些认识》一文，比较系统而有深度地解答了"王、钟之争"的一些核心问题。概言之，该文表达了一种对教学论研究的深切期望，即以更开阔的视野进一步探讨有效实现知识教育价值的教学活动方式，引导学生个性素质自由而全面地发展。相关论述对于我们把握个体经验与客观（书本）知识之间的关系，尤其是正确认识各种实践活动、社会交往在教学过程中的地位和作用，具有非常重要的启示意义。

（二） 众声喧哗："新课程改革" 的理论基础是什么？

以 2001 年教育部印发《基础教育课程改革纲要（试行)》为标志，我国基础教育领域开始了一场声势浩大的课程改革运动——"新课程改革"①。当改革经过了酝酿准备、试点实验阶段而进入全面推开之际，靳玉乐和艾兴发表的《新课程改革的理论基础是什么》一文，引起了不少学者的兴趣，并激起了对该话题的一系列讨论。靳玉乐和艾兴在该文中指出，当前在基础教育新课程改革的指导思想、理论基础等涉及改革的根本性问题上有了不同的意见和争论，这些争论将会对新课程改革的走向产生重大影响，因此必须正确对待和引导。因为理论基础上的含混不清，必然导致改革实践的不知所措。两位学者认为，推行课程改革必须以马克思主义认识论和全面发展学说作为理论依据，而且坚持马克思主义作为新课程改革的理论基础是由历史选择和现实条件所决定的。同时，我国基础教育课程改革要从我国的教育传统

---

① 作为一个操作性概念，"新课程改革"是对我国"新一轮基础教育课程改革"的简称，有时也被指称为"新中国成立以来的第八次基础教育课程改革"。课程乃教育质量的核心所在，以提升教育水平为视角，"新课程改革"乃 21 世纪初我国基础教育领域中最重大的一个事件，它的正式开始以《基础教育课程改革纲要（试行）》颁布为标志，其根本目的在于构建符合素质教育所要求的"新的基础教育课程体系"（往往被简称为"新课程"）。需要考究的是，在日常话语中，很多人习惯于用"新课程"来指称"新一轮基础教育课程改革"（或其中的某一个环节、某一个侧面），这种表达极不妥当。"新课程"与"新课程改革"绝对不能被用来指称同一个对象。比如，"新课程出了问题"与"新课程改革出了问题"这两句话所要表达的实际内容就存在着非常大的差异，尽管两者之间具有内在关联性。一般而言，与"新课程"相对应的是"旧课程"，即"旧的基础教育课程体系"，而"新课程改革"的根本目的则在于构建和推行"新课程"。或者说，"新一轮基础教育课程改革"的根本任务就是对"旧的基础教育课程体系"（用以指称"新课程改革"之前的基础教育课程体系，或所谓的"现行的基础教育课程体系"）进行改造，进而构建"新的基础教育课程体系"。研究表明，不对以上相关概念进行辨析和界定，关于"新课程改革"的各种讨论，必然出现逻辑混乱、盲人摸象和自说自话现象。

出发，吸收我国教育传统中的精华；借鉴国外的课程理论，需要有一种批判的眼光，并将这些理念和经验的应用建立在中国现实国情的基础上。

有些学者对上述观点持完全反对意见。例如，高天明在 2005 年 8 月 13 日的《中国教育报》上指出，新课程改革的理论基础应从哲学层面探讨。他认为，将马克思主义认识论作为课程改革的主要理论基础是不完善的，从学理上说也似乎背离了课程理论研究的范围，且存在泛泛搬用马克思主义认识论的问题。另外，马福迎也在同一日报纸上发表了不同的观点。他表示对"靳文"有些观点不敢苟同，并指出，我国新课程改革既坚持了马克思主义关于人的全面发展学说，又广泛吸收了当今世界先进的教育理论研究成果，包括建构主义、后现代主义、新的杜威的实用主义和加德纳的多元智力理论等，其理论基础厚实，具有时代性、全球化的视野。他还提出，靳玉乐和艾兴的观点只"具体"到哲学层面，显然较为苍白。

有些学者则认为靳玉乐和艾兴的观点具有一定的合理性。罗槐在《坚持马克思主义保证课改方向》一文中指出，"直接的"课程哲学理论不能够指导中国目前"具体"的课程改革，教育改革实践需要更上位的哲学思想来指导以实现其最终的理想。而马克思主义关于人的自由、充分、全面发展的学说，无疑是对目前各种课程哲学的最集中的概括。因此，必须坚持马克思主义，以保证课程改革的方向。王华生在同一日报纸上提出了"澄清几个概念，才能进行对话"的观点。他从区分"指导思想与理论基础""多元论与多样化"的概念出发，提出在新课程改革中应坚持马克思主义一元论指导思想和多样化教育理论相结合的原则，而且在借鉴外国的教育理论时，首先应当加以消化，然后才能创造出适应中国国情的教育理论。孙振东、陈荟在 2005 年 11 月 28 日的《中国教育报》上则指出，在构建和完善具有中国特色和时代特征的课程与教学理论体系时，应该以马克思主义为指导，对后现代主义、建构主义、实用主义、多元智力理论等"现代西方新理论"进行解读、批判、改造、借鉴，既不能简单拒斥，也绝不能简单搬用、套用，更不能说它们是我国新课改的理论基础。

在这些争论中，有两位学者的观点与众不同。在 2005 年 10 月 22 日的《中国教育报》上，崔国富博士提出了"课程改革中，两种教育观应有正确的选择"的观点，认为新课程改革的理论基础问题实质上是一个深层次的教育思想观念问题，实际上反映着两种教育思想观念——培养塑造人与引导生成人——的激烈碰撞。其中，引导生成教育观的形成和发展，是时代的要求和人类必须"学会生存"的呼唤。在此基础上，他阐述了新课程改革的指导思想是马克思主义社会生存实践哲学，其理论基础就是这一思想指导下的生成教育思想和理论，这种生成教育理论的核心就是"引导生成人"的教育观。在2005年11月28日的《中国教育报》上，郑绍红提出了"要在过程中实现课程理论创生"的观点，认为应该把新课程改革本身当作一个在一定的课程理念与课程框架体系基础上的理论探索过程，当作进行课程理论创生的一次实践尝试，新课程的理论基础需要在课程改革的过程中不断思考和总结。

目前，关于"新课程改革的理论基础是什么"的争论已经达成的基本共识是：不应该把那些"现代西方新理论"同马克思主义人的全面发展理论和马克思主义认识论相提并论，当作课程改革的理论基础，更不能将其当作新课程改革的指导思想。另外，任何改革，如果忽视改革主体的积极性、主动性和创造性，就不可能取得实际成效。或许，课程改革的最大困境就在于普遍的保守心理、短视行为和"官本位"文化。尤其需要注意的是，不同层次的改革主体对新课程改革的反应往往是个性化的，往往是具体而感性的，往往是以自身利益得失为认识基点的，他们很难做到对整个改革的政策和实施过程进行理性的总结和反省。因此，只要改革没有被叫停或终结，诸如"新课程改革"究竟能走多远、究竟走向何方、究竟谁主沉浮之类的问题，就会不断有人提出。

（三）"两郭之争"：教育教学何以"回归生活世界"？

生活世界是人类认识活动的根基所在。人类的所有认识成果，不管其抽象性或普遍性程度有多高，都离不开人类栖居的生活世界。人们总是立足于特定的生活世界来理解这种抽象或普遍。①

---

① 在探讨"回归生活世界"之前，有必要对"生活"和"生活世界"这两个概念进行阐释。什么是生活？广义的生活就是"人的生命活动"的简称。人是作为一个生命体存在于世的，人的生命存在就是其现实的生活过程，人的生命的积极活动便构成了人的生活。生活大致有日常生活、社会生活和精神生活三种层次，这三种生活与亚里士多德所划分的"享乐的生活""政治的生活""沉思的生活"基本对应。总体来看，生活具有如下几种特性。首先，生活是个体生命存在的最基础、最本质的特性。尽管人类的生活形式和生活内容千差万别，但没有生活的个体生命是不存在的，生活一旦终止，生命立即宣告消亡。其次，生活具有生命的整体性、连续性特征。从呱呱坠地到生命结束，一个人在这个世界上的一切活动都是生活。其间，这种生活是连续的、完整的、是从不间断的。再次，生活具有真实性、生动性和可感受性。每个人都有属于自己的生活，都可以真实、生动地感

从 20 世纪 90 年代开始，随着课程与教学理论研究的不断深入，针对中小学存在的束缚个性和忽视个体生命发展等一些实际问题，"回归生活世界"这一哲学命题开始引起教育理论工作者的关注。到 21 世纪初，随着新一轮课程改革的不断推进，该命题上升为教育理论界的一个核心议题。2004 年 12 月，《中国教育报》陆续刊发以"学校教育要回归生活吗"为主题的系列文章，讨论广泛，意见纷呈。2005 年 3 月 29 日，在该报上，熊川武和邓友超发表了《近思远虑两相济——写在"教育要回归生活世界吗？"讨论结束之际》一文，认为教育不能简单回归生活，学校教育联系生活应注意一系列问题。该文的基本观点是：学校教育联系生活实际比回归生活更合适，生活对学校教育具有正向与负向双重影响。

笔者通过更为细致的文献检索和比较分析后发现，在这场关于教育"回归生活世界"的讨论中，郭华的《评教学"回归生活世界"》和郭元祥的《"回归生活世界"的教学意蕴》两篇文章的观点最为鲜明且相互对立。两位学者就"生活世界"的含义、教学能否"回归生活世界"等问题抛出了针锋相对的观点，对中国教学实践存在的主要问题、中国教学论研究走向等发表了各自的看法和构想。其中，《评教学"回归生活世界"》一文分析了教学"回归生活世界"这一主张的理论诉求及其所带来的种种难题与困境，同时指出，要想切实解决中国的教学问题，不能依赖于教学向生活世界的回归，而只能通过不断提高教学理论研究和教学实践的科学化水平来实现；教学"回归生活世界"这一主张，是有责任感的研究者出于对中国教学实践的忧思，试图补救人文精神的缺失而提出的，但它不可能达到目的，因为它找错了人文精神缺失的根源和症结，它所提出的主张也无法操作，后果难以设想；教学不可能回归现象学意义上的"生活世界"，所谓的"回归"主张，实际上是以现象学的虚无来反对实实在在的科学教育学；教学也不能回归到经验意义上的生活，因为这种生活无法代替科学的教学对人的发展的干预；

受到自己的生命存在。最后，生活具有丰富性和多样性。从内容和形式上看，人类的生活千差万别；从层次和结构上看，人类的生活可以划分出多种多样的层次和类型。诸如"贫穷的生活"与"富裕的生活"、"痛苦的生活"与"快乐的生活"、"恶的生活"与"善的生活"、"平凡的生活"与"卓越的生活"等。在理解"生活"概念之后，我们不难发现，"生活世界"大致包括生活主体、生活时间、生活空间和生活手段（资料）等基本要素。同时，就"生活世界"所呈现出的实际形态而言，则有主体形态、物质形态、文化形态、历史形态、价值形态等不同表征形式。参见张荣伟，任海宾，2007. 教育基本原理［M］. 福州：福建教育出版社：307.

直接挪用"生活世界"这一西方哲学概念会给教学研究带来种种纠缠不清的理论难题，不但不能真正解决教学实践的具体问题，反而会以逃避的方式来应对教学的种种问题。总之，郭华认为，教学"回归生活世界"的主张，虽然充满人文的理想情怀，但它并不能真正解决中国教学实践的根本问题；中国教学实践存在的问题是教学理性觉醒却并不完善的表现，教学论研究的重要任务是不断提升教学论的科学化水平；中国教学实践中人文精神的唤醒，不能寄希望于空洞的道德说教，也不能寄希望于将人文精神与科学精神割裂甚至对立，而必须通过不断提升人文精神的科学化水平来为人文精神创造生长的空间。

早在 2002 年，郭元祥就出版了《生活与教育——回归生活世界的基础教育论纲》一书，对于"回归生活世界"这一教育哲学命题，他自然有独特的见解。在他看来，"教育作为通过文化传承的手段来影响人的生活和发展的活动，其本质规定了它必须在人的生活世界中进行。基础教育要重新回到它的本质规定上去，回到生活世界中去，即向生活世界回归"（郭元祥，2002）[210-211]。针对郭华的系列观点，郭元祥在《"回归生活世界"的教学意蕴》一文中提出，"生活世界"一方面是指对人生有意义且人生在其中的世界，是人生活着的心物统一的世界；另一方面是指人生的过程、人的生成与发展的过程，这个世界的核心是人及人的生成。在他看来，"回归生活世界"不仅是一种教学理念，也是一种生成性思维方式，"回归"的本质是关注人的生成，关注教学活动的过程价值；教育理论引入"生活世界"概念，实质上意味着确立人本意识和生命意识，意味着重视教学过程中学生的动态发展。总之，该文的基本观点是，教学只有回归到人的生活世界中才有意义，教学回归生活世界在肯定科学价值和科学知识教育的重要性的同时，指出了科学知识教学存在的核心问题，即离开了人的生长和发展需要，为科学而传授科学，为知识而传授知识。因此，教学论研究的视野及其理论之所以应当多样化，教育研究的思维之所以应当更新，是因为中国学校教育存在着一个极其突出的问题：为应试而进行知识教学，严重脱离了学生的丰富生活。

值得注意的是，在这场关于教育"回归生活世界"的讨论中，《中国教育报》于 2005 年 8 月 27 日刊发了《警惕"怎么都行"的教育观》一文。文章认为，"教育要回归生活世界"的口号肯定是有问题的，因为教育若与生活浑然一体，就回到了制度化教育即学校教育之前的状态，主张教育回归生活，无疑取消了教学尤其是学校教学存在的根据和理由。也有学者持折中的态度，认为"两郭"的观点均有其合理性，但都不够全面。其中，主张回归生活世界的观点，看到了现实的学校教育与学生日常生活的脱节，教育教学回归生活世界可以在一定程度上解决课程知识与学生生活之间的矛盾，可以引发学生的学习兴趣，可以激发学生学习的动力。但学校课程如果简单地回归生活，就有可能出现很多问题，尤其可能导致实践上的诸多矛盾和错误，造成教育教学质量滑坡。因此，问题的实质是学校教育如何回归生活，而不在于教育是否应该回归生活，学校课程应在回归生活与超越生活之间保持必要的张力，应通过有效的教学策略来实现。或者说，知识的学习和掌握不应该忽视知识发生发展的生活（实践）逻辑，教育回归与超越生活需要活动、体验、理解和表达等多种策略的有机组合。

今天来看，恰是随着新课程改革的不断推进，随着综合实践活动课程的开设以及"生命化教育""新生活教育"的不断推广，教育与生活的关系问题被凸显出来，无法回避或逾越，进而表现为"回归生活世界"这样一个核心议题。这自然有其特定的时代背景，那就是关注儿童的生存状态，呼唤教育的生命和生活意义，因为教育远离了儿童的生活家园。或许，教育改革出现"钟摆现象"属于常态，但我们更期待的还是教育本真意义的回归以及教育教学质量的不断提高。尤其需要警惕的是，我们绝不能持"非此即彼"的思维方式，将生活世界与科学世界完全对立起来。"回归生活世界"的教育学意蕴在于，对不同类型、层次、性质的教育教学实践进行考察和批判，充分发掘教育的生活意义和生活的教育意义。但是，"回归生活世界"并非要回到经验主义、生活中心主义的覆辙上去。这一点，美国20世纪50年代末因苏联发射第一颗人造地球卫星而引起的教育恐慌，以及80年代发布的调查报告——《国家在危机中：教育改革势在必行》，应成为我国基础教育课程改革的一面镜子。这里，非常重要的启示在于，应当正确理解"生活世界"概念以及"回归生活世界"命题在教育领域中的可能意义，正确处理书本知识与生活实践之间、分（学）科课程与经验课程之间以及显性课程与隐性课程之间的关系。

在我们看来，学校的课程与教材来自儿童的日常生活世界，但又高于其生活世界，是已经加工、改造和提升了的生活世界，当然，最终还要转化为儿童生活世界的一部分。或者说，教育只有一种教材，那就是生活的一切方面。从生活中来，到生活中去，这应该是"回归生活世界"这一教育改革理念的真义。"回归生活世界"倡导家庭生活、社会生活与学校教育之间的连续性、统一性和整合性，所要传达的是一种对学校教育进行纠偏的教育哲学。其实，人的生活是一个连续、统一的整体。"生活既是教育的起点，又是教育的归宿。教育过程内含于生活进程之中。教育过程作为'特殊的生活过程'，乃是受教育引导的个人生活展开的过程。教育指向个人当下的生活并使教育过程成为充实、饱满的生活过程。"（刘铁芳，2005）[1]简言之，教育回归生活世界即教育应该关注教育活动中的人的存在形式与存在意义，关注教育活动中的教育者与受教育者，关注教育活动中的一切人，对其现实生活世界进行反思和批判，从而为其构建一种理想的、可能的生活——一种幸福完整的教育生活。以此为视角，"回归生活世界"这一命题的精神主旨只不过是对杜威、陶行知教育思想的翻版和重新界说，只不过是要将"生活性"和"幸福性"设定为教育本质的两个价值尺度。其中，要真正把握这一精神主旨，关键在于能够以幸福为尺度来规约、衡量学校生活和课堂质量，能够辨析和厘清"教育过程的幸福"与"人的未来幸福"之间的关系。那就是，教育不仅要关注儿童未来生活的幸福，还应该关注儿童此时此刻的幸福；教育不仅要关注未来和结果，还应该关注当下和过程。不难发现，在 21 世纪的教育哲学语境里，这一精神主旨已经被演绎到"教育与生活""教育与幸福""教育与生命"等相关话题之中。

（四）"部长上书"：素质教育为何举步维艰？

无论是作为一种理念，还是作为一种目标，素质教育所追求的都是面向全体学生、促进全体学生的全面发展。实际上，从 1985 年《中共中央关于教育体制改革的决定》提出"教育体制改革的根本目的是提高民族素质"开始，素质教育话题一直在基础教育改革领域占据着主导地位。但令人尴尬、纠结的是，舆论层面上素质教育轰轰烈烈，实践层面上应试教育却做得扎扎实实。在这种情况下，2005 年 6 月，教育部原部长何东昌给国家领导人胡锦涛写了一封题为《努力提高基础教育的质量》的长信，对中小学的应试教育现象进行了非常深刻的批判。

这封信引起了中央领导的高度重视，胡锦涛总书记就来信中反映的素质教育问题做了重要批示。不久，以《中国教育报》（2005 年 10 月 14 日）刊登的《全社会共同努力切实推进素质教育》一文为标志，社会上尤其是教育界展开了一场声势浩大的素质教育大讨论。其中，从 10 月 19 日至 10 月 25

日，该报先后刊发了 5 个整版。为了更加深入地分析素质教育实施过程中存在的突出问题，从 10 月 26 日到 11 月 17 日，该报又刊发了 12 个专版，共刊发文章 90 余篇，约 12 万字，对素质教育推进过程中存在的突出问题和现象进行了广泛而深入的讨论。

与《中国教育报》相呼应，《人民教育》2005 年第 21 期上刊发了田慧生等人的《应从战略的高度重新定位素质教育》，以及叶澜等撰写的《推进素质教育：转换思路才能打开新局面》。田慧生提出了两个基本观点：其一，素质教育是新时期教育发展的方向，要从教育方针、教育发展的战略方向和国家安全的高度认识素质教育的重要性；其二，素质教育的核心是全面提高人的素质和促进人的全面发展，其内涵与马克思主义关于人的全面发展理论具有高度的内在一致性，是马克思关于人的全面发展理论在新的历史条件下的丰富与发展，是科学发展观在教育指导思想中的具体体现。叶澜等则从全民素质教育与学校素质教育的区别与联系、素质教育与应试教育之间的关系、宏观教育体制改革与学校内部体制改革的关系等十个方面发表了系列观点。

这一轮由"部长上书"而引发的素质教育大讨论，再一次将素质教育推到了一个社会瞩目的位置。2006 年 6 月颁布的新《中华人民共和国义务教育法》明文规定"实施素质教育，提高教育质量，使适龄儿童、少年在品德、智力、体质等方面全面发展，为培养有理想、有道德、有文化、有纪律的社会主义建设者和接班人奠定基础"，以法律形式对贯彻落实素质教育做出了规定。同年 10 月，中共中央十六届六中全会通过的《中共中央关于构建社会主义和谐社会若干重大问题的决定》则强调："全面实施素质教育，深化教育改革，提高教育质量……保障人民享有接受良好教育的机会。"同年 11 月，由教育部等国家有关部门领导、组织开展的，持续了一年之久的素质教育系统调研报告，也由教育科学出版社结集出版。[①]

"部长上书"已过去多年，素质教育的进展状况如何？"应试教育"模

---

① 素质教育为何举步维艰？该书归纳的原因有：社会经济文化等多种因素综合形成强大的升学压力，人们受利益驱动，升学仍然是主要的教育价值导向；学校教育以及传统的教育方法难以适应素质教育；教育总体水平仍然偏低，体系结构调整相对滞后，在宏观上制约素质教育推进；实施素质教育的相关制度建设（包括学校内部和外部的教育改革）还不完善；教育工作的领导方式有待改进，媒体的正面宣传导向作用需要加强；等等。参见素质教育调研组，2006. 共同的关注：素质教育系统调研[M]. 北京：教育科学出版社：10 - 23.

式有没有被打破？叶澜在《素质教育推进现状及其原因辨析》一文中的两段描述比较到位：

日常生活中的眼见、耳闻、身受，不用费力搜索就能从报纸的大量广告语中读出"应试教育"的强劲鼓动态势：有招徕参加各种培训班的，有提供解题法宝的，有推荐复习资料的，有助考讲座的……一个以学生与家长乃至学校为核心买主的教育市场赫然屹立。与此相关，在大小城镇中我们也不难看到为数可称"众"的家长，一面抱怨孩子负担太重，一面又忙不迭地送孩子进各种课外辅导班、考各级证书、参加各类课外班、为孩子买各种教辅书，生怕漏了什么贻误孩子终身。

如果进入学校，见到的景象虽然不同，但围绕的主题却是一致的：考出好成绩，为升学以及学校的名声奋斗。一些城镇名声高的学校其班额多至上百人，少则五、六十人。有的教室座位已经"接龙"，通道只有两条，逼仄、拥挤的空间成为这些孩子在学校基本的生存状态。作业负担重也几乎成为中小学的普遍状态，尽管从教育部到地方各级行政三令五申下"减负令"，但问题并未得到解决，最多能出现短暂的"轻"，不用多久又卷土重来。到了毕业班与高中，每张课桌上叠起的"书墙"成为别样的风景。教学中的满堂灌、思想道德教育中的说教和禁令，与学生疲惫的身影、黯然的眼神一起凸显了教育的苍白。

目前看来，作为一项系统工程，素质教育绝不是教育行政部门、学校、教师、家长任何一方所能解决的问题，它必然要经历一个渐进、长期、逐步完善的艰苦过程。实施素质教育，需要政府的远见卓识，需要社会各界的广泛参与，而在根本上则需要全面提升整个民族的教育素养。

（五）科举之争："置之死地"抑或"平反昭雪"？

在围绕素质教育、课程改革开展大讨论的过程中，评价制度改革、高考制度改革一直是众说纷纭的话题。而与评价制度、高考制度紧密关联的就是科举制的兴废问题。在关于科举制的这场讨论中，刘海峰发表了一系列观点，明确提出要"为被妖魔化百年的科举制度平反昭雪"。为此，他发表了《重评科举制度——废科举百年反思》《多学科视野中的科举制》《科举制百年祭》等文章。

我们知道，1905 年 9 月 2 日，清廷发布上谕，宣布"自丙午科为始，所有乡会试一律停止，各省岁科考试亦即停止"。至此，在中国历史长河中延续了 1300 年的科举制宣告结束。2005 年是废除科举制 100 周年，除了一些报刊相继发表回顾和评论这一事件的文章外，有些报刊（如《新京报》）还精心组织了纪念专辑。此外，刘海峰供职的厦门大学高等教育发展研究中心和北京大学中国古代史研究中心还专门主办了一场科举制度研讨会，即"科举制与科举学国际学术研讨会"，这也是第一次以科举为主题的国际学术研讨会。

　　刘海峰一直试图为世人还原科举制的本来面目，消除许多人对科举先入为主的负面印象。在《科举制百年祭》一文中，他认为，废科举不仅是一场教育革命，而且是一场政治变革，并引起了广泛而深刻的社会变迁。无论是从清末的社会环境、时代背景来看，还是从考试制度的发展规律来看，废科举都是历史的必然，但废科举这一中国历史重大事件所产生的后果是难以估计的。对废科举的评价，从教育视角与从社会、政治视角考察，有明显的不同。废科举后，中国教育迅速从传统东方型教育转为西方近代教育，学堂数量大量增加，留学生人数剧增。与其他方面相比，废科举在教育方面所带来的积极效应较明显。在《多学科视野中的科举制》一文中，刘海峰指出，科举制的千年历史使中国人养成了一种重视考试的文化传统。现代高考制度和自学考试制度的创立都与科举考试重视公平竞争的传统有关，而现代教育中的应试教育（即所谓"科举幽灵"）也与科举传统密切相关。为此，刘海峰一直提倡建立"科举学"，因为作为 20 世纪 90 年代兴起的一门崭新而独立的研究领域，它已经受到美国、日本、韩国等海外研究者的关注。

　　张亚群的《清末废科举的教育效应》一文也提出，科举制度尽管已被废除，但它所含有的合理内核仍值得认真总结和借鉴，而改革开放后所创立的高等教育自学考试制度就是一个成功范例。但是，有些学者则对借鉴科举制的主张持反对意见，认为应当彻彻底底地抛弃科举制。相比较来看，在《南方都市报》科举百年祭特刊上，智效民的《科举百年祭：不要为科举制度招魂》和张柠的《科举制度及其招魂者》两篇文章的观点最为鲜明。张柠提出，科举制度本质上不是一种"教育制度"，而是一种"选官制度"，"选官"和"教育"两者相结合，形成了一种中国所特有的"科举教育"制度。这种"科举教育"制度既吞噬了受教育者的自主性，忽视独立人格的培养，也扰乱了知识传播的纯粹性，忽视个人对外部世界的认知能力。另外，随着权力资源的逐渐匮乏，这种教育制度对个人的索取太多、回报太少，结果只是培养了一种或冷漠或自私或猥琐的畸形人格。

在我们看来，任何制度变迁乃至废止实质上都是诸多主体多重博弈的结果。不同角色主体对制度变迁的认识、态度、愿景等方面的差异，必然导致在变革方式、路径、重点选择上的分歧和冲突，进而影响到制度变迁的整个过程和最终结果。究竟如何看待科举制的当代价值？刘海峰曾经指出，科举制的历史影响至今尚无法估量，或许要再过100年才能看得更清楚一些，而离废科举的时间越久远，人们的认识会越冷静、越客观、越深刻。这种观点对于我们审视当下的新高考改革具有重要的启示意义。

（六）"黄、瞿之争"：智、德、体、美、劳能否并列？

理论需要争鸣，学术观点需要接受质疑和批评。令人鼓舞的是，21世纪初的不少教育争论都触及了一些深层次问题。其中，黄济与瞿葆奎两位先生关于劳动教育的争鸣，直指关于教育本质的基本观点。

众所周知，劳动创造了光辉灿烂的人类文化，它是人类社会存在和发展的最基本条件。学校实施劳动教育有助于促进学生的健康成长。如苏霍姆林斯基所言："一个人的和谐全面发展、富有教养、精神丰富、道德纯洁——所有这一切，只有当他不仅在智育、德育、美育和体育素养上，而且在劳动素养、劳动创造素养上达到较高阶段时，才能做到。"（苏霍姆林斯基，1999）[361-362]应该说，新中国成立后的30多年，我国中小学一直很重视劳动教育，但大约从20世纪80年代开始，因为科技进步、社会转型以及独生子女的特殊性，学校、家庭都不同程度地忽视了劳动教育的普遍价值。鉴于劳动教育对人的全面发展的重要作用，以及现实中劳动教育的滑坡现象，它能否与传统的"四育"（德育、智育、体育、美育）并列，成为一个值得深思的问题。

基于以上情况，黄济发表了《关于劳动教育的认识和建议》一文，主张将劳动教育列为整个教育的组成部分之一，把德、智、体、美四育增补为德、智、体、美、劳五育。他指出，马克思列宁主义都有关于教育与生产劳动相结合的论述，其中马克思关于教劳结合的意义和作用的论述，可以归纳为三个方面：教劳结合是提高社会生产力的一种方法，是造就全面发展的人的唯一途径，是改造现代社会的强有力手段。列宁不但把教劳结合作为提高现代科学知识和科学技术水平的重要手段，而且作为实现未来社会理想的重要措施，因为没有教劳结合，那种消灭体脑差别，进而消灭城乡差别和工农差别的未来社会理想是不可能实现的。毛泽东对教育与生产劳动相结合一贯给予高度的重视，邓小平也强调教劳结合与现代科技发展的关系。总之，黄济认为，教育与生产劳动相结合，是马克思主义人的全面发展教育的基本内涵，劳动教育是我国革命传统教育的重要内容。他强调，把劳动教育列为整个教育的组成部分，是应有之义，也是当务之急。这不仅因为劳动教育有独立存在的意义和作用，而且因为它对于培养青少年的独立生活能力、勤俭朴实的生活作风，有着其他各育不能替代的作用。此外，黄济教授还提出，教育的组成部分并不是固定不变的，它将随着历史的发展、认识的深化、现实的需求，而有所改变和增减。

但是，瞿葆奎不同意上述观点。为此，他发表了《劳动教育应与体育、智育、德育、美育并列？——答黄济教授》一文。他认为，对体育、智育、德育、美育来说，劳动教育是另一类别的教育、另一个层次的教育，它不能也不应与体育、智育、德育、美育并列为人的全面发展教育的组成部分。他不但指出黄济引用马克思主义经典作家材料时出现了若干处错误，而且强调学界人士如蔡元培、王国维、康德等在论述相关问题时，并没有将劳动教育与体育、智育、德育、美育界定为同一层次的教育。此外，一些文件如1981年《全日制五年制小学教学计划（修订草案）》的"说明"部分，提倡使学生在德育、智育、体育几方面都得到发展，是"写误"了。总之，瞿葆奎虽然同样重视劳动教育的重要性，但他坚持，劳动教育再重要，也不能与"四育"并列，劳动教育是另一个类别的教育，正如唇齿相依，但又不可唇齿不分！

我们该怎样看待这场学术争论？如瞿先生所言，他与黄济同志忝为同道，相摩以道义、相磋以学问、相输以肝胆，亦师亦友已五十余载，"然学问乃千秋事"，又不可不辩。两位先生两篇语重心长的文章，不仅进一步阐明了德、智、体、美四育与劳动教育之间的关系，更以他们坦荡、豁达的学术品格为晚学后辈们树立了典范。

（七）本质之争：中国教育学应立足哪个哲学阵营？

进入21世纪后，一方面，随着课程改革的不断推进，中小学校本行动研究如火如荼，教师的专业发展尤其是研究型教师的培养备受关注；另一方面，随着教育叙事研究的实验、推广，尤其是随着现象学、解释学在教育研究领域的传播，教育实践和教育研究中出现了一种轻视甚至拒斥哲学（理论）思维的倾向。在这种情况下，教育（学）研究的认识论、方法论问题，即认识教育、理解教育的哲学立场问题，上升为非常重要的课题。今天看来，石中英、郝文武、朱成科等关于中国教育学研究的本质主义、反本质主义之争，具有特殊的历史意义。这场争论的过程大致如下。

在 2003 年于长春召开的第九届全国教育基本理论专业委员会年会上，石中英提交了《本质主义、反本质主义与中国教育学研究》（以下简称"石文"）一文。该文引发了与会者的激烈争论，不少学者发表了质疑、否定和批评的言论。后来，这篇文章又在《教育研究》2004 年第 1 期上正式发表，学术影响力迅速扩散。按照朱成科 2005 年 8 月在第十届全国教育基本理论专业委员会年会上提交的《论作为教育本体论的教育哲学——兼论"反本质主义"教育观点的时代困境》（以下简称"朱文"）一文所言，"该文有了第二次生命"。

关于教育（学）研究的哲学立场问题，"石文"认为，从反本质主义角度看，本质主义在为中国教育学术研究带来表面的生机和活力的同时，也带来了严重的历史性后果，21 世纪的中国教育学研究必须深刻地批判和彻底地抛弃本质主义，树立新的反本质主义的知识观，走上新的反本质主义的认识论之路。与"石文"相反，"朱文"则认为，本质主义的思维方式内在地反映了人类本性的历史性和永恒性的统一，问题的关键不在于是否追求教育有无"本体"或"本质"，而在于对教育"本体"和"本质"的追问方式。由于后现代主义理论自身的贫乏，它并不能有效解决教育研究中的所谓本质主义倾向问题。因而，在终极价值上，当代教育哲学就是教育本体论；在次级反思的层面上，教育哲学就是教育观；在当下中国现实中，这种教育观就是主体性教育观。

与"朱文"观点接近，郝文武发表的《从本体存在到本质生成的教育建构论》一文则认为，教育是通过教学形成人的活动，但教育形成人在不同时代和社会具有不同的认识理念和实践方式，因而，教育本质的变化过程是从永恒不变的教育本体存在扩展为具有特定规定性的教育具体存在的过程，是教育主体确认自我价值和选择教育规律的建构性实践过程。

笔者对"石文"的观点亦有异议，为此发表了《回到原点的哲学之思——〈本质主义、反本质主义与中国教育学研究〉批判》一文。文章指出,《本质主义、反本质主义与中国教育学研究》一文在考察所谓的本质主义以及相关的教育学研究的过程中走错了方向,因而在"截取"了所谓的反本质主义的一系列时髦话语的同时,也"背负"了其固有的"反本体论""反形而上学"的一系列通病。所谓的本质主义及其"严重的历史性后果"是反本质主义所赋予和强加的,21世纪的中国教育学研究必须深刻地批判和彻底地抛弃所谓的"反本质主义知识观和认识论路线",坚持马克思主义哲学的一般世界观或本体论的基本观点,否则,势必误导现实的教育学研究并进而带来一系列的负面影响。

笔者通过系统的文献检索发现,近年来,教育(学)研究中的本质主义和反本质主义争论一直在持续,不断有相关论文发表,如《我国教育学研究确定性追求的反思——与石中英先生反本质主义教育学主张商榷》《本质主义与反本质主义:教育学两种思维方式论争评析——兼作教育学反本质主义思维的辩护》《中国教育学研究中的本质主义与反本质主义:从分歧到融合》《后现代反本质主义时代的教育本质观》《也论教育学研究中的本质主义与反本质主义》等。事实上,一个人的眼界决定一个人的世界,什么样的眼睛看到什么样的世界。绝对没有什么东西可以被两种思维同时认知!可以断言,这种表征为不同教育学思维方式的学术争论会持久地延续下去,因为,它在本质上不是教育学研究的方式方法问题,而是两种对立、冲突的认识论路线问题。这种不同认识论路线之间的对立与冲突,根源于唯物主义和唯心主义两大哲学阵营之间的根本矛盾,且始终与人类的各种认识活动相伴随。

至此,本节对21世纪之初的七场教育论争做了一个综述。当然,如果进一步考察的话,会发现还有奥数班之争、小学生读经之争、高中文理分科之争、高考加分之争、重点校与非重点校之争,以及"中学校长实名推荐制"之争等,这里不再一一罗列。但需要强调的是,由于不同教育研究主体活动时空背景的复杂性、多样性和流动性,由于教育研究主体知识结构、认知模式、理论取舍、价值判断的差异,以及不同主体把握教育的视域不同,他们对于教育的理解、看法和认识必然各不相同。而"走出自我中心困境"进而寻求普遍共识的根本方法在于,不要满足于个人的一己之见,学会在不断实践的基础上追根究底,在广泛交往和深入实践的过程中,由片面到全面,由现象到本质,不断深化对教育本质的理解和认识。同时,越是在教育实验改革的紧要关头,越需要我们理智、冷静地思考,越需要我们畅所欲言、无所保留地展示知识和智慧的力量。只有这样，我们才能够克服行动过程中的独断性、功利性以及经验化和形式化，通过实验改革和学术对话使整个教育系统充满生机和活力，不断提升教育（学）的内在品质。

二、国际视野：我们在借鉴什么

纵观新中国基础教育改革的发展历程，从"以俄为师"到将目光投向欧美、日本、印度等国而"博采众长"，我们一直没有忘记"借他山之石攻己之玉"。① 其中，从具有重要影响的外国教育家来看，在"一边倒"学习苏联期间，凯洛夫、赞可夫、克鲁普斯卡娅、马卡连柯、苏霍姆林斯基等人的教育思想，对我国教育（学）发展产生了非常深刻的影响。改革开放之后，由人民教育出版社出版的"外国教育名著丛书"，对我国教育学的学科发展产生了重要影响。就具体个人而言，皮亚杰、加德纳、蒙台梭利、罗杰斯、朗格朗、布卢姆、布鲁纳、奥苏贝尔、弗莱雷、多尔、阿普尔、范梅南、佐藤学、克里希那穆提等人的教育著述，则逐渐上升为我国基础教育改革的重要思想资源。毋庸置疑，在教育国际化背景下，作为世界教育改革的重要组成部分，我国基础教育领域所实施的很多改革都折射着国际教育的新进展和新理念。下面，在梳理具有重大影响的国外教育思想和改革经验的基础上，对基础教育改革进行宏观审视。

（一）多元文化教育与国际理解教育：全球化时代的必然选择

多元文化教育（multicultural education）与国际理解教育（education for international understanding）是一种基于民族性与国际性，以文化合作和生活

---

① 以 1949 年中华人民共和国成立为分界点，之前的 30 多年，即民国时期，中国基础教育领域深受杜威的实用主义教育思想影响。主要是因为，"五四"前后两年多时间里，杜威在华发表了 200 多场学术演讲，足迹遍及大江南北，其《民主主义与教育》等论著广受欢迎，演讲稿也一版再版。尤为典型的是，陶行知、陈鹤琴、胡适、蒋梦麟等都在深入学习的基础上，结合中国国情，对杜威的教育思想进行了别具一格的实践探索或理论再创造。

理解为核心的开放性教育。

1. 多元文化教育

多元文化教育是指在多民族的多种文化共存的社会中，允许和保障各民族文化共同发展的教育。它也是为实现不同文化和不同种族人群的教育平等权利而进行的教育改革运动。联合国教科文组织国际 21 世纪教育委员会认为，教育的使命在于教会学生懂得人类的多样性、相似性和相互依存性。根据著名的民族教育家班克斯（J. A. Banks）的观点，多元文化教育是一个意义广泛的概念，包括民族教育、多民族教育、反种族教育、妇女教育、残疾人教育等。而且多元文化教育的核心目标就在于，使属于不同文化、人种、宗教、社会阶层的集团或个人，学会和平相处，协调相互之间的关系，从而达到共同进步、共同发展。

多元文化教育实际上包括国内、国际两个层次。首先，它是在一国之内实施的多元文化教育或跨文化教育。也就是说，在多民族的各种文化共存的国度里，允许和保障各民族的文化共同发展，以丰富整个国家文化的教育。其根本目的在于满足少数民族儿童的发展需要，促进民族团结。其次，从国际上讲，多元文化教育的根本目的在于加强全球观念的培养，强调尊重异域文化，鼓励各种文化之间的对话与交流，以促进世界和平。不得不承认，今天的人类面临着许多共同的问题，诸如环境污染、贫困、人口过剩、艾滋病以及网络病毒的蔓延等。这些问题的解决无疑需要世界性的广泛合作，而这种合作的前提是要求人类对多元文化有深刻的理解。

事实上，在全球化浪潮的影响下，一方面，人类的生产方式、生活习惯、意识形态、道德信仰、审美价值取向等，越来越多样化；另一方面，世界各国之间的联系和交往也日益频繁，不同社会、民族、集团间的合作越来越广泛，甚至达到了相互依赖、不可分离的程度。正是在这样的时代背景之下，我国的基础教育改革也逐渐被纳入全球教育改革的整体范围，而不可能孤芳自赏、一意孤行。我们发现，在认同多元文化的基础上，许多富有远见的仁人志士在积极倡导多元文化教育，主张引导儿童尊重所有的人及其文化，尊重来自不同文化背景的儿童，帮助他们同来自不同文化背景的人们友好相处、互利共赢。

2. 国际理解教育

国际理解教育是世界教育发展的一个新课题，它是指世界各国在国际社会组织尤其是联合国教科文组织的倡导下，以培养具有多文化共存、人与人之间相互依存的"世界公民"所必备的素质为目标，以"国际理解"为理念而开展的教育活动。

国际理解教育也是教育国际化的重大主题，"二战"后，最先由联合国教科文组织所倡导，并得到初步发展；到20世纪70年代中期至80年代，受到国际政治、经济形势变化的影响，经历了曲折的发展历程；但在20世纪80年代后，其发展得到恢复，并日益受到各国的重视。根据联合国教科文组织1994年发布的《第44届国际教育大会宣言》，开展国际理解教育的目的是使青少年在认同本民族文化的基础上，了解别国文化、社会习俗的产生、发展和现状；学习与其他国家人们交往的技能、行为规范和建立人类共同的基本价值观；学习正确分析和预见别国政治、经济发展状况及其对本国发展的影响；正确认识和处理经济竞争与合作、生态环境、多元文化共存、和平与发展等方面的国际问题；培养善良、无私、公正、民主、热爱和平以及关心人类共同发展的情操，担负起"世界公民"的责任和义务。

国际理解教育强调道德价值观念和态度的普遍意义，强调发展一种各种文化所共同认可的价值观即"和平文化"，比如尊重、宽容、民主、正义、仁爱与和平等。显然，国际理解教育是全球化背景下本着对不同民族的关爱而提出的教育理念与策略，其目的是让学生拥有理解、包容不同文化、习俗的胸怀和品质，并树立"世界公民"意识，真正形成"地球村"概念。目前，美国、英国、日本等国已根据本国的具体国情，在各自的教育改革过程中制定了相应的政策，把国际理解教育纳入了教育体系。从世界交往来看，培养具有国际理解意识（知识、技能和态度）的公民，对于我国教育发展和社会进步具有非常重要的时代价值，势在必行。

实际上，从20世纪90年代开始，我国就已经注重加强国际理解教育的研究和实践。例如，1993年在苏州召开的国际教育学研究大会的主题就是"迈向21世纪的国际理解教育"。近几年来，我国基础教育领域主要从以下几个方面进行了尝试：各地不少学校都积极推广双语教学，专门开设了国际理解教育课程，或者通过历史、地理等学科的渗透，培养国际主义精神，鼓励师生通过各种渠道加强对外交流、学习。但是，学校开设系统的国际理解教育课程需要具备一定的条件，其中，具有较多国际性交往的社会环境以及相关的软硬件设施非常重要。因此，开展国际理解教育的学校，一般是经济发展程度较高的城市学校或具备特殊条件的县乡镇学校。需要注意的是，在开展国际理解教育时，尤其是在创建国际课程、国际班级和国际学校的过程中，不能忽视民族性与国际性的统一问题，在理解、包容其他文化的同时，不能忽视对本国文化的理解和创新。注重继承和弘扬本国优秀文化，是国际理解教育的应有之义。

（二）全民教育与全纳教育："教育民主化" 的理念与实践

作为指引世界教育改革与发展的一面旗帜，"教育民主化"不应是空洞的理想和口号，我们必须理解其所蕴含的基本精神，赋予其实在的意义，开展积极、有效的行动。其中，全民教育（education for all）和全纳教育（in-clusive education）很好地体现了"教育民主化"的核心理念。

1. 全民教育

1990 年，在泰国宗滴恩召开的世界全民教育大会上，联合国教科文组织等国际组织首次提出了全民教育概念。这次大会发表了《世界全民教育宣言》和《满足基本学习需要的行动纲领》，阐述了全民教育思想的基本内涵：扫除成人文盲、普及初等教育以及消除男女性接受教育的差别。2000年，联合国教科文组织世界教育论坛在达喀尔举行，会议通过了《达喀尔行动纲领》，确认了全民教育的六项目标：扫盲、发展幼儿教育、普及初等教育、促进男女性教育机会平等、开展生活技能培训、全面提高教育质量。其中，扫盲、普及初等教育、促进男女性教育机会平等三项被列入联合国大会通过的"千年发展目标"。

从本质上讲，全民教育是世界教育发展的根本趋势，其宗旨和最终目标是满足所有人学习的需求，提高所有人的基本文化水平和谋生的基本技能，让他们有尊严地生活，并有一定的意识和能力参与解决困扰世界的一些重大问题，让全人类和平相处，共同进步，从而使世界走上可持续发展的道路。全民教育不仅是教育问题，更是发展问题。提高全民教育的发展水平和质量，既是世界各国普遍的共识和一致的呼声，也是各国政府持续努力的方向。

我国政府不仅重视全民教育的推进速度，更重视全民教育的实际成效。2005 年 11 月 10 日，教育部首次发布了《中国全民教育国家报告》。报告全面总结了 2000 年达喀尔世界教育论坛以来中国全民教育实现的历史性突破，充分展示了中国在学前教育、义务教育、职业教育、成人扫盲以及少数民族教育等方面所取得的巨大进展，清晰地记述了具有中国特色的推进全民教育的历程。时隔 5 年多，2011 年 3 月 1 日，由中国联合国教科文组织全国委员会、联合国教科文组织北京办事处与联合国儿童基金会驻华代表处共同举办的"《2011 年全民教育全球监测报告》发布会暨第六届全民教育国家论坛"在北京开幕。我国教育部副部长刘利民在大会讲话中指出，在推进全民教育的过程中，中国政府始终坚持把保障社会弱势群体公平的受教育权利摆在突出的位置，把促进教育公平作为基本的教育政策，在缩小差距方面取得了重大进展。

2. 全纳教育

全纳教育思想兴起于 20 世纪末期。可以说，1990 年的世界全民教育大会为全纳教育搭建了舞台，而 1994 年联合国教科文组织发表的《萨拉曼卡宣言》（首次使用"全纳教育"一词）则拉开了全纳教育的序幕。全纳教育从提出至今 20 余年，发展势头方兴未艾、不可阻挡。我国在 20 世纪 90 年代对全纳教育的研究很少，进入 21 世纪后，相关研究逐渐增多。综观我国全纳教育的研究现状，与国外相比尚处于初级阶段，主要是从概念、基本理念等方面进行理论探讨，基于本土的实证研究尚不多见。

作为一种新的教育理念和实践探索，全纳教育是指教育应当满足所有儿童的需要，容纳所有学生，反对歧视和排斥，促进积极参与，注重集体合作，满足不同需求。正因为全纳教育倡导"有教无类""零拒绝"，主张人人都有平等的受教育权，反对歧视和排斥弱势群体，提倡在参与合作中实现自我的最大价值，因而给义务教育和特殊教育带来了巨大挑战。首先表现为对普通教育制度的挑战，即面对现实中存在的普通教育和特殊教育二元教育体制，全纳教育提出了两种体制融合的观点；其次表现为对具体教育实践的挑战，即学校的课程、教学和评价必须以平等的方式满足人们的不同需求；最后表现为对教育理念的挑战，即转变落后的等级、身份观念，接受所有儿童，满足所有儿童的不同教育需求。

　　总体上看，全纳教育尊重和理解所有有特殊需求的学生，主张公平、公正、合理地利用现有教育资源，探索适合各类学生学习需要且有质量保证的教育策略。全纳教育有助于特殊教育与普通教育的进一步融合，有助于为有特殊教育需要的学生未来融入社会提供准备，也有助于社会、家庭的稳定和营造一种高度文明的社会环境。目前，世界许多国家都在按照全纳教育的基本思想开展各式各样的教育实验改革。例如，美国的"人人成功"（Success for All）教育项目以及 2002 年《不让一个孩子掉队法案》（No Child Left Behind Act）的签署，就是全纳教育思想的贯彻和落实。就我国目前的现实状况而言，确实仍然有一部分人没有能够获得公平、公正的待遇，还有一些孩子没有能够得到应有的教育机会，因此优先发展教育事业，大力弘扬"为了一切的人，为了人的一切"这一教育改革理念，积极开展全纳教育的理论和实践研究，意义重大而深远。

（三）教师专业发展：基础教育改革的"阿基米德点"

　　20 世纪 70 年代以来，教师专业发展（professional development of teachers）问题成为欧美教育界蓬勃发展的研究领域。近 20 年来，随着基础教育课程改革的不断推进，我国政界、学界、实践界也越来越重视教师专业发展问题，并将其视为推动基础教育改革的关键所在。人们越来越清晰地认识到，任何实质性的教育改革总是要依靠教师来完成，没有一线教师的教育理想、工作热情和专业发展，再美好的改革计划都势必落空。在这种背景下，教师资格制度（system of teacher's qualification）、教师作为研究者（teacher as researcher）以及教师职业倦怠（teacher's job burnout）等问题，受到了普遍关注。

1. 教师资格制度

　　教师资格制度最早诞生在美国，1825 年俄亥俄州实行教师考核制度，通过者由教育主管部门颁发合格证书。随后，英国、德国、日本等国也陆续实施了教师资格证书制度。尽管各国的教育制度不尽相同，教师资格的标准及管理方式也存在一定差异，但实施该制度的意图却基本一致，即用立法的形式规定教师的任职资格，确立教师的社会地位；维护教师资格证书持有者在职业竞聘过程中的优势地位；对在职教师实行质量监控，确保教育质量。

教师资格证书制度的实施是推进教师职业专业化进程的重要举措，它有助于提高教学质量，保证教师的专业水准；有助于吸引有其他学科背景的优秀人才进入教师行业，为教育系统以外的人员从教开辟渠道；有助于提升教师的社会地位、工作待遇。2000年9月23日，我国教育部颁布了《〈教师资格条例〉实施办法》，对教师资格的含义、分类、适用范围以及资格认定条件、资格认定程序、资格证书管理等方面做出了具体规定。这标志着我国教师资格证书制度的全面启动。

当然，与较早实施教师资格证书制度的国家相比，我国尚属起步阶段，教师教育课程仍需要不断完善。在国外，为增强教师资格证书的权威性，防止机构内部徇私舞弊，教师资格的审查权和证书发放权一般不掌握在直接培养师资的机构手中。在我国，根据《〈教师资格条例〉实施办法》的规定，中小学教师资格认定的标准、测试方法由省级教育行政部门制定，教师资格由县级以上地方人民政府教育行政部门认定。从实际操作来看，这种行政主导的证书管理、鉴定和发放形式，主观因素过多，存在不少漏洞。为此，有必要强化规范意识，充分发挥专业组织在资格认定过程中的独立作用，以保证资格认定的科学性，促进教师队伍专业素养的整体提高。

2. 教师作为研究者

随着社会对教师素质要求的不断提高以及在教师专业化思潮的影响下，中小学教师成为研究者的必要性和重要性日益受到重视。树立"教师即研究者"的理念和提倡教师从事教育研究活动，一方面有助于调整教师的职业角色和工作状态，增强他们对教育问题的敏感性，为教育教学质量的提高另辟蹊径；另一方面有助于教师提高发现问题和解决问题的能力，增强专业发展的自主和自觉意识。尽管中小学教师可采用的研究方法很多且因人而异，但相比较来看，教育行动研究（educational action research）、教育叙事研究（educational narrative research）和生活体验研究（lived experience research）近些年备受关注。

（1）教育行动研究

教育行动研究是20世纪70年代后西方兴起的一种教育研究方法。我国学者在20世纪90年代对此已有初步介绍，并有学者据此提出了"走进中小学进行教育研究"的口号。跨入21世纪后，这方面的研究更为深入、广泛。一般认为，教育行动研究的对象是当下发生的教育实践，研究者本身就是实践活动的参与者，研究的目的在于提高行动质量、增进行动效果。其中，一线教师开展行动研究，能够促进自身对教育教学行为进行深刻反思，能够在分析问题、设计解决方案的过程中改善教育教学效果，促进教师专业的可持续发展。

对中小学教师而言，在行动研究过程中，他们既是研究者，又是运用研究成果的实践者。他们可以根据学校各项工作的实际需要确定问题域，独立或与他人合作，在真实、自然的教育教学情境下开展研究，解决问题。当然，行动研究究竟是作为一种教育研究方法存在还是作为一种教育实践活动存在，或者二者兼具，目前依然存在不少争议，并在一定程度上影响中小学教师的实际操作以及对待行动研究的态度。

值得注意的是，行动研究所针对的是具体情境中的问题，目的在于改进特定的教育实践，其研究成果具有特殊性和情境性，因而不可将其应用范围或功能任意夸大或泛化。另外，行动研究在基础教育中的推行并非一帆风顺。有些中小学教师确实在教育实践中运用行动研究取得了一些研究成果，提高了教学质量，但有些教师却在实际应用过程中遭遇了不少问题，出现了没有"问题"的研究、没有"行动"的研究、没有"成果"的研究的现象。这说明有些教师尚未完全领会行动研究的实质，也没有真正掌握行动研究的基本方法。从目前状况看，要真正提高中小学教师教育行动研究的能力，还有很长一段路要走。

（2）教育叙事研究

叙事是人类生存和表达的基本方式。源于生活和文学的叙事于20世纪80年代被引进教育领域，特别是教师培训和教师专业发展领域。作为一种研究手段，教育叙事是一个通过对校园生活、教育教学事件、教育教学经验进行描述和分析，挖掘或揭示隐藏在这些生活、事件和经验背后的教育思想、教育理论和教育信念，进而发现教育本质、教育规律、教育价值和教育意义的过程。

20世纪90年代末，教育叙事引起了我国教育研究者的关注。教育叙事研究在我国教育领域的兴起有其特定的社会与教育发展背景。其中，对已有教育研究方法、目的、作用的反思，尤其是对教师专业化途径与方法的反思，在很大程度上促成了教育叙事研究的兴盛。当然，与国外的研究状况相比，我国的教育叙事研究尚停留在理论介绍和实践探索的起步阶段，显得比较零散，没有深度，包括对教育叙事内涵、特点等基本问题的认识，也未能形成系统、一致的看法。

一般认为，教育叙事研究就是用叙事法来研究教育问题，以书写教育故事、教育案例为手段，来叙述和建构教育生活的意义。教育叙事不直接定义教育是什么，也不直接规定教育应该怎么做，只是给读者讲述一些教育故事，让读者从故事中体验教育是什么或应该怎么做。就其基本特征而言，首先，教育叙事研究具有生活性、真实性，所叙之事源于课堂教学、课外活动、师生交往、学生相处等不同生活情境，它是实然的而不是应然的。其次，教育叙事研究具有典型性、丰富性。教育是一项需要深思熟虑的事业，看似平淡的案例中往往蕴含着丰富的教育智慧。再次，教育叙事研究强调教育事件的情境化阐释，具有情境性、意义性。最后，教育叙事研究具有民主性、开放性，倡导研究者将自己从专家权威们的束缚中解放出来，积极探寻表达教育思想的个性化方式。

目前，教育叙事已成为中小学教师教育研究方法的重要选择，成为校本教研的重要内容和促进教师专业发展的有效途径。但是，在教育叙事研究被普遍看好的形势下，也有学者对它提出了异议。例如，有学者认为它在一定程度上导致了中小学教师对于教育理论的忽视乃至"拒斥"，还有学者认为叙事研究容易受到研究者个人多重倾向性的影响，其研究目的很容易受到故事文本性的影响而偏离事实逻辑和本来意义，有时很难接近教育的真谛，甚至背离教育的本质和规律，等等。显然，这些质疑从不同维度说明了教育叙事研究存在的一些不足，让我们在看到其优势的同时关注其缺陷，形成更为科学、客观的认识。

（3）生活体验研究

作为一种教育研究方法的生活体验研究，与教育叙事研究有着共同的意趣和指向。两者都扎根于教育的生活世界，两者的理论概念都与教育的日常实践紧密关联，都特别重视对教育事件内在逻辑的描述，都试图系统地揭示生活经验中的意义结构，而不是简单地分类、分级或抽象概括。

生活体验研究是一种以人为中心的解释性研究范式。这种范式是一种现象学、阐释学、符号学立场上的对生活经验的结构化、文本化、意义化，旨在更具体、生动、全面地展示人类活动的复杂性、情境性和不确定性。20 世纪 60 年代初，生活体验研究在德国和荷兰的教师教育中成为一种主导性的研究方法，到了 60 年代末因为受到德国批判理论和北美行为主义的影响而有所降温，到 90 年代时又开始复苏。① 近年来，我国也逐渐关注这一研究方法，而且研究表明，虽然从教育科研方法体系的角度看生活体验研究比较新，但实际上其在教师的职业生涯中却是一种非常基础的生活方式。因为，每一个教师都会自觉或不自觉地拥有这样一种研究性的教育生活体验。差别在于，有的人有意识地去创作"文本"，将自己的教育生活呈现出来，而有的人因为不去（或不善于）反思、不去（或不善于）写作，而使自己的生活体验仅仅停留在潜意识状态。

当然，教师从事生活体验研究是需要条件的，并不是所有教师都能迅速把握生活体验研究的精神实质。这些条件包括：具有对人与人之间关系的洞察力，善解人意；具有对语言的敏感性，词汇丰富，表达精确；具有较强的文本创造能力；等等。有研究认为，教师开展生活体验研究大致需要三个步骤：首先是从思想观念上做到"悬置"，放弃旧的思维框架与习惯，投身教育生活，获得丰富的教育生活体验；其次是遵循回忆与反思的基本原理，反思生活体验；最后是运用语言符号表述基本原理，描述体验，并以文本形式呈现（金美福，2004）。目前，教育研究应紧密联系个人生活体验这一观点，已被越来越多的一线教师所认可，但生活体验研究究竟能在多大程度上促进专业发展，还需要从理论和实践两个方面，展开更为深入的调查和实证研究。

3. 教师职业倦怠

职业压力（professional stress）和职业倦怠（job burnout）是教师专业发展的核心议题。"职业倦怠"一词，由美国心理学家弗罗伊登伯格（H. J. Freudenberger）于 1974 年首次提出，用以描述由工作时间过长、工作量过大、工作强度过高等因素引发的一种身心疲惫状态。后来，有关职业倦怠的研究延伸到教育领域，开始关注教师的职业倦怠问题。

21 世纪以来，随着基础教育改革的不断推进，教师职业倦怠问题成为我国教育研究领域的热点问题之一。它受到重视的主要原因可归结为以下几个方面。首先，教师作为教育活动的三大要素（教育者、受教育者和教育手

---

① 20 世纪 60 年代，在德国教师教育中，人文科学教育学占主导地位，在荷兰是现象学教育学占主导地位。德国人文科学教育学的传统方法是解释学的，而荷兰的现象学教育学更富有描述性特点或现象学取向。参见范梅南，2003. 生活体验研究：人文科学视野中的教育学 [M]. 宋广文，等译. 北京：教育科学出版社：1.

段）之一，在教育教学活动中占有举足轻重的地位，他们的各方面素质直接决定着教育质量的高低。其次，教师始终是教育改革的主体，在各种教育改革中发挥着极其关键的作用。教师的改革态度和改革热情直接影响到改革的实际结果。仅就西方国家而言，由教师因素直接或间接导致教育改革失败的例子比比皆是。例如，19世纪末20世纪初的欧洲新教育运动、20世纪二三十年代的美国进步主义教育运动，以及20世纪80年代布鲁纳领导的美国课程改革，之所以成效甚微，都与忽视对教师的理解、关注或未能引起教师的理解、关注有一定关系。最后，我国确实有不少教师陷入了职业倦怠状态。当前，我国基础教育改革正广泛开展，广大教师面临着吸收新教育思想和革除落后教育理念的大局势。在一些落后地区，办学条件比较差，甚至连教师的工资都难以支付，再加上一些落后的评价理念和评价制度，不可避免地给很多教师增加了压力，导致其产生职业倦怠。正是在这种现实背景下，对教师职业倦怠的研究被提上了日程，一些学者开始借鉴国外研究成果并结合我国实际，探讨教师职业倦怠的含义、表征、成因、影响、对策等问题。

关于教师职业倦怠，目前已形成的基本共识是：它是教师不能顺利应对工作压力的一种消极反应，是教师长期忍受高压力体验而产生的一种消极情绪，极端者会出现精力衰竭、人格解体等症状。研究表明，处于职业倦怠期的教师不仅个人生理、心理健康受损，影响教学水平的正常发挥，而且会直接影响到学生身心的健康发展。同时，教师职业倦怠需要从社会支持、组织支持和个人努力各个方面加以防治。总之，教师职业倦怠研究日益受到重视，一方面表明社会对教师职业的认识更加客观了，能够正视其作为普通人的一面；另一方面，也体现了社会对教师真实生存状态的关注，对教师职业的人性化关怀。当然，与国际上的研究成果相比，我国教师职业倦怠的研究明显偏少、偏弱，急需开展本土化的理论和实践探索。

（四）建构主义与多元智力理论：学习观与学生观的理论基石

就近20年的中国基础教育而言，人本主义（humanism）、后现代主义（postmodernism）、建构主义（constructivism）以及多元智力（multiple intelligences）理论一直在各种改革话语中居于上风。相比较来看，建构主义和多元智力理论尤为盛行。

1. 建构主义

建构主义是西方哲学、心理学中的一个重要流派，对当今世界各种教学理论与实践都产生了深刻影响。值得注意的是，其理论基础虽然在 20 世纪 30 年代就已由瑞士著名心理学家皮亚杰和苏联早期著名心理学家维果茨基所奠定，但是在世界范围流行且产生广泛影响，却是 20 世纪 90 年代以后的事情。在我国也是如此，建构主义在 20 世纪六七十年代受到了批判，90 年代重新兴起，随着新课程改革的大力推进，目前得到了较为普遍的认同。

我们知道，教学方式（包括教师教和学生学两个方面的观念和行为）直接受制于学习理论的影响，也就是说，不同的教学方式总是建基于不同的学习理论之上。在众多的教育理论中，建构主义理论特别强调学习者的自主建构、自主探究和自主发现，并要求将这种自主学习与基于情境的合作式学习和基于问题解决的研究性学习结合起来，因此特别有利于学习者创新意识、创新思维、创新能力以及合作精神——这些恰恰是 21 世纪人才所应当具备的最重要的素质——的培养，这已成为国际教育界的基本共识。

按照建构主义观点，学习是学习者在原有经验、知识、概念、技能、信仰和习惯的基础上，积极、主动地进行意义构建的过程。教师必须尊重学习者的个性，建立民主、平等的师生关系，针对学生认知结构的不同特点，选择和设计灵活多样的教学模式，大力推进自主、合作、探究等能够充分发挥个体能动性的学习方式。但是，中国教育界在研究和引进建构主义时，只有扎根于自己民族的文化、教育传统，做到知己知彼，才能真正拥有一种自主、自信、创新的学习心态。正如桑新民教授在《建构主义的历史、哲学、文化与教育解读》一文中强调的那样："建构主义这个概念及其理论虽然是西方人创造的，但建构主义的许多基本原则和理念却正是中国文化和教育传统中的题中之意和精华所在！……只有深入挖掘这种深藏在中国文化之根中的教育传统，才能以更加开放和自信的心态，吸取和借鉴当代西方建构主义的精神财富，实现东西方文化与教育更平等的对话与交流。"（桑新民，2005）

2. 多元智力理论

多元智力理论是由美国心理学家加德纳提出的一种智力结构理论。他在《智力的结构》（*Frames of Mind*）一书中指出，智力并非人们以往认为的那样，是以语言能力和数理逻辑能力为核心，以整合方式存在着的一种智力，而是彼此相对独立，以多元方式存在着的一组智力。他认为，人类的智力是多元化的组合，每个人至少有七种智力，即所谓的言语—语言智力、音乐—节奏智力、逻辑—数理智力、视觉—空间智力、身体—动觉智力、自知—自省智力和交往—交流智力。这些智力类型在每个人身上的不同组合方式，使每个人具有不同的智力特征和智力水平。①

按照多元智力理论，每一个学生的智力都有自己独特的表现形式，每个人都有适合于自己的学习类型和学习方法。这一思想对于教师的直接启示意义在于，必须积极、乐观地看待学生，主动、自觉地调整职业角色和提高专业素质。正如有些学者指出的那样，多元智力理论问世以来，虽然不少心理学家对其科学性持怀疑态度，而且加德纳本人也承认该理论在一定程度上只是一种理论构想和框架，有待进一步证明、补充、修改和完善，甚至有可能被推翻，但事实是，它不仅在国外产生了强烈的反响，而且引起了我国许多学者的积极关注。不难发现，多元智力理论不仅为当前的课程改革提供了理论支撑，而且在基础教育领域引发了一系列的观念和实践变革。

总之，根据多元智力理论，教师不但要有丰富的学科知识，还必须全面、系统地了解学生，这样才能够真正有效地开展教学，促进所有学生的全面发展。一般认为，多元智力理论首先要求教师转变学生观，尊重每一个学生，从每个学生的智力结构出发，选择与其相适应的教育内容和教育方法，开展个性化教学，做到因材施教。需要注意的是，该理论对传统的教育评价制度也是一个很大的挑战，它要求评价者必须拓宽评价的内容和指标，关注学生的道德品质、人际关系、学习态度、兴趣特长等各个方面的潜力，而不仅仅从语言能力和逻辑分析能力方面衡量学生。在多元智力理论视野中，那种视书面考试成绩为一切，简单、轻率地将学生分为三六九等，贴上各种"差生"标签的教育评价制度，是荒唐、可笑和非人道的，必须彻底废除！

---

① 除了这七种智力外，加德纳还提出了"自然智力"和"存在智力"。其中，自然智力是一种理解自然环境的技能优势，生物学家、医药人员、农民等在这方面往往表现突出。而那些具有较高存在智力的人，更善于思考生活的意义、爱、死亡、人类处境等问题，像孔子、苏格拉底、柏拉图、亚里士多德等伟大的思想家都具有高水平的存在智力。参见 Coon D, Mitter J O, 2014. 心理学导论：思想与行为的认识之路 [M]. 郑钢，等译. 北京：中国轻工业出版社：425 - 426.

（五）档案袋评价：教师发展与学生成长的过程性解读

　　档案袋评价（portfolio assessment），又称成长记录袋评价或文件夹评价。它最早出现在美国，20世纪六七十年代主要用于师资培训，90年代后开始进入中小学，并被广泛地用来作为一种针对学生的评价手段。经过学习、改造之后，在我国，目前关于教师专业发展的档案袋评价已经发生了不少变化。我们发现，为了真实地记录教师专业发展的历程，目前很多学校都会以多种形式举办教师业绩展览，生动活泼地演示教师成长的各种过程性资料。不仅如此，受这一评价手段的启发，现在不少中小学在建立校本教研制度的过程中，都非常注重课题资料的积累和加工，不少学校的课题研究都具有比较完备的研究方案、实施意见、研究制度以及重大活动的过程性资料等，因而在档案袋评价的主题、内容和对象方面实现了一定的突破。

　　学生成长记录袋评价属于发展性评价的一种特殊形式。它主要是将学生的学习状况（包括学习过程中有代表性的资料）系统地汇集起来，以便展示其在某个时期某个领域中的发展轨迹。也可以说，成长记录袋所收集的是学生在不同时期的"成长故事"，它是描述学生进步过程、反省能力以及整体发展水平的重要依据。根据经验，为了达到促进学生发展的目的，在创建成长记录袋时，最好以学期或学年的教育教学目标及学生的学习现状为基础。这样可以确保评价具有比较明确的主题性、时效性。创建成长记录袋，一般有4个具体的步骤：明确应用成长记录袋的目的与对象；确定评价的主题；确定收集的作品与数量；明确成长记录袋的参与者及其作用。成长记录袋内作品的收集是有目的的，不是随意的，是与一定的教学目标相适应的，其基本内容为学生在若干领域的主要作品和具体收获。

　　实践证明，成长记录袋大致具有以下几个方面的作用：第一，它能够反映学生学习与发展过程中的重要信息，使教学与评价有机地结合起来；第二，将学生满意的作品装进成长记录袋，能够让学生看到自己的努力和真实进步，体验到成功的快乐，强化学习兴趣；第三，成长记录袋特别重视评价过程中的多主体参与，特别是学生的自我评价与自我反思，这能够充分发挥学生学习的主体性，激发其学习的内在动机。当然，建立成长记录袋也会遇到不少难题。譬如，需要教师付出大量的时间和精力，如果标准不明确、内容太多的话，很难在大范围内实施。同时，成长记录袋评价主观性很强，难以保证公平公正。如果各科都建立成长记录袋，容易使师生厌倦，导致走形式、走过场。因此，在使用成长记录袋的过程中，最需要的是耐心细致、持之以恒。

总之，成长记录袋的引入，为我国教育评价体系带来了一缕春风，得到了众多教育界人士的青睐。就基础教育课程改革而言，国家颁布的语文、数学、科学、艺术等学科课程标准，都特别在"评价建议"部分提倡创建和使用成长记录袋，因而引起了各级教育管理者和一线教师的很大兴趣，很多中小学都积极开展了不同程度的实践探索，取得了一定的教育实效，也积累了一些可贵的经验。但总体来看，成长记录袋毕竟是从国外引进的一种新兴的评价方式，不少中小学教师和研究人员对它还比较陌生，再加上缺乏相关培训和指导，一些教师对成长记录袋的认识缺乏深度，对成长记录袋的基本原理和使用要求也存在着模糊甚至错误的看法，这在很大程度上限制了成长记录袋潜在优势与功能的发挥。为此，有必要加强对一线教师的培训和指导，使他们尽快对成长记录袋的理念、类型、应用领域和使用方法等，形成比较全面、清晰的认识。

（六）校本管理：学校转型过程中的集权与分权

20世纪60年代中后期，澳大利亚在学校与社区合作方面的探索中构建了校本管理（school-based management）模式的雏形。进入80年代后，校本管理成为西方国家学校管理的重要措施之一。例如，始于1983年的美国教育重建运动，在学校管理方面主张成立地方学校理事会，实施以学校为本位的管理模式，发挥学校基层管理人员和教师的积极性，让学区、学校与社区、家长共同决策，共同推进教育教学改革。总体来看，校本管理的核心思想就在于，视学校为一个"自主管理系统"（self-management system），强调学校管理的民主性、开放性和灵活性，主张学校权力系统由"外控式"向"内控式"转变。

同样是在20世纪80年代，我国也开始了学校管理的民主化改革，只是没有使用"校本管理"一词而已。例如，1985年出台的《中共中央关于教育体制改革的决定》，明确提出要"从教育体制入手，有系统地进行改革。

改革管理体制，在加强宏观管理的同时，坚决实行简政放权，扩大学校的办学自主权"。但需要承认的是，我国实施的学校管理体制改革虽然也在一定程度上扩大了学校自主权，但基础教育管理的总体水平一直不高，不能很好地适应市场经济发展的实际需求，在办学的规模、结构、效益、质量上，也不能适应知识经济时代对教育现代化的需求，主要表现为管理思想滞后，管理系统封闭，管理目标缺乏整体性、连续性。在这种情况下，我国基础教育无疑需要借鉴国外校本管理的成功经验，吸收国外校本管理的合理思想。

近 20 年来，校本管理在我国已成为一个热门话题，研究内容不再局限于介绍其起源、内涵、主要措施、国外发展情况等方面，人们开始对校本管理本身及其在中国实施的可能性和必要性多了一些冷静、理性的思考。不仅如此，在"校本教研""校本培训""校本课程"等方面也有了一定的理论和实践探索。目前已经形成的基本共识是，校本管理主要是指教育主管部门将权力下放给各个学校，给予学校更大的权力和自主决策的空间，使学校能够按照自己的意愿和具体的情况来决定资源分配、财政预算、课程设置、教科书选择、人事安排等，从而实现改革学校管理体制、优化学校资源配置、提高学校办学质量的目的。可见，校本管理在本质上是一种由集权走向分权，以权力下放为中心的学校管理思想和模式，其核心就是强调教育管理重心下移，充分体现学校管理民主化的核心理念。

当然，在推进校本管理和研究学校转型的过程中，人们也发现了校本管理可能引发的学校内部关系的紧张以及与学校外部关系的冲突。此外，尽管基于校本管理的改革在西方国家已有近 60 年的历史，对西方各国的教育行政体制和中小学管理产生了比较大的影响，但有些改革并未取得预期的效果。这表明仅仅采用校本管理模式并不足以彻底提高学校的有效性。校本管理是一项系统工程，能否取得成功，不仅取决于权力下放、共同决策等措施，而且取决于权力下放和共同决策的实际操作过程，取决于教育行政部门和不同学校管理主体对校本管理的认同和支持程度等多方面因素。这一点，对于我国的校本管理研究与实践具有重要的启示意义。

总之，在全球化背景下，秉持一种"各美其美，美人之美，美美与共，天下大同"（费孝通语）的文化心态，是中国基础教育改革走向自觉的重要前提。大量事实证明，在学习、追赶西方时，加强对中国基础教育自身特殊性的研究非常重要，只有知己知彼，认清不同民族的文化和教育精髓，才能够提高我们在世界教育交流与合作中的对话能力，增强中国教育的竞争力和影响力。或者说，面对国外教育思潮、教育理论和教育改革经验，我们必须在仔细甄别的基础上，以冷静与理性的态度去审视和分析这些思潮、理论、经验在我国"生根发芽"的可能性和必要条件。否则，再好的改革思想和改革行动，若缺乏合宜的土壤和环境，最终也只能是枯萎凋零，事与愿违。

三、本土行动：我们在探索什么

我们所争论的东西、所借鉴的东西，往往也就是我们在探索的东西。可以说，当我们在思想上各执己见的时候，在实际行动中也往往各行其是，难就难在，难以判断究竟谁是谁非，或谁更接近真理。同时，当我们立足本土，将眼光投向世界的时候，内心所期许的当然是拿来为我所用，难就难在，究竟是"入汉之榴"，还是"逾淮之橘"？陶行知曾经指出："中外情形有同者，有不同者。同者借镜，他山之石，固可攻玉。不同者而效焉，则适于外者未必适于中。"（江苏省陶行知研究会，南京晓庄师范学校，2008）[35]如同政治、经济体制改革一样，解放思想、实事求是，是中国基础教育改革的根本出路。在探讨了"我们在争论什么"和"我们在借鉴什么"两个主题的基础上，有必要以"我们在探索什么"为视角，对我国基础教育改革的实践脉络进行勾勒。

就新中国的教育改革而言，在时间维度上，可以将"文化大革命"前17年、"文化大革命"10年和"文化大革命"后40来年，视为基础教育改革的三大时段；在内容维度上，则可以将"完善教育体制""推进素质教育""促进教育公平"视为基础教育改革的三大主题。而这三大时段、三大主题背后的社会历史背景则是，从"以阶级斗争为纲"走向"以经济建设为中心"，从"知识分子是臭老九"走向"尊重知识、尊重人才"和"科教兴国战略"。显然，这是一种较为宏观的描绘。在《新中国教育实验改革》一书中，笔者曾经从"学科实验改革""教学实验改革""单项实验改革"

"综合实验改革"四个维度考察过新中国成立以来基础教育领域的重大事件，介绍过一些比较有影响的教育实验改革①案例，下面做简要评析。

首先，学科实验改革主要体现在课程标准、教学大纲以及教材编写等方面。众所周知，60多年来，中小学语文、数学、外语、物理、化学、生物、地理、历史、政治与品德、体育与健康、劳动技术、综合实践活动以及音乐、美术、艺术等不同学科，都在相关方面做出了一系列探索。

其次，教学是学校的中心工作，深化教学实验改革，突出学生创新精神和实践能力培养，是基础教育创新的一项核心内容。或者说，强化实践环节，积极推行自主学习、合作学习和研究性学习，切实改变"保姆式""填鸭式""强迫式"教学方式，一直是中小学教学实验改革的根本任务。必须牢记的是，教学实验改革与一线教师的关系最为直接和紧密。无论是政府推动、专家引领，还是学校自发，教学实验改革的发生地只能是校园、教室和课堂。近70年来，有一大批基础教育学校（如北京景山学校、北京十一学校、上海市育才中学、江苏省洋思中学、山东省杜郎口中学等），特别是一大批一线优秀教师（如斯霞、邱学华、李吉林、魏书生、霍懋征等），在相关方面取得了一系列非常有影响的成果。

再次，任何教育实验改革都必须拥有比较明确的主题，但主题与主题不同，有些主题只与教育系统的某一部分或某些因素发生关联，而有些主题则会牵扯到整个教育系统，从多个维度与教育整体发生关联，甚至主题本身就

---

① 在关于教育研究、教育发展和教育创新的各类话语中，"教育实验"和"教育改革"是两个紧密关联的概念，而且常常可以互换使用。不仅如此，当"教育实验"与"教育改革"并存或交替出现，难以区别或不必要做严格区别时，最好的办法就是利用"教育实验改革"这一比较宽泛、模糊的合成概念来代替它们。其中，所谓教育实验，主要指为了进行科学研究而进行的有所监控的教育实践活动；所谓教育改革，主要指有目的、有计划地对落后的教育思想和教育实践施加影响，使其获得预期的进步和发展。一般来讲，教育改革是为了推行新思想、新理论、新方案，但为了避免草率从事，常常要通过教育实验来证明其有效性和可行性。可见，教育实验既是一种教育科学研究方法，也是一种特殊的教育实践活动，它应该是具有科学性（尝试性）的教育实践活动与具有实践性的教育科研活动的统一。教育实验常常成为教育改革的先导。开展教育实验是为了发现典型经验，寻求教育发展规律，更好地按照教育规律办事。教育实验有广义和狭义之分，广义的教育实验就是教育改革。现实中，教育改革往往以教育实验的形式展开，或者说，教育实验往往成为教育改革的一种基本形式。因此，教育研究、教育实验和教育改革成为教育发展与创新不可分离的基本环节。这里，教育改革的实验性、科学性与教育实验的改革性、创新性表现为：教育改革的过程和手段往往体现为教育实验，教育实验的最终目的往往表征为教育改革和教育创新，即改革教育、完善教育。由此看来，教育实验与教育改革都是一种教育探索和教育创新的过程，都是为了谋求一种新的教育、一种进步的教育、一种理想的教育，两者的价值追求是共同的、一致的。参见张荣伟，2010. 新中国教育实验改革［M］. 天津：天津教育出版社：前言1－2.

是教育发展的根本性问题，直接影响到人们对于教育的整体看法。我们常常将前者称为"单因素实验"或"单项主题实验"，而把后者称为"多因素实验"或"整体综合实验"。60多年来，基础教育领域开展得比较有影响的单项实验改革有超常儿童教育实验改革、科学世界观教育实验改革、志向与理想教育实验改革、个性与人格教育实验改革、青春期教育实验改革、小班化教育实验改革、中小学学制实验改革、初高中教育分流实验改革、女童教育实验改革、工农速成中学实验改革、两种教育制度和两种劳动制度实验改革、环境教育实验改革、社区教育实验改革等。

最后，从20世纪70年代末开始，在对以前的单科、单项教育改革进行反思的基础上，人们越来越清楚地认识到教育实验改革的综合性、整体性特征，越来越多的教育科研工作者开始从系统科学的角度考虑中小学实验改革问题。因为教育是一个复杂的系统工程，个别的单项实验往往难以揭示其内在的、整体的规律性特征。为此，有必要强调不同学科之间、部分与整体之间的联系，加强多项教育改革之间的相互渗透、相互配合和有机统一。60多年来，基础教育领域开展得比较有影响的综合性实验改革有三年制幼师整体实验改革、中小学整体教育实验改革、中小学教育体系实验改革、农村教育综合实验改革、赏识教育实验改革、愉快教育实验改革、成功教育实验改革、希望教育实验改革、和谐教育实验改革、新生活教育实验改革、创新（造）教育实验改革、生命（化）教育实验改革、理解教育实验改革、情感教育实验改革、情境教育实验改革、主体教育实验改革，以及"新基础教育""新教育实验""新课程改革"等。

不难看出，以上四个维度的考察，着眼点都在于"质量"问题，并没有触及中国基础教育改革的"公平"问题。但是，"提高教育质量"和"促进教育公平"是中国基础教育改革的两大核心议题（任务），缺一不可。其中，"促进教育公平"是政府不可推卸的社会责任，而"提高教育质量"则是中小学校长、一线教师必须直接面对的问题。这里，有必要从"政府行为"和"学校行为"两个方面进一步阐释"我们在探索什么"这一问题，以便我们对中国基础教育改革的当代格局有一个更为清晰的认识。

（一）政府行为：义务教育、素质教育与体制改革

近些年来，各级政府部门的工作重心主要集中在三个方面：一是普及九

年制义务教育，二是全面推进素质教育，三是改革教育体制。

1. 义务教育普及状况

义务教育是国家统一实施的所有适龄儿童、少年必须接受的教育，是国家必须予以保障的公益性事业。1986 年《中华人民共和国义务教育法》颁布实施，2006 年《中华人民共和国义务教育法》修订。根据该法，凡具有中华人民共和国国籍的适龄儿童、少年，不分性别、民族、种族、家庭财产状况、宗教信仰等，依法享有平等接受义务教育的权利，并履行接受义务教育的义务。义务教育具有强制性、免费性和普及性，是基础教育工作的重中之重。

义务教育是关系国民素质的基础教育，是国家发展的基础性工程，是全面建设小康社会的重要内容。义务教育均衡发展对于促进社会公平、构建和谐社会具有重大作用。仅就"十五"期间而言，国家高度重视义务教育，先后出台了《国务院关于基础教育改革与发展的决定》《国务院关于进一步加强农村教育工作的决定》，明确提出各级政府要增加对义务教育的投入，及时做出了西部"两基"攻坚的战略部署和新增教育经费主要用于农村的重大决策。中央和地方政府设立了专项资金，实施了"国家贫困地区义务教育工程""中小学危房改造工程""西部地区农村寄宿制学校建设工程""农村中小学现代远程教育工程""中小学教师继续教育工程"等重要工程项目。这些政策措施对义务教育均衡发展发挥了极其重要的作用，效果十分明显。

2000 年，中国政府宣布已经基本普及了九年义务教育，基本扫除了青壮年文盲。到 2004 年，全国实现"两基"的地区人口覆盖率达到 93.6%，小学学龄儿童入学率达到 98.95%，基本解决了所有人"有学上"的问题。《国家教育督导报告 2005》从教育投入、办学条件和师资队伍三个方面，对小学和初中的生均预算内教育事业费、生均预算内公用经费、生均校舍建筑面积、生均教学仪器设备值、教师学历合格率、中级职务教师比例等六个主要指标进行了全面分析，概况如下。

（1）政府对义务教育投入的增长率农村高于城市，生均拨款的城乡差距有所缩小。2000—2004 年，全国农村义务教育生均预算内教育事业费，小学由 413 元增加到 1014 元，年均增长 25%，初中由 534 元增长到 1074 元，年均增长 20%，均高出城市 6 个百分点。小学、初中生均预算内教育事业费的城乡之比都由1.5∶1缩小为1.2∶1。全国农村义务教育生均预算内公用经费增长更快，城乡差距缩小更为明显，小学城乡差距由2.6∶1缩小为1.4∶1，初中由2.4∶1缩小为1.3∶1。

（2）农村校舍增长较快，大部分省份城乡生均校舍面积基本接近。2002—2004年，全国农村中小学新建和改造校舍1亿多平方米，农村小学生均校舍建筑面积从4.7平方米增加到5.2平方米，农村初中生均校舍建筑面积从4.8平方米增加到5.4平方米。到2004年，全国大部分省份城乡中小学生均校舍建筑面积已基本相近。农村中小学新增校舍质量明显提高，许多校舍由土坯房改建成砖瓦房、楼房。

（3）教师学历合格率进一步提高，城乡间、地区间教师学历合格率差距较小。2002—2004年，全国农村小学教师学历合格率从96.7%提高到97.8%，城乡差距从2.2个百分点缩小到1.5个百分点。西部地区小学教师学历合格率从95.4%提高到97.0%，与东部地区的差距由3个百分点缩小到2个百分点，中部与东部地区缩小到约1个百分点。同期，初中教师学历合格率的城乡间、地区间差距也呈缩小态势。

（4）全国农村学校现代教育技术装备水平有较大提高，城乡差距有所缩小。2002—2004年，农村初中每百名学生拥有计算机台数由2.0台提高到3.2台，增长60%，建网学校比例由6.3%增加到13.1%。农村小学每百名学生拥有计算机台数和建网学校比例也有所提高，许多学校计算机配备实现了从无到有的突破。

《国家教育事业发展"十一五"规划纲要》要求，重点加强农村义务教育，努力降低义务教育阶段农村学生特别是女性学生、少数民族学生和贫困家庭学生的辍学率，全国初中三年保留率达到95%；推进城乡、地区间义务教育均衡发展，各地政府要保证进城务工人员子女与当地学生平等接受义务教育。后来事实证明，城乡免费九年义务教育于2008年就已全面实现，惠及1.6亿名学生。同样，教育公平也迈出了重大步伐，国家教育资助体系覆盖了各级各类教育。目前，我国已基本完成了从人口大国向人力资源大国的转变，开始了由教育大国向教育强国、由人力资源大国向人力资源强国迈进的新征程。《国家中长期教育改革和发展规划纲要（2010—2020年）》明确规定：到2020年，全面提高普及水平，全面提高教育质量，基本实现区域内均衡发展，确保适龄儿童少年接受良好义务教育。目前看来，推动城乡教育一体化，高度重视农村义务教育，办好学前教育、特殊教育和网络教育，普及高中阶段教育，努力让每个孩子都能享有公平而有质量的教育，是非常现实而紧迫的任务。

2. 素质教育进展状况

根据《中华人民共和国义务教育法》，基础教育阶段必须贯彻国家的教育方针，实施素质教育，使适龄儿童、少年在品德、智力、体质等方面获得全面发展，必须为培养有理想、有道德、有文化、有纪律的社会主义建设者和接班人奠定基础。该法还强调，教师在教育教学中应当平等对待学生，关注学生的个体差异，因材施教，促进学生的充分发展。同时，教育教学工作应当符合教育规律和学生身心发展特点，面向全体学生，教师应教书育人，将德育、智育、体育、美育等有机统一在教育教学活动中，注重培养学生的独立思考能力、创新能力和实践能力，促进学生全面发展。正因为实施素质教育是一种国家意志，且最后上升到了法律高度，自上而下，行政推进，一直是其基本运行模式。

（1）1985年5月27日发布的《中共中央关于教育体制改革的决定》指出："教育体制改革的根本目的是提高民族素质，多出人才、出好人才。"该文件强调："社会主义现代化建设的宏伟任务，要求我们不但必须放手使用和努力提高现有的人才，而且必须极大地提高全党对教育工作的认识，面向现代化、面向世界、面向未来，为九十年代以至下世纪初叶我国经济和社会的发展，大规模地准备新的能够坚持社会主义方向的各级各类合格人才。要造就数以亿计的工业、农业、商业等各行各业有文化、懂技术、业务熟练的劳动者。要造就数以千万计的具有现代科学技术和经营管理知识，具有开拓能力的厂长、经理、工程师、农艺师、经济师、会计师、统计师和其他经济、技术工作人员。还要造就数以千万计的能够适应现代科学文化发展和新技术革命要求的教育工作者、科学工作者、医务工作者、理论工作者、文化工作者、新闻和编辑出版工作者、法律工作者、外事工作者、军事工作者和各方面党政工作者。所有这些人才，都应该有理想、有道德、有文化、有纪律，热爱社会主义祖国和社会主义事业，具有为国家富强和人民富裕而艰苦奋斗的献身精神，都应该不断追求新知，具有实事求是、独立思考、勇于创造的科学精神。这向我国教育事业的发展和教育体制的改革，提出了伟大而又艰巨的任务。"

（2）中共中央、国务院1993年2月13日印发的《中国教育改革和发展纲要》指出："基础教育是提高民族素质的奠基工程，必须大力加强。各级政府要认真贯彻执行《中华人民共和国义务教育法》及其实施细则，以积极进取的精神，从本地区的实际出发，把普及九年义务教育的目标落到实处。要建立检查、监督和奖惩制度，确保义务教育法的贯彻执行。政府、社会、家长要认真履行自己的义务，保证适龄儿童入学，制止学生的辍学。对招用学龄儿童和少年就业的组织和个人，必须坚决依法制裁。"该文件强调："发展基础教育，必须继续改善办学条件，逐步实现标准化。中小学要由'应试教育'转向全面提高国民素质的轨道，面向全体学生，全面提高学生的思想道德、文化科学、劳动技能和身体心理素质，促进学生生动活泼地发展"，"普通高中的办学体制和办学模式要多样化"。

（3）1997年10月29日颁布的《关于当前积极推进中小学实施素质教育的若干意见》指出："素质教育是以提高民族素质为宗旨的教育。它是依据《教育法》规定的国家教育方针，着眼于受教育者及社会长远发展的要求，以面向全体学生，全面提高学生的基本素质为根本宗旨，以注重培养受教育者的态度、能力，促进他们在德智体等方面生动、活泼、主动地发展为基本特征的教育。素质教育要使学生学会做人、学会求知、学会劳动、学会生活、学会健体和学会审美，为培养他们成为有理想、有道德、有文化、有纪律的社会主义公民奠定基础。"该文件强调："实施素质教育是一项复杂的社会系统工程，具有长期性和艰巨性。各级教育行政部门要以教育法律、法规为依据，结合当地实际，统筹规划，有计划、有步骤地积极推进素质教育的实施。各级教育行政部门要制定出明确的改革目标，使城乡每所中小学校办学条件达到'标准化'，管理水平达到'规范化'，校长、教师队伍素质优良，数量足够，结构合理，相对稳定；中小学走上促进学生主动、全面、和谐发展的办学轨道。为达到这一目标，当前各地要切实加强薄弱学校建设，努力缩小学校间办学水平的差距；要在普及初中教育的地方，取消小学升初中的考试，义务教育阶段的公办学校不招收高费择校生；建立并完善符合素质教育要求的课程、教材体系；优化教育教学过程；构建以实施素质教育为目标的督导评估制度和教育质量监控制度；建设一支高素质的校长和教师队伍。当地政府应做好各有关方面的协调工作，提供条件保障，使改革落到实处，争取在几年内初见成效。"

（4）1999年6月13日发布的《中共中央国务院关于深化教育改革，全面推进素质教育的决定》明确指出："新中国成立50年来特别是改革开放以来，教育事业的改革与发展取得了令人瞩目的巨大成就。但面对新的形势，由于主观和客观等方面的原因，我们的教育观念、教育体制、教育结构、人才培养模式、教育内容和教学方法相对滞后，影响了青少年的全面发展，不能适应提高国民素质的需要。全党、全社会必须从我国社会主义事业兴旺发达和中华民族伟大复兴的大局出发，以邓小平理论为指导，全面贯彻落实党的十五大精神，深化教育改革，全面推进素质教育，构建一个充满生机的中国特色社会主义教育体系，为实施科教兴国战略奠定坚实的人才和知识基础。"该文件强调："全面推进素质教育，是我国教育事业的一场深刻变革，是一项事关全局、影响深远和涉及社会各方面的系统工程。要进一步加强学校党的工作，充分发挥党员在实施素质教育中的模范带头作用。要通过新闻媒体的正确舆论导向，深入动员社会各界关心、支持和投身素质教育。学校、家庭和社会要互相沟通、积极配合，共同开创素质教育工作的新局面。"

（5）2010 年 7 月发布的《国家中长期教育改革和发展规划纲要（2010—2020 年）》指出："面对前所未有的机遇和挑战，必须清醒认识到，我国教育还不完全适应国家经济社会发展和人民群众接受良好教育的要求。教育观念相对落后，内容方法比较陈旧，中小学生课业负担过重，素质教育推进困难；学生适应社会和就业创业能力不强，创新型、实用型、复合型人才紧缺；教育体制机制不完善，学校办学活力不足；教育结构和布局不尽合理，城乡、区域教育发展不平衡，贫困地区、民族地区教育发展滞后；教育投入不足，教育优先发展的战略地位尚未得到完全落实。接受良好教育成为人民群众强烈期盼，深化教育改革成为全社会共同心声。"该文件强调，"国运兴衰，系于教育；教育振兴，全民有责。在党和国家工作全局中，必须始终坚持把教育摆在优先发展的位置。按照面向现代化、面向世界、面向未来的要求，适应全面建设小康社会、建设创新型国家的需要，坚持育人为本，以改革创新为动力，以促进公平为重点，以提高质量为核心，全面实施素质教育，推动教育事业在新的历史起点上科学发展"。

通过对以上文本的考察可见，在政策和舆论层面上，推进素质教育一直是基础教育工作的主旋律，在各类教育实验改革中占据着重要地位。目前，实施素质教育正处在国家推进、重点突破、全面展开阶段，且已成为不可逆转的趋势。但是，素质教育是一个牵动学校、家庭、社会各个方面的整体性、综合性问题。全面实施素质教育，加快教育结构调整，促进教育全面协调发展，是一项关系全局和涉及社会方方面面的系统工程。这项工程的整体性、长期性和艰巨性，需要全社会的理解。其中，政府必须肩负起宏观引导的重要责任。实际上，科教兴国战略具体落实到教育领域，其核心任务就是变应试教育为全面的素质教育，这样才能为现代化建设事业培养大量的具有创新精神和实践能力的劳动者。

3. 教育体制改革状况

教育体制既指涉教育的组织形式、权限划分、管理方式、机构设置，也指涉教育组织、决策、计划中的各种制度、规范。教育体制改革既包括教育机构和教育制度、规范的改革，也包括各级各类学校教育系统和各级各类教育管理系统（包括各级各类教育行政系统和各级各类学校内部管理系统）的改革。教育体制改革是促进教育事业健康发展的重要手段。消除制约教育发展和创新的体制障碍，构建充满活力、富有效率、灵活开放的体制，是基础教育改革的重要内容。基础教育体制改革的根本目的（任务）在于提高教育质量和促进教育公平。

总体而言，中国教育体制改革的主要成就可以归结为五个方面。一是基本理顺了各级政府管理教育的关系，分工负责、分级管理的教育管理体制基本形成。其中，基础教育实现了"地方负责、分级管理、以县为主"。高等教育则是中央、省、中心城市三级办学，以省级政府管理为主。二是基本理顺了政府与学校的关系，扩大了学校的办学自主权。中小学实行校长负责制，高校实行中国共产党高校基层委员会领导下的校长负责制。三是基本理顺了政府办学与社会办学的关系，政府办学为主、公办学校和民办学校共同发展的格局基本形成。四是基本理顺了教育系统内部各级各类教育的关系，各类教育的结构及比例渐趋合理。五是初步建立起了社会主义教育法规体系的基本框架。《中华人民共和国义务教育法》《中华人民共和国未成年人保护法》《中华人民共和国教师法》《中华人民共和国教育法》《中华人民共和国职业教育法》《中华人民共和国高等教育法》《中华人民共和国民办教育促进法》等相继出台。这是探讨新中国基础教育体制改革必须明确的宏观背景。

在我们看来，从国家大政方针政策尤其是一些重大教育会议入手，是把握教育体制改革整体状况的一种有效手段。例如，回顾改革开放后四次全国教育工作会议的核心议题以及相关决议，便可大致了解 40 年来我国基础教育体制改革的重心所在。其中，第一次全国教育工作会议（1985 年 5 月

15—20 日）的中心议题是讨论《中共中央关于教育体制改革的决定（草案）》，研究推行教育体制改革的步骤和措施。第二次全国教育工作会议（1994 年 6 月 14—17 日）的主要任务是进一步落实教育优先发展的战略，动员全党全社会认真实施 1993 年 2 月发布的《中国教育改革和发展纲要》，为实现 20 世纪 90 年代我国教育改革和发展的任务而奋斗。第三次全国教育工作会议（1999 年 6 月 15—18 日）的主题是动员全党和全国人民，以提高民族素质和创新能力为重点，深化教育体制和结构改革，全面推进素质教育，实施科教兴国战略，为实现党的十五大确定的社会主义现代化建设宏伟目标而奋斗。第四次全国教育工作会议（2010 年 7 月 13—14 日）则强调大力发展教育事业，是全面建设小康社会、加快推进社会主义现代化、实现中华民族伟大复兴的必由之路。仔细考察这四次会议召开的时代背景、主要内容以及相继出台的各种政策方案，便可把握我国基础教育改革与发展的整体方向。

这里有必要强调的是，第四次全国教育工作会议（作为 21 世纪以来的第一次全国教育工作会议）的召开，尤其是《国家中长期教育改革和发展规划纲要（2010—2020 年）》的颁布、实施，具有划时代的历史意义。该文件以人才培养体制、考试招生制度、建设现代学校制度、办学体制、管理体制、扩大教育开放为重点，对教育体制改革进行了系统设计，并提出了以十大改革试点作为突破口。2010 年 10 月，《国务院办公厅关于开展国家教育体制改革试点的通知》发布。根据该文件，国家教育体制改革试点的基本内容有三大类，即专项改革试点、重点领域综合改革试点和省级政府教育统筹综合改革试点。其中，在专项改革的十大试点任务中，基础教育有三项，分别是加快学前教育发展、推进义务教育均衡发展和探索减轻中小学生课业负担的途径。同时，基础教育综合改革试点也是重点领域综合改革试点的核心内容。至于省级政府教育统筹综合改革试点，则旨在深化教育管理体制改革，探索政校分开、管办分离的实现形式，统筹推进各级各类教育协调发展（统筹城乡、区域教育协调发展；统筹编制符合国家要求和本地实际的办学条件、教师编制、招生规模等基本标准；统筹建立健全以政府投入为主、多渠道筹集教育经费、保障教育投入稳定增长的体制机制）。这为未来中国基础教育体制改革设定了一个比较清晰的行动框架。

（二）学校行为：校本教研与教师专业发展

随着国家基础教育课程改革的深化，校本教研制度建设和促进教师专业发展成为中小学校园里的两件头等大事。

1. 校本教研

所谓校本教研，就是学校为了提高办学质量、促进教师专业发展，从本校实际出发，借助本校特色和资源优势而开展的教育教学研究。校本教研是推进教育教学改革和促进教师专业发展的重要途径，其主体自然是学校领导和本校教师。根据问题指向，校本教研大致可以划分为三种类型：一种是以课堂教学为指向的校本教研，主要围绕着教学内容、教学设计、教学评价等问题而展开；一种是以学生的课外生活为指向的校本教研，问题涉及学生的兴趣爱好、身心健康、同伴交往以及学校的文化建设等；一种是以教师专业发展为指向的校本教研，问题涉及教师的教育理想、教育激情、教育智慧以及职业压力和职业倦怠等。

大量实践证明，校本教研确实在很大程度上改善了师生的生活方式、生活内容和生活质量。在很多中小学里，校本教研制度建设已经成为学校整体改革的核心内容，校本教研的组织形式、价值取向本身已经上升为引领学校发展的一种文化精神。这种文化精神与本校教师的课程观、教师观、学生观、学习观等紧密联系并逐渐渗透其中，不仅深刻地影响到各类教育活动主体对于教育和教育改革的理解、认识，而且内在地规约着学校领导和教师集体的职业态度和日常教育教学行为。

目前看来，对于一所学校的长期发展而言，理顺教育科研与教育决策、教育实践之间的内在关系，促成各种行政力量、科研力量与本校教师的有机合作，非常关键。尤其需要关注的是，随着教育改革的不断扩大和深入，越来越多的社会组织和个人开始积极主动地参与到各级各类学校的实验改革中来。由具有不同社会生活背景、知识结构、能力结构、思维方式、价值取向、研究风格的人员组成的异质科研主体和各种非政府组织正在不断涌现，并将在相当大程度上影响到基础教育学校的发展模式和科研制度建设。这就要求各级各类学校积极采取灵活多样的办学方式，以民主、开放的心态，主动吸引相关利益主体参与到学校规划、教学设计、课程开发和评价体系建设中来，精心打造真正能够推动学校全面发展的科研共同体、学习共同体和改革共同体。

2. 教师专业发展

正常情况下，教师的专业发展需要三个方面的力量：一是教师本人主动发展的内生长力；二是教师所属的专业共同体的外助推力；三是专业教育研究人员的前带动力。这三种力量的实现形式可以用三个操作性概念分别加以概括，即自我反思、同伴互助和专家引领。

（1）自我反思

自我反思是教师对自身教育教学行为以及所处的职业情境进行批判性考察的一种重要手段，其根本价值在于保持一种自主、自觉、自醒的职业状态，从而不断提升个人的专业素养和专业技能。"经验＋反思"是教师专业发展的必由之路。任何一位优秀教师都必然要经历一个反复的自我反思过程。

教师的自我反思应该是一种经常性、连续性、行动性的反思。教师自我反思的内容包括个人的专业素养、专业能力以及具体的教育教学行为等不同方面。事实上，在教师个人专业发展的过程中，无论是专家引领还是同伴互助，都属于外部力量，教师本人往往是被动的，只有习惯性的自我反思才属于专业发展的主动形式。可以说，没有教师本人的自我反思和主动发展，任何外部力量都很难发挥实质性作用。

一般认为，专业写作和专业阅读是实现自我反思的重要形式。关于专业写作，近些年来，很多中小学往往以教育随笔的形式大力推进。实践证明，作为教育叙事的重要形式，教育随笔是中小学教师进行思考和创作的有效手段，是"批判反思型教师"成长的重要途径。当然，教师在进行实践性反思的同时，不可忽视通过专业阅读来提升自己的理论思维能力，这样才能有根据、有深度地审视自己的教育教学经验，发现其中的不足与差距。否则，所谓的叙事和随笔很可能会像流水账一样简单、肤浅，因为刻板、重复、无趣而失去其应有的意义和价值。

（2）同伴互助

在中小学里，最基本、最直接、最常用的同伴互助形式，就是以学科组、年级组、课题组为载体，将一部分教师组织起来，共同参与教育、教学、科研等活动，进而在取长补短、集体合作的基础上促进个体的进步和发展。

当然，在具体操作的过程中，同伴互助的形式多种多样。譬如，根据同伴是否属于同一所学校，可以划分出校内同伴互助和校际同伴互助；根据互助手段与空间，可以划分出实地性、现场性的同伴互助和虚拟性的基于网络的同伴互助。一般而言，同伴互助以教师个体的自我开放和自我反思为基本前提，以信息交换、经验共享为主要目的，而关键则在于营造一种互相学习、共同成长的团队文化。近些年来，不少学校都在探索一种以学习型组织、学习共同体为范型的教师互助模式，具体组织形式有专题论坛、教育沙龙、课例研讨、读书会等。

（3）专家引领

这里所谓的专家，具有多层次性和多种组织类型，其专业背景和参与学校改革的方式、方法也有很大差异。① 从实际操作来看，专家引领主要指专业理论工作者、专家型教师以及各级专职教研员的引领，其实质是先进理念、方法和经验的引领。

对于广大一线教师而言，为了切实提高自身的专业素养和专业技能，除了要向同事、学生、家长以及书本、实践学习外，还应该积极主动地向专家学习，不断地吸收先进的教育思想和实践经验。具体的学习途径可以是听专家的讲座报告，观摩专家的公开课、示范课，参与专题研讨，备课说课，请专家观课评课，等等。

目前，很多中小学都拥有自己的研究课题，校本教研制度建设自然成为学校工作的一项重要内容。其中，专家与教师（包括教育管理人员）围绕选定的课题开展行动研究，不但能够加强教育理论和教育实践的互动，而且有利于一线教师的专业发展和教育教学质量的提升。其实，就一所学校的发展而言，校本教研与教师专业发展是紧密关联、相辅相成、缺一不可的。一方面，校本教研是以教师为研究主体，以解决发生在学校现场的实际问题为指向的一种科研形式，离开了一线教师，校本教研无从谈起；另一方面，教师专业发展是一种基于教育实际问题，在合作与交流过程中的主动性、反思性发展。这一发展模式的有效载体就是校本教研。大量实践证明，校本教研的根本价值就在于促成中小学教师学习方式、工作方式和研究方式的整体性变

---

① 如同本章第一部分所列举的七场争论那样，不同专家对同一项教育改革有时会出现不同见解甚至出现彼此对立的观点。另外，作为推动基础教育改革的思想性、精神性力量，专家走进中小学的首要目的往往是理论的探索与创新，其次才是实践指导和专业引领。

革，进而走向一种基于个人专业发展的生命自觉。近些年来，有不少高校尤其是师范大学中的优秀教师，被聘为中小学名师或名校长的理论导师，协助提炼名师教学主张或名校长办学主张。这应该算是专家引领中小学教育教学改革与发展的一种比较新颖的操作方式。

中国基础教育改革的言说方式

从教育"是什么""为什么"到教育"该如何"的追问过程，是一个求真、求善、求美的过程。从历史的角度看，在教育思想的传播过程中，一直都存在着呐喊与回应，交织着诉说与倾听。但是，在教育改革成为炙热的"公共话题"的今天，许多不同的改革主张却陷入了话语困境。在这一困境的背后，有人看到的是轰轰烈烈、热热闹闹的教育改革和教育实验，有人看到的则是一些理论、思想、认知方式乃至价值取向的浮泛与浅薄。明确言说主体（谁在言说）、言说对象（向谁言说）和言说方式（如何言说），是各种教育改革走向表达自觉的有效途径。

语言（language）是一种实践的、既为别人存在并因此也为自己存在的、现实的意识。作为思维工具，语言的根本价值在于，它以其抽象性和概括性承载着共识性的意义，把握着对象的本质和规律，使人类的思想具有深刻性和交流的可能性。其中，"'为他性'是话语的前提，'为我性'是相关结果。在无数'我'与'他'的交往关系中，才存在语言"（任平，1999）[595]。或者说，思想与表达是一体的，"我"的语言是"我"思想的镜子，同时也是他人了解"我"内心世界的一个窗口。

教育改革总是需要借助一定的语言来表达、阐释。然而，我们当前所面临的困境是，关于教育改革，常常出现这样的现象：有的人喋喋不休、滔滔不绝，听众却不知所云；有的人下笔千言、洋洋洒洒，读者却百思不得其解；有的人则结结巴巴、吞吞吐吐，最后干脆充当了"缄默的大多数"；更糟糕的是，有的人人云亦云、鹦鹉学舌而不自知，最后是邯郸学步，在模仿与复制的过程中迷失了自我；而最麻烦的是，具有不同教育时空背景的言说者，有时竟然会相互拆解、抵牾，对彼此的言说和行为进行"道德的""太道德的"讽刺与指责。

　　那么，一个真正富有见地的教育改革者，如何才能淋漓尽致地表达自己的改革主张，同时又可以成功地推倒立于他与接受者之间的对话和理解之墙呢？相信这一问题的解决，必然会丰富人类的教育思想且促进教育实践的日臻完善。

一、谁在言说：话语的主体何在

　　话语是语言现象或语言的运用，是所谓的语言系统或语言规范的副本。缺乏主体的语言无法说明"谁在言说"，也就构不成话语。谁在言说，属于话语权的一个核心问题。我们如果能够确立言说者的时空位置，也就等于找到了行使教育话语权的真正主体。同时，话语又总是关于某事的话语，它与所要描述、表达或表现的领域、对象紧密相关。讨论教育的话语权问题，必须明确教育的话语主体——教育思想的表达者何在。

　　按照广义教育学的观点，教育贯穿人的一生，个体总会在家庭、学校或社会中接受一定的教育。就现行教育体制而言，一个人从小学，甚至幼儿园，可以一直读到学士、硕士、博士毕业。漫长的学习历程和受教育历程必然使个体形成自己特有的教育经验，如果个体为人父、为人母或者走进学校为人师，则会拥有更为丰富的教育思想与认识。恰是因为人人都有一定的教育和受教育的经验，在某种程度上，每个人都会形成一定的教育思想，每个人都具有一套自己的"教育理论"，每个人对教育都有话可说、有话要说。因此，对于教育改革，人人拥有话语权，人人都可以成为教育改革的言说者，或者叫表达者。

　　首先，我们可以从教育理论和教育实践两者关系的角度考察话语主体。从历史的角度来看，在教育这个领域中，针对"教育工作者"这么一个宽泛而又庞大的集合群体而言，往往可以很容易地划分出"教育理论工作者"和"教育实践工作者"两个相对独立的亚群体（即人们常说的"理论集团"和"实践集团"）。众所周知，理论来源于实践而又不消极地依赖实践，它一经产生就有自己的相对独立性和自己发展的独特规律。教育理论也是如此。它一方面不断总结教育实践经验，另一方面又在摆脱具体琐碎的事实，遵循着自身的内在逻辑而发展演进。同时，由于教育这一社会现象的复杂性（主要归因于人及其生存发展所依赖的社会的复杂性），教育理论本身的发展状况在一定程度上还取决于它的基础理论学科（如哲学、心理学、社会学、伦理学等）的发展状况。这里有必要强调的是，人是教育理论的负荷体（或称为载体），而教育实践又总是由"被理论武装起来的"人来完成。可见，改革教育这一重任理应是教育理论工作者和教育实践工作者的共同使命。按理，为了充分发挥教育理论对教育实践的指导作用，作为理论工作者，应力求从科学的事实判断出发，把教育理论建立在教育实践工作者的"常识理论"基础之上，不断启发其实践智慧，使其通过批判反思增强理性自由，从而做出合理的实践行为。作为教育实践工作者，则应主动放弃那些已经丧失了实践意义的教育思想、观念、内容和方法，摆脱"个人理论"的束缚，根据教育实践的具体情况，自觉寻求科学教育理论的指导，把自己的教育实践放置在科学理论的指导下。不幸的是，由于身处不同的"教育工作背景"，理论集团和实践集团往往以各自特有的方式方法去认识教育，去表达各自不同的教育思想，久而久之，在教育发展的现实过程中，教育理论和教育实践之间竟然出现了人为的分离脱节现象，理论工作者习于"述而不做"——重理论而轻实践，实践工作者惯于"做而不述"——重实践而轻理论，教育理论工作者与教育实践的距离越走越远，以至于理论工作者和实践工作者之间不仅"对话与交流"的机会越来越少，甚至走向冲突、对立和排斥。尤为不幸的是，在追求"教育研究科学化"的过程中，为了提高教育学的所谓学科地位，大量的非生成性的语言被生搬硬套地移植到教育理论中来，以至于当越来越多的"外来语"成为理论工作者的日常用语时，他们的"真知灼见"对于教育实践工作者而言却成了晦涩难懂的"天书"。

其次，我们还可以从教育科学研究的角度对"教育工作者"这一庞大的群体进行更为细致的划分。从目前来看，我国的教育科研队伍已初具规模，多元化的教育科研主体已基本形成，初步形成了具有中国特色的教育科研组织体系，形成了包括宏观决策研究、基础理论研究、区域性实践研究、微观教学改革研究在内的多层面和多方位的研究格局。从科研管理体制来看，目前我国教育科研的主导力量，主要由高等院校中的教育院系和教育研究所，中央和地方教育科研院所，省、市、县（区）教师进修学校（院）的科研人员以及部分大中小学教师组成。毋庸置疑，在这种特定的教育科研组织体系中，不同的主体因为自身工作内容、形式与性质的不同，必然会形成各自不同的概念体系和话语风格。值得关注的是，近年来随着"科研兴教""科研兴校"思想的进一步贯彻落实，越来越多的教育实践工作者（广大教师、学校管理人员、学生家长以及教育行政工作者）开始投入到教育科研中来。而且令人欣慰的是，其中有些人开始挑战理论工作者，他们不仅强调"没有调查就没有发言权"，甚至倡导一种"没有实践就没有发言权"的教育科研理念。他们不再满足于"低头劳作"，不再满足于仅仅充当读者和听众，他们学会了在行动中对自己的教育实践进行反思与批判；他们拿起笔来，诗意地抒发着教育情感，生动地叙说着教育过程；他们开始走上教育论坛，满怀激情地诉说着自己的教育思想。

最后，值得一提的是，在教育思想的表述上，我们或许还可以根据言说者的生存时空背景和表达的内容与方式，划分出"教育的立法者""教育的阐释者""教育家""教育学家""普通教师"等不同群体。但必须承认的一点是，任何群体中的任何一个表达者，都应该是具有鲜明个性且有权表达其独特教育思想的合法主体。任何一个具有教育思想的人都可以自由地言说，都是教育思想的言说者和表达者。

二、向谁言说：对话的他者何在

生存的欲求迫使人类不断地思想，不断地调适自己，对生命的焦虑和关怀使人类产生了诉说、呐喊的欲求。从人与自然的对话到人与神的对话以及人与人的对话，人对生命的初始与终极关怀是一切对话发生的基础。教育一直就是一项人类的生命存在，每一个人、每一个民族和每一个国家的生存和命运都与其所接受和拥有的教育状况息息相关。从教育"是什么"到"该如何"的追问过程，正是人类从求真到求善、求美的过程。我们清楚地看到，在教育不断改革、发展、日臻完善的过程中，在人们关于教育思想的表达过程中，一直就存在着呼喊与回应，交织着诉说与倾听。

从学术范式的角度看，重表达、轻接受是中国修辞学的传统研究格局。其实，在具体的语言实践过程中，中国人自古以来就非常注重言语交际的双向性表达策略，而在这些表达策略的背后，恰恰潜藏着人们对于接受者的关心和重视。试想，真正的自言自语者有几人，又有几人情愿"对牛弹琴"？一个真正自觉的表达者绝不允许自己的言说成为一厢情愿的"零交际"。有意义的言说总是表达者与接受者这两个主体的双向交流行为，是一种彼此敞开的对话。对话使言说者始终面向一个"他者"，而面向"他者"的表达也就必须考虑表达的动机、预期、效果等。因此，有意义的言说总是需要表达策略的参与运作，它隐含着对接受者的真情呼唤。

关于教育改革，究竟是"谁在言说"？前文已有说明：任何一个具有教育思想的人都可以自由地言说，都是教育改革的言说者、表达者。这样，来自四面八方、身份各异的教育改革的言说者，便组成了一支庞大的"演讲集团"。就其中的任何一个"演讲者"而言，可能来自理论集团，也可能来自实践集团，但作为"演讲集团"中的一员，他是与其他成员具有平等话语权利的表达主体。我们现在需要思考的是：一个懂得双向互动原理的表达者，如何才能与其面对的接受者有效地进行沟通交流以便产生回响与共鸣呢？

从教育理论的"晦涩"与"浅显"入手，或许可以找到相关的答案。在我国，按照传统的意义来理解，"教育理论工作者"往往指那些以"教育学术"和"教育思想"为业为生的人。关于教育，他们或许博学多闻，或许能言善辩，往往被尊为"教师的教师"，被看作"教师教育"的主导力量，其合法的角色或许就在于改变公众对于教育生活的无知和不成熟状态，使教育实践工作者的行为更符合教育科学。但不尽如人意的是，不知从何时开始，理论集团中流行起一种格式化、机械化，没有任何生命气息且令人感到枯燥乏味的表达风格。关于教育的一些科研论文、教科书或所谓的教育理论专著，成了玩弄符号、概念、术语的文字游戏，甚至千篇一律、故作特色、故弄玄虚，直到使读者"读不懂"方肯罢休。更令人悲哀的是，这种写作与措辞风格或姑且称之为表达范式，却成了衡量教育理论专业水平和学术规范的尺度，以至于非此主流的言说和表达往往被认定为"肤浅"或"非专业"，从而也就实质性地剥夺了"业余学者"的话语权。仔细想来，这或许也不足为怪，因为越来越多的写作者、表达者的真实动机已不在于言说自己对于教育的情感和思想，甚至于很多人根本就没有属于自己的感受和思想，这样的话，也只有人云亦云、复制粘贴，否则的话，便得不到相应的职称、学位，甚至无法在其既得的那个位置上生存和发展。

众所周知，教育思想总是要物化为文本，我们往往又习惯于将其统称为"教育理论"，它是接受者试图感受表达者心理现实中意象化了的审美结构的桥梁和通道，接受者以此重新建构属于自己的心理现实及审美结构，从而更新自己的教育思想或教育实践。试想，如果表达者和接受者不能通过相应的文本进行对话交流和沟通的话，所谓的"教育思想"岂不就是"废纸一堆"？当然，有的人却不以为然。在他们看来，"真正的艺术家只为自己写作"，"真正的艺术家无视读者"，"真正的教育表达不需要知道读者何在"。从这样的命题出发，自然可以推导出：教育思想的表达无须考虑接受者。这确实是一个值得深思的问题。或许，以单一的"表达范式"或接受者是否"读得懂"作为标准来评价言说者的表达策略有失偏颇，前者可能迷信了某种话语方式的权威，后者可能过于突出了读者的中心地位。但必须肯定的一点是，任何一个真诚的表达者都不会拒绝读者和听众，任何一个真诚的接受者总试图有所耳闻、有所目睹且有所启发。作为表达的自信和接受的自信的整合，巴赫金（M. M. Bakhtin）强调意义产生于主体间共同拥有的一个辉煌瞬间；哈贝马斯（J. Habermas）强调意义产生于主体间的敞开和对话。二者都意味着主体间的双向互动。就教育思想的表达者和接受者而言，两者的最终目的则在于以所获得的认识和真理来解释教育世界，并在此基础上去改革和创造新的教育世界。因此，如果是一个真诚的教育工作者，如果他有真情实感，如果他希冀自己的思想为他者所知所解从而产生共鸣与回应，并对教育理论和实践有所影响的话，他自然会积极主动地走向读者和听众，自然会选择快捷而有效的表达策略，自然会对自己的语言进行提炼、改造、变换，不断完善自己的言说方式，从而对自己的教育思想进行明晰的叙述与解说，以便在两者之间铸就一座为双方所赏心悦目的理解的桥梁。

总之，关于教育改革的任何言说，往往在"读不懂"或"听不明白"中脱离了读者和听众的思想与感觉，阻碍了表达者与接受者之间的对话交流；反之，则开启了"表达—接受"的理想通道，敞开了文本的审美和创意空间。因此，任何一个言说者，都应该时刻提醒自己是在对着一个"他者"言说，而不是自言自语、自娱自乐。

三、如何言说：话语方式的选择

就教育改革的"演讲集团"而言，由霸权走向分权，由同一个声音走向百家争鸣，是其教育思想走出表达困境的必然选择。事实上，"作为根据共同协定而共同生活在一起的人们，我们可以更自由地交流共同生活中的价值、机会、困难、喜悦和悲伤、希望和恐惧、计划和目的。这意味着，我们尽管有些分歧但是可以形成一个相互理解和利益共享的共同体"（米克尔约翰，2003）[74]。但是，多元的改革主体面对的是多元的接受主体和多元的话语方式，在这个开放的改革语境中，如何使"自己的言说"与"他人的言说"彼此依存，彼此呼应，从而彼此领会与共悟，达成理解与共识，是探索教育思想表达策略的重要环节。

首先，表达者必须明确"说什么"，即叙述论证谁的教育改革思想。这样，他就必须明确一个人的教育思想是如何产生的。毋庸置疑，一个人内在思想的形成要经过一个不断发展变化的复杂过程，其教育思想可能来自作为受教育者时自身所经历过的各类教育，也可能来自作为教育者时亲身参与的教育实践活动，还可能是自己积极主动地学习教育理论或与他者进行教育思想交流而不断内化的结果。就较为系统、严整的教育思想而言，则是关于现存的教育理论或实践的深思熟虑，它来自对已有的教育理论和实践的积极探索与反思批判。就教育发展的过去、现在和未来来看，理论集团和实践集团将始终是相对独立的两大群体。两者都在走近对方的同时证明着自我，也都在阐释自我的同时理解着他人，彼此为镜，在相互参照的过程中进行自我审视和自我改造。从这样的意义上说，真正的教育思想必然源自主体的一种教育生命运动，必然是主体自身教育生活史的产物与延续。同理，一个对教育现象有所见有所知、对教育问题有所思有所想的人，也必然是一个对教育理论和实践有所言有所说的人。没有几个人情愿充当他人的"传声筒"或"扩音器"，言说者的滔滔宏论总是表达着自己在教育理论学习或教育实践过程中的所思所想、所感所悟。

其次，表达者必须明确话语方式的选择与运用。话语是语言的运用，要么表现为口语，要么表现为书面语。不同的话语总是表现着不同的写作风格或说话技巧，走向自觉的话语便被称为"措辞"，这是表达者避免文本单调、枯燥、乏味从而与接受者更好交流与沟通的理想选择。很多时候，怎样写比写什么更重要，怎么说比说什么更重要。遗憾的是，目前来看，就教育的表达而言，许多言说者的话语方式并没有真正走向自觉，他们往往是遵循着或者是机械地、刻意地模仿着某种固定的框架范式（语体），进行着目中无人的唠唠叨叨或者是紧张而又结结巴巴的叙说。另外，我们还发现，关于基础教育改革，不同的表达者（其实也就是表达者和接受者）之间常常会出现"话不投机半句多"的场面，其原因复杂而多样。"话不投机"可能与彼此关注的主题和内容有关，但更多的时候往往缘自话语方式和话语策略的选择。众所周知，一个自觉的表达者，不会去向先天性失明者描述丰富多彩的视觉表象，因为在先天性失明者的经验世界里，视觉表象是陌生的。同样，"对牛弹琴"的失败，又恰恰是因为接受者的漠然和"不在场"，这里，接受者的"缺席"是造成表达者（弹琴者）一厢情愿"零交际"的根本原因。这样的比喻或许不够贴切，毕竟"人"与"牛"存在着"类"的差别，但可以给我们一个很好的启示，那就是，表达者必须始终明确自己在对谁言说，从而精心设计和组织自己的话语方式与策略。需要说明的是，这里并不是要求表达者话语方式的"去个性化"，而是建议不同的言说者，在忠于事实、符合逻辑的前提下，根据所要表达的教育思想内容，巧设比喻、善道故事，对各自的语言进行加工、锤炼、修饰和调整，使各自的话语"悦己也悦人"。反观教育思想表达的历史与现实，之所以会出现"晦涩"与"肤浅"的争论，并不是因为言说者的"个性表达"，而恰恰是因为许多的表达者有意或无意地、主动或被动地以某种中心或权威的话语方式为模板，在追求某种表达范式的过程中被某种语言系统所奴役和困惑而"迷失了自我"（其话语沦落为无主体话语）。

我们知道，教育实践的改善在相当大程度上取决于教育知识的普及和教育思想的丰富与发展，而这又尤其体现在教育思想成果（著述）的可接受性上。但是由于教育的复杂性以及与教育相关的活动主体生存方式的多样性，不同的活动主体往往从不同的角度与侧面去揭示教育的本质和规律，这样也就形成了样态（主要表现为话语方式）与内容各异的教育思想和认识。为了增强文本的可接受性，一个自觉的表达者自然会参照不同接受者的信息、价值和感觉，针对不同读者与听众的接受程度和欣赏习惯，灵活而机智地调整自己的话语方式和策略。因为，对于不同的教育思想而言，不是"只能这样表达"，也不是"怎么都行"，而是"可以这样表达，也可以那样表达"，表达者的话语总是可以有所调整和有所选择。这也是表达者由独白走向对话，由统一走向多元，从而丰富和发展教育思想的理想选择。就教育表达的历史与现实而言，我们亟待改变的是呆板、枯燥、晦涩、烦琐的写作格式和"意在近而求诸远，事本简而求诸繁"的一贯文风。我们必须抛弃单一化和模式化的表达方式，在尊重表达者自身生活和语言个性的前提下，积极尝试灵活有效的话语方式，鼓励多样化的文本与清新明快的言说风格，倡导话语的通俗性和可读性，但不浮泛浅薄，注重文本的学术性和深刻性，但不正襟危坐、故作高深。

最后，为了走出困境而不再误入歧途，还有几个基本观点必须声明。

第一，与教育改革相关的活动主体生存方式的复杂性、多样性和流动性，决定了教育思想的丰富性及表达主体的多元化。由于主体认知模式、知识结构、理论取舍、价值判断的差别以及主体把握教育的视域的不同，必然形成各不相同的话语内容和话语方式。这样，无论是思辨形式的"宏大叙事话语"，还是行动研究过程中教育随笔式的"经验叙说"，都可以找到合法性的理论依据。这里旨在对教育思想表述中的话语霸权进行批判，倡导一种多元化的表达策略，以便减少表达者与接受者之间的语言障碍，建立共享的语义空间。但并不否认，教育学应该构建属于自己的规范的语言与概念系统，因为教育思想话语方式的"哲学化""诗性化""随意性"往往伴生出语言、概念的歧义、模糊和泛化。基于这样的认识，我们在某种程度上更强调一种"严密"的话语表达，而"严密"的尺度来自三个方面：表达者的个性、接受者的特性和预表达的教育思想的主题与内容。

第二，良性互动的对话取决于话语策略的选择，即言说者总要形成这样的思路：言说什么—向谁言说—如何言说。话语策略的选择不是为了产生"同音共鸣"，而是为了形成一种"异音和声"。教育对话所关注的主题，不仅有形而上的追问，还应该有形而下的世俗生存，其内容是丰富多彩的。长期以来，在面对教育全貌时，不少人喜欢用一种轻巧而浅薄的方式，即无限度地引用教育家、教育权威人士的言论或结论，作为决定教育走向、透视教育现状的权威"窗口"。因而不少人心存疑虑，对主流的评说存有很大程度的不认可感、不满足感。其实，教育思想的进步与演变，往往也存在于很普通的感受之中，只是我们无法采集到足够的声音来共谱教育的"和声"。教育对话的"和声"，产生于多元语境中不同教育思想的"多声道交响"，它所追求的是"和"而不是"同"。面对人类共同关心的教育问题，教育工作时空背景的不同使不同的主体产生了对话的必要和可能，也只有通过对话，才可能在历时与共时交叉的视域中实现充分的交流和沟通。费尔巴哈曾经断言"问和答，是最初的思维活动。在原始时，要思维，就必得有两个人"（费尔巴哈，1984）[126]。巴赫金也一再强调，两种以上的声音才有意义，在他看来，对话思维使主体"觉得世界是无法完成的，自己参与其中无法超脱而不敢妄下断语，只能在与他人的互动中求得认识的深化"（白春仁，1998）。也正是因为这样，主体的思维意识得以激活，新的思想随之产生。

第三，"教育工作时空背景"的差异是造成不同主体思想内容、思维方法和表述方式各不相同的根本原因。为了更好地表达自己且适应对话，我们强调思维方法和话语方式的不断调整和更新。语言是思维的载体。主体的思维方法直接影响着他的话语方式，同时，某种固定的表达方式又会成为一种范式，对主体思维方式的更新产生阻碍。思维可以决定表达方式；有些时候，表达方式也可能会以其内含的思维惯性束缚人们的思维。卡西尔（E. Cassirer）曾经指出："人总是倾向于把他生活的小圈子看成是世界的中心，并且把他的特殊的个人生活作为宇宙的标准。但是，人必须放弃这种虚幻的托词，放弃这种小心眼儿的、乡下佬式的思考方式和判断方式。"（卡西尔，1987）[20]因此，教育对话的主体必须主动地走出"我"的世界，开启一度自我关闭的视野，用自己的耳朵聆听窗外声音，用自己的眼睛欣赏"他"的世界。固守在排他的教育情境中而又拒绝他者经验介入的人，往往在自我经验的优越感中失去对自我缺陷的反思和批判，久而久之，必然导致自我发展的停滞和教育生命活力的衰竭。一个人教育思想资源的匮乏往往缘自教育经验的贫乏和理论视域的狭窄。因此，教育对话的任何主体，都应该积极主动地丰富自己的理论和实践，不断拓展作为对话前提的"共识性教育背景"。比较理想的途径是，彼此从他者的角度重新观照自己，尽可能深入全面地了解彼此的教育生活背景，并将二者纳入一个更大的参照系中，对教育进行再度体验、再度考察与再度思考。正如伽达默尔（H. Gadamer）所言，他人是一条路，一条通向自我理解的路。"谁能做到同自己保持距离，能看到自己生活圈子的局限性从而向他人开放，谁就会不断地通过现实纠正自己的生活。"（伽达默尔，1988）[82]一句话，主体的话语规则实际上是某种生活方式在语言层次上的约定俗成；不同教育主体尤其是理论集团和实践集团彼此分离、彼此接触、彼此融合的过程，也必然是不同教育思想、思维方式和话语方式之间的激活与抵制、吸纳与改造过程。

第四，面对明确的读者和听众，教育思想者调适自己的话语方式的根本目的是更好地与其开展对话和交流。但是，"我的话语究竟要表达什么"，"我的话语如何使我的思想得以明晰地表达"，这是每一个表达者言说之前必须首先思考的问题，是表达者选择话语方式的指导原则。我们反对没有个性思想的人云亦云以及目中无人的自言自语，但极其欣赏尊重他者的个性展示和自我表达。因此，任何关于教育的言说，其话语方式的运用与选择便有了两个可供参考的基本尺度：一要淋漓尽致地表达欲言说的教育思想内容，这可谓"基于教育思想内容的"选择尺度；二要对作为读者和听众的接受者满怀深情，言说立其诚，这可谓"面向接受者的"选择尺度。如此把握，关于教育思想的种种言说，或许可以走向表达自觉，或许可以摆脱话语困境。

第五，每个人在珍惜自己话语权的同时，也要对别人的话语权给予充分的尊重。关于教育改革，你说、我说、他也说，大家都有话可说，有话要说。我们期待着众说纷纭，激情四射。走出困境、走向自觉的教育话语，并不介意一时的"吵架"和"战争"，因为它往往是激情的迸发以及思想与智慧的交融。我们相信："对话不仅是一种交际手段，更是一种生命的内在诉求；对话不仅是一种信息交换，也是一种价值交换，同时还是一种感觉交换；对话不仅是语言、思想的馈赠，同时也包括了人类生存方式的相互参照。"（谭学纯，朱玲，2001）[3]其实，也只有通过无拘无束的争辩与论证，才能够紧跟热点、突破难点，从而拓展教育改革的深度与广度，赋予教育思想以新的内容。可以说，在教育论坛上，面对着一个不断发展、日益壮大的"演讲集团"，如果你说得投机、说得过瘾、说得共鸣四起，你的教育思想的影响力便不亚于资深的专家学者；若你说得不投缘、说得不畅快、说得不真实、说得人人向你"投枪"、说得人人对你"横眉冷眼"，你就应该对自己的话语进行反思与考量，对自己的言说进行重置、修改和调整。总之，人是靠思想而站立的，一个真正的教育思想者，应当立足于自身的教育生活背景，忠诚于自己真实的教育生命体验，在不断拓展自我理论和实践的同时，不被所谓时尚的话语所污染、过滤和扭曲，找准属于自己的独立位置，形成富有个性而又动态开放的话语系统，并以此为支点，在相互尊重的基础上，与其他的话语系统展开对话，在对话中达成互补，在互补中共同提升。

 中国基础教育改革的话语类型

20世纪80年代以来，改革乃中国社会生活的基本样态。作为社会的一个子系统，教育同样处于多重改革之中。值得关注的是，与丰富多样的改革实践相伴随，教育改革的思想与主张也呈现出一派繁荣景象。根据话语主体、话语内容和话语风格的不同，这些既成的思想与主张大致可以划分为"意识形态话语""知识精英话语""平民实践话语""大众诗性话语"四种基本类型。探讨这四种话语的基本内涵和主要特征，有助于构建一个关于中国基础教育改革的话语认知框架。

话语（discourse）有口语和书面语之分，且相应地具有生活交际和理论建构等不同功能。话语总是关于某事某物的话语，它与所要描述、表达或表现的具体对象直接相关。同时，话语总是特定主体的话语，总是用以表达特定主体的所作所为、所见所闻、所思所想、所感所悟，即揭示特定主体生活世界的多重意义。教育话语是人们在思考、表达教育问题时的习惯（日常）用语，它是特定教育主体生活世界的一种表现形式，其中蕴含着话语主体的教育意向、价值取向、思维方式和行动逻辑。

一、意识形态话语：政治深度介入教育

在学术思想史上，"意识形态"一词一直具有贬义（否定性）与褒义（肯定性）双重色彩（属性）。本章主要是借用"意识形态"这一概念的中性意义，用以指称某一个人、一个集团的一整套主张、理论与目标，它并非静止不变，而是随着时空的变化而转换，其重要作用在于可以统合社会各方面力量，凝聚人心，规范生活。

教育改革中的"意识形态话语"，乃政治（往往表征为国家权力）深度介入教育的结果。在教育泛政治化的年代里，"意识形态话语"必然领导教育改革的整个话语系统。一般情况下，"意识形态话语"往往以教育方针、政策、法律、文件的形式出现，有时也会以领导人语录、政府工作报告或宣传口号的形式出现。在中国基础教育改革这一宏观背景下，诸如《全日制十年制中小学教学计划试行草案》（1978）、《中共中央关于教育体制改革的决定》（1985）、《中国教育改革和发展纲要》（1993）、《关于当前积极推进中小学实施素质教育的若干意见》（1997）、《面向 21 世纪教育振兴行动计划》（1998）、《中共中央国务院关于深化教育改革，全面推进素质教育的决定》（1999）、《基础教育课程改革纲要（试行）》（2001）、《国家中长期教育改革和发展规划纲要（2010—2020 年）》（2010）等一系列重要文件，都明显携带着"意识形态话语"的诸多特征。

我们知道，教育与个体的生存发展休戚相关，同时又决定着国家兴衰、民族命运。考察人类教育现象史和教育认识史会发现，国家意志和统治者的社会理想总是占据着重要位置。事实上，"任何人都不可能脱离自己的历史和生存境遇来看问题、做事情和写文章。任何真正意义上的思想者、研究者、理论家，都是一个具体、丰富、真实的人，都是生活在特定的社会和历史境域中的人。他总是也只能以其特定的方式来把握人类生存经验某一特定方面的意义和过程"（张荣伟，2007）[3]。但是，权力意志有时会导致拒绝对话和自我反思，进而使一些政策、条例事与愿违，在推行的过程中滋生出一些形式主义的东西。事实上，由政府发起和推动的一些教育实验改革，在实际推进过程中之所以出现偏差，就是因为部分管理者没有能够打破行政思维模式。

二、知识精英话语：学术深度介入教育

这里的"知识精英"，主要用以指称"学院派教育研究者"，即那些以教育科研为业为生的理论工作者。与其他领域的知识精英一样，掌握特定的教育话语权是他们维持职业地位和获得学术声望的重要前提。一般来说，真正能够显示一个时代理论水平的应该是"知识精英话语"。但是，这一假设在教育领域却常常受到质疑和讥讽。多年来，尽管教育理论工作者的研究手段和职业生存方式一直受到批评，教育理论的实践性、解释力屡遭诟病，但时至今日，整个教育科研制度和教育科研文化却没有多少改良，教育理论的内在品质和话语风格也没有发生太大变化。

教育学的学科水平、发展现状不尽如人意，已是不争的事实。从学科建构的角度看，中国教育学属于"舶来品"。从最初学习日、德、美，到后来全面仿苏，因为特定的历史原因，教育学中的"知识精英话语"往往离不开大量的译介作品。但是，回顾近百年教育理论发展史，仅就引进的国外教育思想而言，从杜威到凯洛夫，从巴班斯基、维果茨基到加涅、布卢姆，再到小原国芳、佐藤学，等等，能够产生普遍影响的并不多。不得不承认，限于既成的教育科研范式和僵化的教师教育课程体系，眼下，教育理论的主导性话语已经被简化为千篇一律的"公共教育学教材"，编者的姓名轮番更替，但内容和风格却基本雷同。更糟糕的是，这套"公共教育学教材"内容在老化为大众知识、公共知识、集体知识的同时，越来越显得空洞、枯燥、乏味，其中没有作者的个人生活，听不见作者个人的声音，作者的个体生命严重缺位。这套话语体系所反映和塑造的只能是整个教育群体的模式化思维方式，对于一个个具体的教育理论和教育实践工作者而言，已经很难从中找到思维的兴奋点和富有意趣的对话主题。

如前文所言，话语总是特定主体的话语，总是用以表达特定主体的所作所为、所见所闻、所思所想、所感所悟，即揭示特定主体的现实生活世界及其教育意义。值得赞赏的是，为了应对教育学研究所面临的危机和挑战，更为了探索基础教育改革与创新的可行路径，从 20 世纪八九十年代开始，越来越多的大学教师以及科研院所里的理论工作者开始走进中小学，组织开展了以行动研究为旨趣的各类课题活动。在这种理论与实践互动的过程中，涌现出一批创造性研究现实问题，针对教育发展的特定领域而著书立说的专家学者，他们相继建构了一系列富有本土文化特征、具有独立见解的教育理论框架。正是基于专家学者由"书斋"走向"田野"这一教育科研范式的转型，"教育思想主题化""理论实践互动常规化""基地实验改革制度化"三位一体的"教育科研共同体"初见端倪。随着这些教育科研共同体的自立、自为、自主和自觉，期待已久的"当代中国教育学派"① 已具雏形。目前，

---

① 此处所谓的学派，主要用以指称具有共同理论主张、行动目标、学术立场、话语风格和科研方法的教育科研或教育改革共同体。

这些学派都拥有各自的代表人物和相对稳定的研究群体，都已形成了比较独特的理论主张和实践路径，且分别在不同层面上对中国基础教育发展产生了一定影响。

三、平民实践话语：经验深度介入教育

一个人的思维方式、言说方式源自一个人的生存方式。语言是存在的一个家，但却不是存在本身；语言是我们生活世界不可或缺的重要组成部分，但人类首先生活在社会实践之中。作为一种精神交往行为，话语乃人类交往实践活动的派生之物。"话语"除了具有通常所说的言语形式之外，还内含着主体生活的基本规范。简言之，话语属于文化领域的范畴。近些年来，行动研究和校本教研兴盛，随着教育研究行为的"群众性""应用性""实践性"转向，以"常识化""口语化""生活化"为主要特质的"平民实践话语"闪亮出场。其中，最为常见的现象就是，网络论坛、教育博客的涌现以及教育叙事、教育随笔的热闹。从本质上说，这是一种文化现象，它是教育实践集团（主体为一线教师）要求表达自我生活的必然产物。毋庸置疑，与"知识精英话语"所蕴含的"经院文化"相比，"平民实践话语"是一种原生态的"底层文化"，是一种"叙事教育学"。

生活世界的多样性、复杂性决定了不同主体教育理解的多样性、复杂性。很久以来，"平民实践话语"一直是一种边缘性话语，在主流教育媒介中长期"缺席"，很难找到真正属于自己的表达空间。持久的压抑和沉默，使该话语主体迫切需要一种便捷的能够真实反映自身生存状态，洞察、倾诉自我心理并传播自身文化的载体，而网络论坛、教育博客以及教育叙事、教育随笔等恰恰满足了这一需求，它们特别有利于以实践者的视角去观察事物，反映实践者独有的生活感受和情感体验，展示实践者的风采，发出实践者自己的声音。不可否认，教育世界本是理论集团和实践集团共同的世界，这个世界的话语权不应该由知识精英、教育学家所独霸，这个世界不应仅有玄谈、指责和自娱自乐的声音，还应有实践者那充满艰辛、无奈乃至富有弹性和质感的教育吟诵，尽管这些话语常常"花开花谢""自生自灭"。事实证明，网络论坛、教育博客已经成为传播和构筑教师文化的重要介质，教育随笔、生活日志已经成为传播和构筑教师文化的有效通道。否则，关于基础教育改革的各种负面的声音，尤其是一线教师的声音只能作为茶余饭后的闲谈和慨叹，而不可能成为学院派的反省资料，更不可能上升为各级行政部门的决策依据。

已有的话语实践证明，尤其是教育叙事和生活体验研究的结果显示，教育实践工作者欲从理论集团的话语体系中解放出来，首先必须解构和颠覆的就是"理论教育学"——学术理性话语，倡导感性生活话语，取得自己的话语权。① 好在随着教育随笔、日志以及博客、微博的出现和流行，它们主动承担起了建构教师文化的重要使命。毕竟，"教育学理论从根本上是一种实践。无论我们获得什么样的教育知识，无论我们在教学、为人父母上、或照看孩子上获得什么样的知识和洞察力，这种知识和洞察力必须对我们与孩子们相处有意义。我们也可以将这句话反过来说，我们日常与孩子们的相处，我们的实践活动，是我们对教育学进行反思乃至形成教育理论的起点"（范梅南，2001）$^{251-252}$。

在布列钦卡看来，"因为每个人在其童年和青少年时代都接受过教育，而且每个成人都至少在某一时间内自己从事过教育活动，所以，人们一般都首先在口语这个层面来思考和表达教育的含义"（布列钦卡，2001）^{3}。其实，教育理论研究总是要运用大量的日常生活概念。或者说，许多教育研究的理论文章都难以摆脱经验思维模式，甚至带有明显的生活日报和大众社论的风格。同时，他还进一步指出，"教育学的语言源于教育者的语言，亦即源于家长、教师、师傅和传教士的语言。教育学所使用的许多概念实际上表达了教育实践工作者对其所面临的任务和条件的思考。而另外一些概念，则可以追溯到那些旨在通过教育学的艺术理论而对教育者及其实践施加影响的教育理论家。因为教育思想不能孤立于世界观、道德劝戒、对未来的期望以及人类的愿望而存在，世界观中的那些广为教育者和教育理论家所知的许多要素也就自然地进入了教育学的语言"（布列钦卡，2001）^{3}。受此观点启发，广泛研读当下中国基础教育改革的叙事文本会发现，它们确实与以往的表达内容和话语风格有了很大不同，主要表现在话题开始聚焦于真实生动的教育生

---

① 历史上，实践集团自身文化的一度缺失和低迷，原因就在于被理论集团的语言系统所压迫和操纵，没有形成属于自己的独特话语系统。因而，在主流的教育刊物中，标准性、权威性话语总是以"知识精英话语"为主，而探讨教育生活和教育经验的话语总处在"知识精英话语"的霸权之下。

活和教育经验，更多的目光开始关注一线教师的生存状态和价值观念，进而在相当大程度上为他们营造了一个开放的话语空间。在《给教师的一百条建议》中，苏霍姆林斯基这样说过："如果一位内行教师、富有创造性的教师在结束其一生的创造活动时，把他在长年劳动和探索中的一切成就都带进坟墓的话，那将失掉多少珍贵的教育财富啊！我真想把教师的日记当作无价之宝珍藏在教育博物馆和科研所里。"（苏霍姆林斯基，1981）[123] 毋庸置疑，这段话非常真切地表达了对于"平民实践话语"的价值认同。

然而行文至此，需要说明的是，与"知识精英话语"相比，"平民实践话语"存在明显的理论不足这一缺陷。没有实践的理论是空洞的理论，没有理论的实践则是盲目的实践。当我们批评"纯粹理论"的时候，没有理由否认理论对于实践的指导作用。如果说"知识精英话语"体现的是一种理论（理性、抽象）思维的话，"平民实践话语"则体现的是一种经验（感性、具体）思维。经验思维是实践活动的直接产物，又反过来直接作用于新的实践活动。正如杜威在《我们怎样思维：经验与教育》一书中指出的那样，纯粹的经验思维至少有三点需要特别注意："（1）它具有引出错误信念的倾向；（2）它不能适用于新异的情境；（3）它具有形成思想懒惰和教条主义的倾向。"（杜威，2005）[160] 正因为如此，"为了摆脱常规和习惯的局限，人们至少要有为思维而思维的足够兴趣。为了从实际生活中解放出来，使生活丰实而进步，就必须有为知识而知识，为自由思维而思维的兴趣"（杜威，2005）[184]。如果说"老马识途""吃一堑，长一智"是对经验的肯定的话，"守株待兔""墨守成规"则是对经验思维的嘲讽和批评。就中国基础教育改革而言，如果单凭经验来判断和解决问题的话，必然陷入僵化和保守。因此，主动由经验思维向理论思维靠拢，自觉强化理论思维和理论兴趣，是"平民实践话语"自我完善的必由之路。

四、大众诗性话语：情感深度介入教育

情感是一个弥漫在教育活动全过程的动力性要素。没有积极向上的情感，便没有真实可靠的教育。"理论不仅要有逻辑征服力量，也要有情感征服力量。"（鲍尔，2002）[2]情感乃教育话语诗性品格的核心所在，回避、抽空了情感的教育话语，只能是浮泛、空洞、没有生命意义的说教。整体上看，"大众诗性话语"是一种情感溢于其中的话语，它简明如箴言，朴素如常识，直指事物本质。关于教育改革的"大众诗性话语"是一种富有"体验性"，但更富有"哲思性"的话语。其中，贯穿"体验"与"哲思"的一根红线，便是对于教育的真挚情感。教育情感具体而鲜活的两种存在形式就是教育批评和教育改造（行动）。其中，教育批评指向过去和现实，教育改造（行动）指向脚下和未来。

值得注意的是，在一个日渐生成的多元化的社会里，崭新的社会现象使得传统的教育学话语日渐失去其原初的解释力。经济学话语、哲学话语、社会学话语纷纷出场，以至于原初意义上的教育表达面临着失语的危机。相比较而言，"大众诗性话语"是对"意识形态话语"和"知识精英话语"的突破与创新，它反映"底层经验"，但又不囿于一般的教育常识和常理。如果将"知识精英话语"的基本特征概括为"客观性""普遍性"和"价值中立性"的话，"大众诗性话语"的基本特征则显示为"文化性""境域性"和"价值性"。从结构特点和交际功能上看，在关于教育改革的话语谱系中，"大众诗性话语"乃兴之所至有感而发，机智、诙谐、随性，因而最具灵活性和多样性。从发生学的角度看，无论是"知识精英话语""意识形态话语"还是"大众诗性话语"，皆以"平民实践话语"为基础和根源。但是，"知识精英话语"往往沉溺于经院而不自知，"意识形态话语"往往自以为是而走向独断和专制，唯有"大众诗性话语"可以穿透理论、政策和实践之间的屏障，在各类话语的权力分割中收放自如、游刃有余。

在中外教育文献中，诸如《学记》《论语》，陶行知的《中国教育改造》，杜威的《我的教育信条》，卢梭的《爱弥儿》，苏霍姆林斯基的《给教师的一百条建议》，赞可夫的《和教师的谈话》，克里希那穆提的《人生中不可不想的事》等，都蕴藏着大量的真知灼见和精彩言论，都可谓"大众诗性话语"的典范之作。这些作品的共同特点就是对教育充满激情和梦想，富有人道、人性和人情，文笔流畅而美妙，思想深邃而生动。这些基于诗意化教育情境而生发的思索与表达，可能是隐喻、诗词、故事，也可能是格言、警句、随笔，不仅脍炙人口，充盈着语言的魅力和想象的力量，而且映照着话语主体的人格与意趣。

显然，诗性思维是"大众诗性话语"的根本性特征。与注重逻辑思辨

（概念、判断、推理）的理性思维不同，诗性思维注重的是情感、意会和想象。或者说，诗性思维是一种情感性、求异性思维，借助联想、想象创造新的意象和境界，是其典型特征。"教育不仅需要思辨，需要严谨阐述，它作为一门艺术还需要带诗意的比喻、比拟甚至夸张，就是说，教育需要想象。"（孙孔懿，2010）[3] 如果说"知识精英话语"是一种思辨式的对于"教育是什么"的回答的话，"大众诗性话语"则是一种想象式的对于"教育像什么"的回答。前者特别在意的是学界的评价，追求的是学界的普遍认同，而后者更在意的则是语言的亲和力与传播效果，追求的是最多最广的听众。很明显，"教育是什么"与"教育像什么"是两种带有不同倾向的追问与叙述方式："前者在认识事物的正常知识框架中进行，后者在正常知识框架外进行。前者是思辨的、理性的、推理的、逻辑的、聚合性的，后者是想象的、非理性的、非逻辑的、直觉的、原发性和发散性的。两者分别属于逻辑思维与形象思维，人们探究与表述教育现象常常沿着这两条基本路径。"（孙孔懿，2010）[2]

然而，我们需要面对的事实是，那些习惯于"标准化"理论产品的"制造者"和"消费者"，往往对"大众诗性话语"心生狐疑，甚至贬抑和拒斥，认为其缺乏"严密"的"理论体系"，不符合现代"学术规范"。这一偏见，有待从理论和实践两个层面去检视和批驳。其实，"大众诗性话语"的根本特征就在于其超越性、灵动性和开放性，其根本价值就在于可以适时地介入现实，并把焦点定位在教育的热点和难点上，直逼改革的核心问题。因此，从当前中国基础教育改革的发展现状来看，紧缺的正是能够尊重现实、激发梦想、建设重于批判的"大众诗性话语"。

在本质上，教育生活造就了教育话语，而教育话语也在塑造着教育生活。目前，对教育理论、教育实践及其关系进行话语分析，已经成为教育研究的一个热点和难点。佐藤学在《课程与教师》一书的开篇写道："教育的实践借助话语得以结构化。用怎样的话语构想教育的目的与主题；用怎样的话语构成这种实践；用怎样的话语实现这种过程；用怎样的话语赋予这种过程中发生的变化；用怎样的话语去反思、表达这种实践的经验，这一连串用话语所构成、所实现、所反思、所表达的活动，就是教育实践。""把教育视为这种话语实践的立场，有可能使得教育学研究成为一种以话语为媒介的意义与关系的重建的实践。"（佐藤学，2003）[3] 一般认为，话语是思想的表现形式，话语的界限意味着思想的界限，话语的贫困意味着思想的贫困。但是，真正理想的教育改革话语不是一次性完成的，而是不断生成的；不在于终结某个理论体系，先知般地把真理交给教育的改革者，而在于不断地打开思考之门，在思考中行动，在行动中修复、完善和创新。同时，只有拥有共同的问题域，才可能形成共同的话语体系。真正的教育实验改革，必然以共同的责任感和使命感为内在动力，总是离不开政策主体、理论主体、实践主体等多元主体的真情投入和对话、互动。

其实，在一个自我（单一主体）性话语流行的空间里，个体独立与共同体认同并非势不两立。因为，语言交往是人类交往实践分化的必然结果，也是人类交往实践得以延续的内在需要。"在这个世界上，文化多元性不仅是一种生活的事实，而且也是一种生存的乐趣。"（罗尔斯 等，2003）[153]而"大众诗性话语"正是多元（复合）主体相互沟通、相互认同进而达成共识的重要条件。正如艾克曼（B. A. Ackerman）在论述自由权利的共同体基础时所言，我们总是一再地被告知"'自由主义者'把孤独个体的抽象权利放在第一位；而'共同体主义者'则敦促我们发现我们具体的认同，将之视为持续发展着的共同体成员的身份承诺"。而实际上，对个体自由主义者而言，"他们的基本呼求是共同体，尽管是一种特殊形式的共同体；它的成员尊重彼此的深刻分歧，但尽管如此，他们还是决定共同建立一种公共理性，这种公共理性将在一种所有人都能共享的共同对话中把他们联合起来，虽然在其他问题上他们之间仍存在分歧。压倒一切的目的不是推崇不受限制的个体，而是建构一种为所有共同体成员都能确认良知的具体认同形式"（罗尔斯 等，2003）[152]。我们有理由相信，"大众诗性话语"所特有的言说方式和传播优势，必将在理论建设和实践创生两个维度上对当前的各类教育改革产生启迪和引领作用，并将对中国教育科学的未来研究范式产生积极影响。

第四章　中国基础教育改革的行动逻辑

　　"谁来改革""改革什么""怎么改革"是中国基础教育改革必须明确的三个基本问题。其中，"谁来改革"所要探讨的是改革的主体问题，即改革的发起者、组织者和执行者问题；"改革什么"所要探讨的是改革的对象、主题和目标问题；"怎么改革"所要探讨的是改革的方式、方法和策略问题。这三大问题及其解答逻辑紧密关联、相辅相成，直接构成中国基础教育改革的行动框架。

　　为了追求教育的理想和理想的教育，人们必然要对现实教育中的各种问题进行批判和改革。可以说，一部教育发展史就是一部教育改革史。但是，任何一项教育改革都不得不面对一系列难题，而且，时代不同难题各异。作为一种特殊的实践活动，基础教育改革走向行动自觉的重要前提是较为全面地把握改革的核心要素与基本结构，弄清楚"谁来改革—改革什么—怎么改革"的内在逻辑，对改革的主体与对象、原因与目的、手段与途径等问题，形成比较明确的认识。否则，改革必然陷入一种盲目、混乱状态。

一、谁来改革：教育共同体的扩充与限制

　　在本质上，中国基础教育改革是一个制度变迁和制度创新的渐进过程。但是，任何制度变迁和制度创新都是通过一定的主体来实现的，能否形成具有明确的改革意识和一定改革能力的改革主体，直接决定着改革发生的可能性和真实效度。

　　现实中，绝大多数的教育改革都具有整体性、长期性和复杂性的特征，

而且往往需要教育理论工作者、教育实践工作者、教育管理工作者以及社会各界的广泛参与才能有成效。这是因为改革总是会在一定程度上牵涉到教育方针、教育政策、教育制度、教育投入以及选拔用人制度，总是会与教师、学生、家长的个人利益乃至国家的政治、经济、文化发展等发生一定联系。正因为牵一发而动全身，会触及很多人的利益，对任何教育改革都需要思考这样一些问题：是谁在发起和推动改革？发起和推动改革是为了谁？改革者发起改革的目的是什么，其理论假设和价值取向何在，又究竟期望得到何种结果？在推进改革或维护现状的对峙过程中，究竟谁是付出者，谁是受益者？这些问题及其解答理路直接构成教育改革的元理论框架，而将这一系列问题贯串起来的主线则是如何构建一个民主开放的教育改革共同体，进而实现教育改革成果的最大化。

　　正因为教育改革是一项复杂的系统工程，所以除了具有明确的改革对象与目标、经过充分论证的理论假设之外，细致的方案设计、严密的组织调控以及审慎及时的反馈总结等，必不可少。其中，能否调动社会各界（教育系统内外）的积极性和主动性，又显得尤为重要。"每一个任务都是重要的，都需要专门的设备。单个人——他或许是教授、教师、管理者、心理学家、社会学家或任何领域的研究专家——能单枪匹马地完成所有这些任务的时代过去了。"（派纳 等，2003）[120]不仅如此，任何一项教育改革都会触及很多人的利益，引导不同时空背景中的不同群体走出集团的狭小圈子，让理论群体、决策群体和实践群体真正地携起手来，真正地关注教育生活、介入教育生活、改善教育生活，是一件非常不容易的事情。因为，当现存的模式受到质疑并发生变革时，传统的利益结构通常也受到挑战。"人们常把改革设想为结构性改革，但实际上很少有真正的结构性改革。没有态度和行为的变革，学校教育的常规便不可能改变。人们可以在一般意义上把一项改革看作是必要的，但如果它意味着'我'需要改革时，它便成为不可能的了。因此，对个人或群体来说什么是改革，这取决于个体或群体的收入与支出效益。"（达林，1991）[23]不难发现，以往的很多教育改革常常会出现"上面热下面冷"的现象，即教育改革的组织者和各种新闻媒体行动积极，而教育系统内部或者说教育活动的真正主体（教师、学生及其父母等）却反应迟缓。之所以出现这种现象，一个根本原因就在于没有协调好改革过程中的多方利益关系，往往忽略了多元利益主体各自打算得到的"实惠"。可以说，教育改革的策划者、组织者以及各类新闻媒体都有其自身的多重利益追求。面对复杂的教育生态环境，任何一项改革如果不能兼顾理论主体、实践主体、决策主体、学生及其父母的利益追求，如果不能遵循集体行动的逻辑，便难以获得长久的支持与合作。再者，教育改革又往往会直接触动乃至剥夺一部分人的根本利益，他们本能地会想方设法维护既成的利益格局，阻碍新格局的形成。之所以提出"教育共同体的扩充与限制"这一问题，根本目的就在于倡导一种参与、合作、理解、体验的教育改革文化，克服教育改革过程中的惰性和各种阻力，探索教育改革共同体得以形成的基本理路。①

如前文所言，任何一项教育改革都会不同程度地牵涉到师生、家长、学校、社区、地方和国家的不同利益。就整个改革过程而言，最难得的是各界能够具有一种顾全大局的胸怀，做到有限度地考虑个人或部门利益，多关注自己的责任和义务。教育改革的利益主体是多层次、多形态的，但主要分属于政策主体、理论主体和实践主体三大类。其中，实践主体既是改革的对象，也是推动改革最基本的力量，因为改革归根到底要靠实践主体来完成，没有实践主体的能动作用，没有广大师生和学生父母的积极参与，任何改革都难以推行，也很难取得成功。同时，师生和学生父母是改革中最紧密的利益相关者，与改革成败有着最直接的利害关系，自然成为最关心改革的人。事实上，教育改革的过程就是对不同主体的利益与责任进行重新配置的过程，因而照顾到不同群体的利益，特别是弱势、边缘群体的利益，成为最核心的问题。也就是说，教育改革的策划者和组织者必须在明确共同利益的基础上，权衡不同主体的特殊利益诉求，如果只是顾及局部的和少数人的利益，其合理性、合法性和权威性必然受到质疑，在具体实施的过程中也必然产生诸多矛盾和冲突。所以，澄清改革的基本价值取向以及不同价值主体的不同需求，是教育改革得以顺利展开的基本前提。

教育改革主体的多元性、开放性，教育改革目标的多层次性以及教育改革内容的复杂性，直接决定了教育改革实践的丰富性和多样性。这就要求教育改革必须充分调动各级教育改革主体（尤其是办学主体）的积极性和主动

---

① 在分析教育改革共同体时，一方面，应看到政策主体、理论主体和实践主体在改革中有共同利益，因而能够在一定条件下形成统一行动的主体。另一方面，不同的主体在改革中受到的利益冲击和获得的边际收益却并不一致，如政策主体由于拥有理论主体和实践主体所不具有的行政资源，更易于规避改革带来的风险和占有改革带来的获利机会。正因为不同主体对改革会有不同的态度和行为选择，教育改革主体常常并不是一个统一行动的主体，而是包含着矛盾和差异的主体。

性，兼顾不同主体的利益要求，构建一个多元开放的教育改革共同体，从而使处于不同位置和扮演不同角色的主体的改革行为形成合力。在这方面，胡定荣在《课程改革的文化研究》一书中对课程改革行为的性质、类型、功能及其变迁进行过细致的考察，具有一定的普遍意义。他认为，所谓课程改革行为，即"在课程改革实践中，课程改革的决策者和参与者围绕课程决策权力和课程资源的分配展开的互动"（胡定荣，2005）[221]。在此基础上，课程改革行为的类型可划分为"课程改革的参与行为""课程改革的合作行为""课程改革的交换行为""课程改革的冲突行为"四种。这里再一次说明，任何个人或组织都难以单独完成一项改革，教育改革往往不是个体的人或组织的独立活动，而是不同群体或组织的交往、互动行为。其中，因为目标和内容不同，不但改革主体的层次和类别各具特色，而且理论主体、决策主体、实践主体乃至其他社群组织的参与形式也会发生很大变化。

总体来看，"教育共同体的扩充与限制"与教育活动本身组织形式的发展变化紧密相关，相关问题的探讨，至少应该从教育改革的"组织机构"和"主体地位"两个方面展开。

就教育改革的组织机构而言，我们必须面对的一个事实是："教育，如果象过去一样，局限于按照某些预定的组织规划、需要和见解去训练未来社会的领袖，或想一劳永逸地培养一定规格的青年，这是不可能的了。教育已不再是某些杰出人才的特权或某一特定年龄的规定活动：教育正在日益向着包括整个社会和个人终身的方向发展。"（联合国教科文组织国际教育发展委员会，1996）[199-200]不仅如此，在信息化时代，知识更新的速度越来越快，人们不得不及时地调整自己的学习内容和学习方式。"如果我们要学习的所有东西都必须不断地重新发明和日益更新，那末教学就变成了教育，而且就越来越变成了学习。如果学习包括一个人的整个一生（既指它的时间长度，也指它的各个方面），而且也包括全部的社会（既包括它的教育资源，也包括它的社会的和经济的资源），那末我们除了对'教育体系'进行必要的检修以外，还要继续前进，达到一个学习化社会的境界。因为这些都是教育将来所要面临的挑战。"（联合国教科文组织国际教育发展委员会，1996）[16]无疑，这些挑战都直接涉及教育活动的组织形式和教育机构的整体规划问题。我们知道，目前比较正式的教育机构有学前教育机构（如托儿所、幼儿园等）、制度化的各级各类学校（如中小学、职业学校、高等院校等）、校外教育机构（如少年宫、辅导站等）、成人教育机构（如职工大学、干部管理学院、广播电视大学、成人考试站点、高等教育自学考试辅导班等）、各级教育行政机关（如教育部、教育厅、教育局等）和各级教育科研机构（如教科院、教科所、教育教学研究室等）等，已经比较庞大和规范。但必须意识到的是，被广泛接受的终身教育观念已经打破了仅把正式教育机构作为学习场所的传统思想，把教育的权力仅仅交付给一个封闭的、垂直的、有等级的制度化教育已经不再可能。相反，所有的集体、协会、地方团体和中介组织都有意愿也有能力共同承担起教育这一社会责任。"从今以后，一些专门人员以外的人们从事教育活动是可能的了；垂直的区划正在消失；学校的领域和所谓平行学校的分界关系，国家与私人事业之间，官方的或正式订有契约的教学专业人员和那些临时担任教学任务的人们之间的区别等等也都已经不再有任何意义了。"（联合国教科文组织国际教育发展委员会，1996）[202]这无疑向制度化教育提出了极为严峻的挑战。

就教育改革的主体而言，值得关注的是，目前不少教育改革不但没有维护好教师的利益和充分发挥教师的主导作用，相反，却引起了一线教师的反感和拒斥。一个比较突出的现象是，有些教育行政部门在制定改革政策时，很少触及自身利益，常常有意无意地损害了教师的利益，以致有时改革的呼声很大，舆论不少，但到教育教学第一线时，却演变为一些形式主义的新名词、新口号，相关的改革计划、政策文件虚化为一纸空文。从根本上说，再科学、再全面的改革方案，只有获得教师的认可才可能推行下去，再美妙、再详细的改革目标，只有通过教师的努力才可能逐步实现，再完善、再具体的改革措施，只有被教师理解后才可能真正落实。因此，如果没有广大教师积极主动的参与，如果教师内心缺乏一种自发性的改革动机，教育改革绝不可能取得成功。教师作为教育改革主体的核心组成部分，如果不能成为改革的受益者和拥护者，再美好的改革愿望也只能停留在愿望层面上，成为"镜中花""水中月"。正如佐藤学在《课程与教师》中译本序言中指出的那样："学校是由校长、教师、学生、家长所组成，并且得到他们的支持的。构成学校的一切成员倘若不建立起彼此信赖合作的关系，那么，任何改革都不会取得成功。倘若每一位儿童的尊严和学习的潜能得不到尊重，倘若每一位教师的专业性和献身性的实践得不到尊重；倘若每一位家长对于教育的期待和多样的认识得不到理解，以及学校中持续地激励和帮助每一位儿童学习的亲和力，在这些成员中未能得到培育，那么，学校教育的改革是实现不了的。"
（佐藤学，2003）[1]因此，建立健全系统、配套的改革政策和分配制度，为各
类改革主体尤其是广大教师创造一种民主、开放的改革氛围，减少他们各个
方面的后顾之忧，成为各级各类教育改革的常规性、迫切性工作。

二、改革什么：教育目的作为合法性尺度

人与动物的根本区别是人具有自觉能动性，人的活动具有明确的目的
性、意向性。关于人的自觉活动同动物的本能活动之间的区别，马克思有过
精辟的论述："蜘蛛的活动与织工的活动相似，蜜蜂建筑蜂房的本领使人间
的许多建筑师感到惭愧。但是，最蹩脚的建筑师从一开始就比最灵巧的蜜蜂
高明的地方，是他在用蜂蜡建筑蜂房以前，已经在自己的头脑中把它建成
了。劳动过程结束时得到的结果，在这个过程开始时就已经在劳动者的表象
中存在着，即已经观念地存在着。他不仅使自然物发生形式变化，同时他还
在自然物中实现自己的目的，这个目的是他所知道的，是作为规律决定着他
的活动的方式和方法的，他必须使他的意志服从这个目的。"（马克思，恩格
斯，1972）[202]这里所揭示的一个基本事实是，人总是在观念中提出和设定目
的，又通过主动的实践活动接近和达到这些目的。

不论是教育还是教育改革，作为特殊的人类实践活动，自然拥有各自预
设的种种目的——"教育目的"和"教育改革目的"。所谓教育目的，即教
育活动所要达到的预期结果——不同社会、不同阶层、不同教育者对教育活
动的一种价值预设。所谓教育改革目的，即教育改革所要达到的预期结
果——不同社会、不同阶层、不同改革者对教育改革的一种价值预设。就两
者的内在关系而言，自然是"教育目的"决定"教育改革目的"，或者说，
任何"教育改革目的"都以维护（或至少不违背）"教育目的"为价值尺
度，甚至可以说，之所以要进行改革，往往是因为既定的"教育目的"受到
了不同形式的威胁、侵犯或扭曲。尽管教育改革可能是为了更好地贯彻国家
教育方针，也可能是为了更好地落实教育政策法规，还可能是为了更好地实
现具体的教育教学目标，等等，但不论出于何种目的，真正合理、合法的教

育改革必然以最上位的教育目的为指导原则和判定标准。① 否则，改革必然陷入盲目、混乱。可见，对"教育目的"的认识直接决定着对"教育改革目的"的阐释和界定。而许多教育改革之所以出现"头痛医头，脚痛医脚"甚至前后矛盾、相互对立的现象，根本原因就在于没有把握好"教育目的"与"教育改革目的"之间的逻辑关系。

一切教育改革都是为了改进和完善教育实践，都是为了更好地实现预期的教育目的，这是没有多少争议的问题。针对具体的教育改革，争议主要聚焦在这样两个问题上。第一，教育改革究竟应该依照什么样的或谁的教育目的？第二，依照既定的教育目的，教育实践究竟有哪些地方需要改进和完善？这两个问题及其解答逻辑内在关联，一旦出现分歧，必然在改革目的和改革对象上意见不一致。就第一个问题而言，主要分歧在于教育目的价值取向的"个人本位"或"社会本位"上。就第二个问题而言，主要分歧在于教育改革的逻辑起点与目的达成上。具体而言，任何教育改革都要回答"改革什么"和"为什么改革"之类的问题。其中，"改革什么"是关于"改革对象（起点）"的追问，"为什么改革"是关于"改革目的（原因）"的追问。就改革对象（起点）而言，可能定位在"课堂""课程""教师"上，也可能定位在"家庭""学校""社会"上，还可能定位在"组织与管理""手段与技术""角色与行为"上，等等，具有明显的主观性和不确定性。同时，一旦付诸行动还会发现，基于任何起点的教育改革都是一项错综复杂的系统工程，都会触及教育体制、教育观念等方方面面，意见很难达成一致，而且最后必然回到教育（改革）目的的共识性、可靠性上来。也就是说，教育改革究竟改什么，究竟以什么为改革对象，其合法性尺度只能诉诸科学、理性的价值结构和目的取向。

基于以上分析，在确认"改革什么"和设定改革的逻辑起点时，以下几点极其重要。

第一，深刻认识教育的重要性以及教育改革的重大意义。从本质上讲，

---

① 在各类教育改革话语中，不少人会混淆"教育目的"和"教育目标"这两个概念，且常不加区别地使用。其实，教育目标主要用以指称特定教育活动所预期的具体结果，而教育目的则与人们对教育本质的认识联系在一起，它更是一种深层的、潜在的对教育所要达到的结果的总体设想，其立足点自然要高于教育目标且对其具有统摄作用。换言之，教育目的所涉及的主要是"教育是什么""教育为什么""教育该如何"之类的根本性问题，而教育目标则与特定的教育内容、教育方法和比较具体的人才培养规格联系在一起。

教育是一项改进人生、创造幸福生活的社会活动，其根本价值在于为社会培养自主的个人，为个人营造一种理想的社会。《教育——财富蕴藏其中》一书指出："面对未来的种种挑战，教育看来是使人类朝着和平、自由和社会正义迈进的一张必不可少的王牌……教育在人和社会的持续发展中起着重要的作用。教育并不是能打开实现所有上述理想之门的'万能钥匙'，也不是'芝麻，开门吧'之类的秘诀。但它的确是一种促进更和谐、更可靠的人类发展的一种主要手段，人类可借其减少贫困、排斥、不理解、压迫、战争等现象。"（联合国教科文组织国际 21 世纪教育委员会，1996）[1]遗憾的是，现实中的教育（体制、观念等）总是不尽如人意，总是不断暴露有悖于其本质特征的诸多问题。在这种情况下，唯有改革才有出路，否则，再美好的教育理想也势必会落空。

第二，特别注意教育活动的系统性和教育改革的利益复杂性。教育是一个整体，但不是一个静态的封闭系统，而是一个随着社会发展而不断变化的开放系统。因而各种改革所要达到的每一项目标，只有遵循集体行动的逻辑才可能获得真实的意义。有学者指出："改革是比所代替的东西更好的某种东西，对谁来说更好？可以想象改革对每个人都好，或者每个人及每一群体都会在改革过程中受益吗？如果有人不受益，那么冲突是否不可避免？我们已经指出，改革可能并不改变某些人的境况（如其他教师和学生），甚至可能使另一些人的境况恶化（如父母、国家财政甚至学生也是如此）。所以关于改革的讨论不仅应该仔细地界定已经发生了什么样的改进，还要指出谁在受益。"（达林，1991）[21-22]他还强调："我们一直没有把学校和教育过程当作复杂的社会系统的一部分，没有认识和考虑到这个系统各个不同部分之间的复杂的相互作用。我们还没有把教育作为一种社会系统而建立起教育的系统观。这个系统的组成部分和重要过程是如此之多以至于我们一直倾向于在一种自欺欺人的线性关系基础上争论不休。如果我们要建立、健全有效的改革策略，我们就需要逐步把握教育系统的动力，有时甚至还要把握这个系统的对抗性行为。"（达林，1991）[11]这里，所谓线性思维倾向以及改革过程中的对抗性行为之所以产生，根本原因就在于人们没有对教育目的和教育改革的目的形成整体性、系统性认知。具体而言，如果教育改革的近期目标与长远目标之间、个人目标与集体目标之间一致性不足，如果对"教育改革的主体是谁""教育改革的对象是谁""究竟谁是付出者""谁是受益者"等问题分析不到位，改革必然遭遇大大小小的各种阻力①。

第三，整体把握个人发展和社会发展之间的对立统一关系。教育的根本目的在于促进教育的对象——人发生一定的变化，使其更好地适应当下和未来的生活。但是，人不仅是独立存在的个体，同时又必然要结合成相互联系的社会。这就决定了教育目的具有内在目的（如以服务个人幸福为主旨的"生命教育"）和外在目的（如以服务社会发展为主旨的"公民教育"）双重属性。历史上，不同的教育（改革）主体往往站在不同的立场上，从各自不同的利益出发，选择或提出不同的教育目的，进而在观念上或实践中构建符合各自理想的教育形态。需要注意的是，不少教育改革的策划者、组织者在确立改革对象和设定逻辑起点时，往往没有在教育目的的高度上进行考量，往往没有对不同参与主体的改革目的做出比较明晰的价值判断。事实上，在具体实施的过程中，不仅教育改革的目的应该与教育的根本目的吻合，而且改革还应该有其过程性的系列目标，这些系列目标的恰当与否往往直接决定着长远目标的实现程度。因此，在规划和设计教育改革时，一方面应该遵守教育发展的基本规律，确立与教育目的相符合的长远目标；另一方面，还必须仔细审查改革的过程性目标，明晰近期目标实现与长远目标达成之间的运行机制，协调目标系统中纷繁复杂的利益关系。

第四，全面协调不同改革手段和不同改革目的之间的利益关系，主动营造一种以"共同体"为指向的改革文化。这一点，后现代思想家柯布（J. B. Cobb）的"共同体中的人"的概念给我们提供了一个独特的视角："共同体中的人的模式导致了不同的安排，它强调的是能合作就合作，能单干就单干，个人抱负只有在不损害共同体其他成员的情况下才会得到支持。它肯定的是基于能力的多样性而产生的角色的多样性，它鼓励的是合作的模式，因为它们有利于人们的最佳利益。共同体有责任关心其所有的成员，但那些干得最好的人能合法地从其劳动中获利。""共同体应该时刻意识到，它越是允许其自身中的多样性，其总体的丰富性就越大。另一方面，共同体的

---

① 在认识和化解形形色色的改革阻力方面，或者说，在认识教育活动的系统性和教育改革的利益复杂性方面，法国思想家莫兰的复杂性理论具有重要的方法论意义。人们越来越深刻地认识到："只有复杂思维能够加强和发展个人的思想自主和有意识的反思，只有复杂思维能够使每个人在自身建立一些元视点的瞭望台，只有复杂思维能够承认它自身的黑洞，只有复杂思维能够展开整体和特殊、部分和全体、科学客观性和哲学反思性的对话。"参见莫兰，2002. 方法：思想观念：生境、生命、习性与组织 [M]. 秦海鹰，译. 北京：北京大学出版社：105.

需要又对人如何才能实现自由设定了限制。所有人都在自由地追求其现实利益，但只有当他们认识到这些现实利益不能损害他人时才能这样做，每一个成员的真正的幸福都依赖于作为一个整体的共同体的健康发展。"（任平，2004）实践证明，在推动教育改革的过程中，只有认同多元、差异并积极寻求共识、合作，才可能缓和冲突，减少不必要的抵牾和损耗。从社会心理学和组织行为学的角度来看，倡导"和而不同"应该是优化教育改革动力机制、协调个人利益与集体利益关系的有效原则。①

第五，以教育活动主体和教育改革主体自身为审查对象，思考改革的对象与目标问题。在"具体结果"和"实际行动"之间做出正确归因，是教育改革走向自觉的必要环节。教育乃人为的教育，教育的问题在根本上还是教育活动主体——人的问题。关于教育改革"改革什么"的追问，往往可以还原为"谁改革""改革谁""谁该改"之类的问题。在具体的改革过程中，究竟是"我改你""你改我"还是"我改我"，判断的尺度只能是科学、理性的价值结构和目的取向。事实上，既可以将教育改革视为一个利益重新分配的过程，也可以将其视为一个责任追究、权力与角色重新认定的过程。在这个过程中，持续强化改革主体的"逻辑行动"能力，逐步祛除其"非逻辑行动"倾向，极其重要。这里，所谓的"逻辑行动"，是指那些"主观目的与客观目的相一致的行动"。按照帕雷托（V. Pareto）的观点，逻辑行动是推理过程的结果，非逻辑行动则出于某种心理状态、情感和无意识。同时，如果某项行动由于有一个目的不在观察所及的范围之内而偏离了科学的客观标准，就是非逻辑行动（帕森斯，2003）[207-220]。

三、怎么改革：科学、政治与精神的融合

教育制度变迁的主体制约性，直接表现在发动和促成这一制度变迁的共同体的性质、构成以及相互制衡的关系上。任何制度变迁实质上都是诸多主

① 在这方面，费孝通的"多元一体共生理论"颇具启发性。他强调："承认不同，但是要'和'，这是世界多元文化必走的一条道路，否则就要出现纷争。只强调'同'而不能'和'，那只能是毁灭。'和而不同'就是人类共同生存的基本条件。"参见费孝通，2001. 创建一个和而不同的全球社会：在国际人类学与民族学联合会中期会议上的主旨发言 [J]. 思想战线（6）：1-5, 16.

体多重博弈的过程。不同角色主体对制度变迁的认识、态度、愿景等方面的差异，必然引发有关改革方式、路径、主题选择上的分歧和冲突，进而影响到制度变迁的整个过程和最终结果。因此，仔细考察教育改革过程中相关主体的行为选择及其演变关系，精心打造一支改革团队——教育改革共同体，凝聚各方面力量，是各类教育改革的关键所在。

从比较宽泛的意义上说，有识之士、有权之士与有志之士通力合作，结为一个开放的而不是封闭的共同体，是教育改革顺利进行的有力保证。一个理想的改革共同体应该是理论主体、实践主体和政策主体的联合，但更应该是教育科学（理论）共同体、开明的政治共同体和具有创新意识的精神共同体的联合。这就不仅需要一个开放的（思想交流的）理论环境，更需要构建一个行政推动力与精神内源力可以顺利聚合与发挥作用的改革范型。或者说，促成科学、政治与精神力量的融合，应该成为组织与实施教育改革的基本指导思想。正因为这一指导思想内含着一种推进教育改革的集体行动的逻辑，所以应该成为建构各种教育改革行为模式的基本理论依据。否则，难以整合各方面力量，也无法形成目标一致的改革路径。

首先，有必要从教育科研、教育决策和教育实践三者之间的关系出发来探讨教育改革的力量融合问题。人们一直相信教育研究与教育实践之间存在着"十分重要的联系"，但往往忽略了理论影响实践的中间环节即教育决策的特殊性质，忽略了因为研究者和决策者在态度、交流和权力等很多方面的差异而常常导致教育研究试图影响教育实践的"入地"梦想破灭这样一个常见的事实。这一点，不仅在中国的教育行政体制下会发生，而且具有世界范围的普遍性。著名教育学家胡森在其专著《教育研究与教育决策》中指出，研究者与决策者隶属于"两种不同的文化背景"，各自的需要有着本质的不同。其中，"不平等的地位""看问题的不同角度"以及"对学术的不同看法"直接造成了两者之间的紧张关系（华东师范大学教育科学资料中心，1986）[64-65]。这样，被动的教育研究者往往不得不在与教育决策者的差异关系中自觉地进行角色和功能定位，以至于很多时候理论成果只能"束之高阁"。事实上，研究和决策之间往往是一种"非因果的、非系统的、非可预测的"关系，或者说，往往是一种"不确定的、无系统的、无法预估的"关系。为了解决两者之间人为的不协调，一方面，决策主体与研究主体必须通过对话和交流在价值取向上进行磨合、调整和折中；另一方面，双方应该对自己的工作方式进行变革。决策主体不仅要充分认识到研究成果的重要的工具性和参考性价值，还应该提供切实可行的条件让研究者积极有效地参与政策的制定、实施和评估过程。当然，科研成果不能够有力地影响决策，或者说研究与决策脱节的一个重要原因，往往也与成果的传播不力即研究成果没有得到有效的宣传和推广有关。因此，研究主体不仅要顾及教育政策的政治、经济和文化背景，转变思维方式，增强科研的政策导向意识，同时还要对自己的话语方式进行转换，主动与决策主体建立合作伙伴关系，双方围绕着共同的问题进行不同层次的观察和分析，在求同存异的基础上达成解决问题的一致意见。其实，对教育理论研究者来说，积极有效地发挥理论的社会效益，也是体现、衡量其学术成果和水平的一种重要形式。对教育决策者来说，充分论证政策的科学性、可行性和效益，促成教育决策的科学化和民主化，是新时代对教育决策和教育行政的必然要求。

　　其次，我们可以从行动研究的视角来研讨教育科研之于教育实践的动力作用问题。很多经验表明，围绕选定的课题，专家与教师（往往也会有教育管理人员参与）共同开展的行动研究，可以直接促进理论走进实践，并进而促成教师的专业发展和教育教学质量的提高。近年来，很多由校本教研引发教师学习方式、工作方式和研究方式深刻变革的生动案例涌现出来。目前，让每位教师在团队合作中得到提升和快速成长，让每位教师在群体性课题研究中实现发展和超越，通过价值引领并配以具体的项目推进教师的专业发展成为一种自觉，已经成为很多学校科研制度建设的核心理念和基本内容。

　　再次，我们可以从教育管理过程中的民主精神来探讨教育改革的力量融合问题。在探讨政治在成功的教育改革中的作用时，《教育——财富蕴藏其中》一书指出：地方一级的教师、家长与所有公众之间的良好合作需要创造条件，而首要条件是中央政府要表现出应有的意愿，去开辟民主决策的场所，在这个场所里，要确保地方社区、教师、学生家长协会或非政府组织的期望都能受到重视（联合国教科文组织国际 21 世纪教育委员会，1996）[153]。显然，这里传达的是一种民主化思想。但是，如何才能真正实现教育管理的民主化呢？或许，首要的一点就是将管理理念定位在：让越来越多的人帮助重新创造教育，确保在实际运行的过程中，能够让教育系统内的任何一个人——教师、行政人员、家长和学生——都能参与管理活动。好在，在"教育管理民主化"这一理念指导下，我国不少中小学近些年来都开展了一些分权化改革，在学校开放、权力下移、打造学校共同体等方面做出了一些理论和实践探索，出现了一些诸如地方学校管理委员会、民间教育社团等可以行使一定教育权力的组织机构，参与学校管理、影响学校改革的外部因素呈现出一种多元化趋势。而且，不少学校都有"家长开放日""社会开放日"，邀请学生父母、社区居民和领导、专家等参与课堂教学，开展听课评课活动。

最后，我们可以从利益与合作精神的视角来探讨教育改革的力量融合问题。在经济指标"一统天下"的时代，人们合作行为的内驱力是精神还是利益？答案只能是：两者统一。而且，在很多时候，利益则可能位居第一。如前所述，就各种形式的教育改革而言，首先应该给予关注的是全民参与以及积极合作的基本条件，而教师的利益能否得到照应尤其重要。"教育与社会的相互作用和相互依赖在很大程度上反映在课堂上，反映在学生的抱负和行为中，反映在大众媒介的作用以及家长和当地社团的态度中。在教师工会与教育部门之间的谈判中，我们可以看到能否为教师提供与社会其他行业成比例的福利，是教育质量的决定性因素。从中我们可以看到这种相互作用和依赖关系。此外，在一定时期内，改革的类型也在很大程度上反映着社会和经济的因素。"（达林，1991）[18]在这方面，哈格里夫斯曾经区分过不同性质的合作——肤浅的合作、顺从的合作、人为的合作、诱骗的合作、自然的合作——所产生的不同后果。也有学者以此为参照将教育改革中的合作划分为正式的合作与非正式的合作、真实的合作与虚假的合作，并对不同合作行为的不同功能进行过阐释。归结为一点就是：不同利益主体的利益追求及其实现程度是导致各种合作类型的直接原因（胡定荣，2005）[238-241]。实践表明，对于很多没有取得成功的教育改革而言，目标和利益不明确（甚至混乱）常常是问题的症结所在。改革的设计者、组织者往往很少能够解释清楚"谁来改革""谁需要改革"以及"谁会直接或间接受益"之类的根本问题，进而导致各类参与人员的积极性、主动性、创造性严重不足。

总之，兼顾多方面利益，在政策主体、理论主体、实践主体和社会不同群体之间建立一种良性互动的合作伙伴关系，促成政治、科学与精神力量的有效融合，是实现教育改革目标的根本保证。一方面，人与人之间的关系，本质上是利益关系。"'思想'一旦离开'利益'，就一定会使自己出丑。"（马克思，恩格斯，1957）[103]另一方面，精神又注定要反作用于物质。因此，可以说，利益一旦离开思想，同样会使自己出丑。另外，在组织和实施教育改革的过程中，还应该意识到，历史已经步入了一个"没有人拥有真理但每个人都有权利要求被理解"的所谓后现代的时代。作为一项公共事业，在组织与实施教育改革的过程中贯彻民主、合作精神，尊重社会各方面的意见和诉求，是一种必然趋势。正如多尔在《后现代课程观》一书中所言："我们正不可改变、无以逆转地步入一个新的时代，一个后现代的时代。这一时代尚且过新，无法界定自身，或者说界定的概念过于狭隘，无以表达后现代性。当我们向这一时代前行之时，我们需要将科学（Science）的理性与逻辑、故事（Story）的想像力与文化，以及精神（Spirit）的感觉与创造性结合起来。"（多尔，2000）[2]这已成为当今教育改革不可忽视的一种哲学思潮，它要求教育改革的发动者无论是在改革的设计过程、决策过程、实施过程还是评价与反馈过程中，都应该广泛征求社会各界的意见，充分发挥不同层次利益相关者的积极性、主动性和创造性，逐步形成一个具有共同理想目标和价值追求的，动态、开放、民主的改革共同体。

中国基础教育改革的实践模式

　　模式既是实践化的理论，又是理论化的实践，是理论与实践的程序化整合。教育改革模式是对教育改革方法和教育改革策略的总体概括。整体上看，当代中国基础教育改革大致分属于四种不同模式：行政模式、专家模式、校本模式和共同体模式。对这四种模式的本质特征展开探讨的根本价值在于，可以全面把握中国基础教育改革的基本现状和发展趋势，并对改革过程中出现的一些重大问题进行深层反思。

　　一般而言，所谓教育改革，就是有目的、有计划地对落后的教育思想和教育实践施加影响，使其获得预期的进步和发展。所谓教育改革模式，就是对教育改革方法和教育改革策略的总体概括，它牵涉到教育改革的许多核心问题，诸如：如何确立一项教育改革的主体、内容、目标与步骤？如何协调一项教育改革相关利益主体（包括个人、组织以及各种中介机构）之间的复杂关系？如何区分一项教育改革内外部的积极与消极因素？如何完善和优化一项教育改革的动力机制和评价标准？等等。

　　历史上，倡导、支持和积极参与教育改革的人，总是那些对学校状况和现实社会不满的人，总是那些对未来充满理想和激情的人。而那些阻碍教育改革或者对教育改革态度淡漠的人，往往是一些崇拜现实或者屈从于现实的人，往往是一些被狭隘的利益、习俗、传统和偏见局限在旧的社会生活之中的人。目前亟待研究的是，那些教育改革的组织者和参与者，由于自身位置、角色和利益方面的多重考量，往往怀有不同的改革理想，往往欣赏不同的改革文化，往往推崇不同的改革路径。本章试图揭示这一现象背后的基本规律，并就中国基础教育改革的模式选择和策略优化发表一些看法。

一、行政模式：政策落实作为基本手段

"行政模式"的教育改革特别注重政治、经济、法律和政策的调控作用。该模式设定权力是支配教育改革活动的核心力量，强调各级行政部门的强制行为对于教育的规范功能。该模式认为，在服从各级行政领导和各级专家权威的前提下，在集权与分权过程中形成的制度文化，尤其是不同层级改革主体对教育政策文件的准确解读和执行，是教育改革取得实际成效的保障。

"行政模式"的教育改革往往是长期性、综合性实验改革，规模较大且一般与教育行政部门的具体决策直接相关。在具体操作的过程中，往往由教育行政部门直接规划课题、资助经费、分层领导，并大都通过行政手段任命或推选特定专家（或专家团队）开展专项研究。在实际运作的过程中，相关部门和实际工作者往往无条件落实和执行相关政策和具体方案，因而呈现出明显的自上而下的特征。再者，该模式教育改革的研究领域往往比较宏观，具有明显的基础性、操作性和实效性要求。以此为参照，我国 2001 年以来的"新课程改革"（新一轮基础教育课程改革）明显具有"行政模式"的基本特征。其中，作为新时期基础教育课程改革的统领性、标志性文件，"两个决定"与"一个纲要"，即《中共中央国务院关于深化教育改革，全面推进素质教育的决定》《国务院关于基础教育改革与发展的决定》和《基础教育课程改革纲要（试行）》，成为各级政府和教育管理部门推动"新课程改革"的根本依据。

其实，国家性、政治性、阶级性乃教育所具有的本质属性，而正是这些本质属性内在地规定着教育改革"行政模式"的可能意义。仅就改革开放 40 年而言，从舆论层面上看，比较宏观且受到普遍关注的教育改革涉及义务教育问题、民办教育问题、教育公平问题、农村教育问题、弱势群体教育问题、教师教育问题以及课程改革问题等。试想，其中哪一项改革不富有"行政模式"的诸多特征？而且，如果离开政府的顶层设计和大力支持，又有哪一项改革能取得实质性进展？不得不承认，我国的教育管理体制改革虽然历经了一个从点到面、逐步深化和完善的过程，但目前离民主化、科学化和法制化目标尚有一定的距离。或者说，正因为中国是一个政府主导型国家，行政权力对社会生活各方面的影响比较广泛，很多时候，不同层级的政府行为乃至一些领导人所参与的民间性活动，就可能对一些教育改革产生非常微妙而深刻的影响。在这种政治文化和教育管理体制下，各级各类教育实验改革往往有意无意地趋向"行政模式"，谋求权力、体制的支持和推动。更有甚者，则按部就班、亦步亦趋地依照各级各类权力机构的意愿和指示行事，致使教育实验改革本应具有的自主性、灵活性和创造性大打折扣。

二、专家模式：理论创新作为根本目的

所谓专家，乃是对某个领域、某种学问有专门研究或擅长某项技术的人。"专家模式"的教育实验改革特别注重教育理论的批判、创新和导向功能。该模式设定人是一种理性的动物，强调以理性的态度对待教育，强调以科学规律和科学方法引导教育实践。其中，除了直接的理论探讨、学术批评和观点论证外，走进校园听课评课，开展田野研究，不断积累、丰富和发展教育科学知识，是此类教育实验改革的重心所在。

"专家模式"的教育实验改革总是表达着专家的教育理想和教育信念，其显著特点是具有特定的理论假设，一般以立项课题作为研究平台，以理论的传播、检验、修正和建构为行动主旨。"专家模式"的教育实验改革总是由专职研究人员提供学术支持，由一线教师按照既定的实验方案而付诸行动，它基于理论，面向实践，改造实践，学术性贯串始终。以此为参照，由华东师范大学叶澜教授主持的"新基础教育"研究以及由北京师范大学裴娣娜教授主持的"主体教育"实验，这两项学界比较熟悉的教育实验改革，明显属于"专家模式"，具有典型性。

在大多数情况下，"专家模式"的教育实验改革的旨趣在于理论探索和理论创新，因而，主持者常常围绕着比较稳定的"教育问题域"而著书立说，而且为了构建具有独立见解且自成一体的研究框架和理论体系，他们特别重视以学派为基质的"教育科研共同体"建设。但需要注意的是，真正的教育实验改革总是以责任和使命为动力源，很多时候，尽管有了课题和团队组织，并非就意味着学派或科研共同体的自然形成。目前，尤其需要警惕的是，在组织和实施基础教育实验改革的过程中，形式主义、功利主义、盲目主义、山头主义等价值偏向有愈演愈烈的迹象。为此，对"专家模式"的教育实验改革，必须持有一种更为自觉的批判态度。因为，最终能成为教育学派的科研共同体，不但需要基本一致的理论框架和文化认同，而且需要在预设的目标下开展既有共性又有个性的自主性、差异性研究。可以断言，不坚持经常性反思和总结，不敢直面各种各样的批评和质疑，那些表征为教育学派的各类科研共同体，不可能永葆旺盛的生命力和理论洞察力，更谈不上自我超越和自我完善。

三、校本模式：行动自觉作为内在动力

民间性、自发性和草根性是"校本模式"教育改革的最基本特征。该模式设定，一线教师是教育改革的主力军，或者说，中小学教师的改革态度、改革热情和参与程度直接决定着各级各类教育实验改革的实际成效。因此，该模式注重提升和引领一线教师的教育思想，注重激发、唤醒教师的教育理想和教育热情，注重教师职业观念、职业态度和职业情感的发展变化，注重利用校内校外多种渠道促进教师教育反思和教育批判，使他们走向行动自觉和自我改造。

就当前我国中小学教育改革的实际状况而言，"校本模式"可以简约地划分为两种形式。第一种是具有特定教育主张和特定实践情怀的理论工作者与一线教师在频繁的交流互动中生成的学校实验改革。除理性思维和学术内涵稍显不足之外，这种实验改革在发生、演进的基本逻辑方面，无疑具有"专家模式"的部分特征。具体而言，理论工作者所发挥的是启发、点燃和协助作用，但在力量构成上，一线教师始终处于实验改革的核心位置。第二种是由校级领导、优秀教师自发开展的校内实验改革。这种实验改革总是建基于实践工作者自身的教育经验，直接围绕着校园生活的实际问题而展开，诸如校本课程建设、班级管理、有效教学、学校安全等。相比较来看，这两种实验改革的共同之处在于，都将改革建立在一线教师的自觉性、主动性和创造性上，都与师生的校园生活尤其是课程与教学的优化直接关联。

目前，从实践主体的结构特征及行动策略来看，"校本模式"的教育实验改革大致有自我反思、同伴互助、专家引领三种操作形式；从实验改革的主题和目标来看，"校本模式"教育改革主要围绕着课堂教学改革、学校管理改革和教师专业发展三个大方面而展开；从具体研究方法上看，"校本模式"教育改革所常用且较为理想的方法有行动研究法、教育叙事法、案例解析法等。以此为参照，江苏省泰兴市洋思中学的"先学后教，当堂训练"课堂改革，溧水县东庐中学的"两案（教案与学案）合一""两本（笔记本与作业本）合一"教学改革，山东省杜郎口中学的"预习·展示·反馈"三模块一体以及"10+35"（教师讲课不超过10分钟，学生活动不超过35分钟）课堂教学模式改革，包括近些年来一些学校所开展的愉快教育、成功教育、赏识教育等实验改革，都明显属于"校本模式"。

值得关注的是，走过了近20年的"新课程改革"表明，"校本模式"教育实验改革在理论与实践结合方面具有相当大的黏合效用，既可以发挥学界的专业引领功能，又能够促发基层的自觉行动。因此，有必要充分利用课程改革之机尤其是校本教研这个平台，积极探索这一模式的新思路、新举措，让一线教师在实施新课程的过程中自主、自觉地反思和建构属于自己的理论话语，拓展实践智慧；让教育理论工作者走出书斋，走向田野，走进中小学，实现教育科研范式的转型性变革。这不仅能够帮助一线教师解决思想上和行动上的诸多现实问题，而且能够拓宽理论工作者的研究视域，实现理论与实践的相互支持和共同提升。

四、共同体模式：幸福生活作为教育追求

探讨基础教育改革的"共同体模式"，首先需要厘清"共同体""学习共同体""教育共同体"这三个当前比较流行，很多人"耳熟"却未必"能详"，以至于众说纷纭的概念。

关于"共同体"这一概念，现代社会学大师滕尼斯（F. Tönnies）最早在《共同体与社会》（*Gemeinschaft und Gesellschaft*）一书中进行过学理分析。在这本书中，"共同体"主要用来描述一种基于协作关系的有机组织形式，一种特别的、理想的社会关系类型，一种相对于"人为状态"的"天然状态"的社群组织形态。在区别"共同体"与"社会"这两个概念时，滕尼斯认为，"共同体"的主要特征是它强调人与人之间有着强烈的休戚与共的

关系，而"社会"的特征则是以多元文化为基础的松散的人际关系。"共同体是持久的和真正的共同生活，社会只不过是一种暂时的和表面的共同生活。因此，共同体本身应该被理解为一种生机勃勃的有机体，而社会应该被理解为一种机械的聚合和人工制品。"（滕尼斯，1999）[54]总体看来，"共同体"一词旨在表达人与人之间的亲密关系、共同的精神意识以及对特定社群的归属感和认同感。这里需要留意的是，滕尼斯提出"共同体"这一概念时，所强调的是本质意志，所勾画的是一种幸福生活状态，所揭示的是特定礼俗社区的精髓和实质。后来，随着工业化和城市化的发展以及种种社会问题的出现，越来越多的社会学家开始关注滕尼斯的有关思想，并对其"共同体"概念产生了极大兴趣。大约在20世纪20年代，"共同体"（gemeinschaft）一词被美国社会学家转译为英文"community"，并很快成为一个重要的社会学概念。其中，英文单词"community"源于拉丁语"communitas"，有"共同性""联合""社区生活"之意。

在教育研究领域，"共同体"概念的使用可追溯到杜威。在《民主主义与教育》这本书中，他特别强调，传统教育的最大弊端是"学校和生活隔离开来"，学校的最大浪费是儿童在学校中不能完全、自由地运用校外经验，同时又不能把学校里所学的东西应用于日常生活；学校教育只有将儿童的生活与社会生活紧密地联系起来，才能够促进儿童个性与社会性的共同发展。在他看来，学校并不是一个专门学习知识或技能的场所，而是一个社会组织。同时，既然学校教育是一种人与人交往、合作的社会生活，这种生活就应该依"学习共同体"（learning community）的形式展开。后来，在《基础学校：一个学习化的社区大家庭》（The Basic School：A Community of Learning）这一报告中，美国教育家波伊尔（E. L. Boyer）更为细致地讨论了"学习共同体"概念。他认为，一所行之有效的学校，最为重要的是建立起真正意义上的"学习的共同体"，即所谓的"学习化的社区大家庭"。简言之，"基础学校是一个负有明确而又重要的使命的大家庭。这里的每一个人都是为了促进学习这一目标而走到一起来的。学校的各个教室因这一共同目的而联系在一起。学校里的风气是正派的，这里的人是守纪律的，相互关心的，而且还时常举行一些庆祝活动"（波伊尔，1998）[20]。此外，日本学者佐藤学在《学习的快乐——走向对话》一书中，也采用了"共同体"概念，用以探讨学习的本质以及作为"学习共同体"的学校理念。在他看来，"所谓'学习共同体'的学校，是一种学生们共同学习的场所，是教师作为专家共同学习成长的场所，是家长和市民参与学校的教育活动相互学习的场所。作为这种'学习共同体'的学校的蓝图，在课堂教学里，以实现'活动性、合作性表现性的学习'为课题；在教师集体中，以彼此观摩教学，建构作为专家一起成长的'同事性'为课题；在家长中，以协助教师、参与教学，实践'参与学习'作为课题"（钟启泉，2005）。佐藤学曾经预言："作为这种'学习共同体'的学校的构想，是展望21世纪学校未来的产物……基于这种构想的学校改革作为一种'静悄悄的革命'，将会形成本世纪教育改革的一大潮流。"（佐藤学，2004）[2]

至于"教育共同体"这一概念，它的重要理论价值在于，有助于重新审视教育的主体结构、教育的实体形态以及教育改革的主体构成，有助于探寻教育改革、发展的基本策略和主要路径。一般来说，如果将教育实践的本质理解为一种交往活动的话，"教育共同体"便可用来指代不同文化情境中的交往共同体，且规模、类型和性质依教育目的、内容和组织形式的变化而变化。总体上看，"教育共同体"具有结构开放性特征，它既是实体概念，也是关系概念，是实体与关系的统一。作为实体概念，它常常被组织化、人格化，指具有共同教育思想和共同行为规范的学习、交往主体。作为关系概念，它受制于血缘、地缘、文化、情感等不同因素，主要用于描述不同教育主体在特定时空背景下的交往过程和交往方式。其实，从组织结构、制度规范和交往关系任何一个维度来看，"教育共同体"理念都一直存在于人类教育发展的历史过程之中，只是具体的存在样态有所不同而已。或者说，教育实验、改革的过程，往往就是探索具体的、普适的、理想的"教育共同体"范型的过程。以此为视角，当前基础教育改革话语中频繁出现的"学习共同体""教师共同体""学校共同体""教育科研共同体"等概念，均可视为由"教育共同体"衍生而来的下位概念。至于每个概念的实际所指和可能意义，则只有放置在具体的语境中才能得以有效阐释和确认。

反观当代基础教育改革实践，人们有时会将课堂、班级视为师生学习、交往的重要场所，有时也会将学校的使命定位在培养儿童的自主与探究精神上。但是，人们却一直缺乏一种明确的"共同体"意识，一直没有真正将学校作为一个学习型组织来建设，一直没有在课堂和学校内外构筑起一种共同体文化。另外，学校里一直缺乏合作性学习，作为同事的教职工往往难以形成一种开诚布公、客观批评、共同发展的文化氛围。至于学校、家庭与社会组织之间的和谐相处，往往流于空谈和形式。更糟糕的是，教师与学生、学校与社会、家长与教师常常会陷入一种疏离、漠视乃至对立的交往关系之中。实际上，人的教育与成长是一项极其复杂的系统工程，影响一个人成长与发展的因素有很多种，而这些因素组合的理想模式就是"学习共同体""教育共同体"。从实体构成上看，这里的共同体不但包括与受教育者直接打交道的人，诸如父母、教师、同学、朋友等，而且包括书本、影视作品中的人物，诸如英雄、先哲、科学家等。因此，每一个教育者都应该意识到，其个人或单一群体的影响力总是存在着一定的局限性，任何个人或组织只能是"教育共同体"中的一员，只有与其他成员积极配合才能真正承担起教育的伟大使命，才能真正享受到教育的幸福和共同学习的快乐。

相关论点，苏联教育家苏霍姆林斯基做过非常生动的阐释。他曾经将儿童比作一块大理石，而要把这块大理石塑造成一座雕像，使其具有灵性，体现出人类的理想，需要好多位雕刻家积极配合才能够完成。这些雕刻家到底是谁？"第一是家庭，家庭中最细致和最有才干的雕塑家是母亲；第二是教师，他有精神财富、智慧、知识、能力、爱好和生活经验，有智力、审美和创造等方面的需要，有自己的兴趣和志向；第三是对每个人产生强大教育影响的集体（儿童集体、少年集体、青年集体）；第四是每个受教育者个人（自我教育）；第五是受教育者在智力、美感、道德等珍宝的世界中的精神生活——我指的是书籍；第六是完全未料想到的雕塑家（学生在街上结交的少年；来做客一周而使儿童一生都酷爱无线电工程或星球世界幻想的亲属或熟人）。""如果这些起教育作用的雕塑家，始终行动得像一个组织得很好的交响乐队一样，那么，教育的利剑和长矛往往为之交锋和折断的许多问题，就会非常容易地得到解决。"（苏霍姆林斯基，2000）[678-679]

由此可见，教育活动不是一个静态的封闭系统，而是一个随着社会发展而不断变化的开放系统。或者说，教育是一个整体，它所要达到的每一项目标，只有在整体的教育行为中才会有意义。从历史的角度来看，无论是学科性、主题性还是综合性的教育实验改革，都具有整体性、长期性和复杂性特征，而且从来都不是一件轻而易举的事情。现实中，教育改革总是需要理论工作者、实践工作者、决策者以及其他各界的广泛参与。因为很多实验改革都可能牵涉到教育思想、教育方针、教育制度、教育投入以及考试与选拔用人制度，都可能会触及教师、学生、家长的不同利益，甚至会与政治、经济、文化发展等发生矛盾和冲突。这里之所以特别赞赏"共同体模式"，恰是因为它不仅可以协调学生个人、家长、教师、理论专家等多元利益主体的不同需求，而且可以兼顾国家以及不同社会团体（组织）的办学目标和改革思路。实践证明，仔细考察改革过程中相关主体的行为动机及其演变关系，精心组建一个开放的而不是封闭的核心团队，谋求有识之士、有志之士、有权之士和有钱之士的有效合作，是各类教育实验改革走向成功的重要条件。在这方面，由朱永新教授领衔的"新教育实验"课题组，通过公益支教活动、儿童课程研发、教师培训项目（以"专业阅读 + 专业写作 + 专业发展共同体"为行动框架）以及"新教育每月一事"等形式，进行了积极的探索。①

这里有必要强调的是，教育是一项改进人生、创造幸福生活的集体性活动。如今，开放学校，解放儿童，回归生活，打造学习共同体，将学校建设成"学习化的社区大家庭"等理念，已经构成基础教育改革不可忽视的重要思潮。这一思潮的根本精神在于：教育改革应该以人为本，应该关注教育生活中的教育者与受教育者，关注推动教育发展的行政主体、理论主体和实践主体，关注教育系统中的一切利益相关者，为他们构建一种幸福美好的生活。这必然要求各种层级（形态）的教育改革主体，在改革的设计过程、决策过程、实施过程以及评价与反馈过程中，广泛征求教育界、企业界等各个方面的意见，充分发挥政府、专家、校长、教师、社区、家长等多方面的积极性、主动性和创造性，用心打造一个动态、开放、民主的，具有共同理想目标和价值追求的改革共同体。否则，不可能实现各种改革方法与改革策略的优化与整合。

总之，教育改革既需要"整体的可调控性"，又需要"具体的可操作性"；既需要统筹规划、全面设计，又需要角色清晰、分工明确。其中，教育改革"共同体模式"的建构与确立，意味着将教育理解为一种作为主体的个人在共同社会生活中全面生成的历史过程，意味着将教育改革理解为对"教育共同体"及其生活世界的改造，意味着重建教育的实体结构和主体交往关系，意味着对行政模式、专家模式、校本模式等不同实践模式不足之处的修正和超越。相信，这将成为 21 世纪中国基础教育改革的主导价值和基本方向。

---

① 具体内容参见朱永新，2011. 中国新教育［M］. 北京：中国人民大学出版社.

第六章　中国基础教育改革的主体形态

确认改革的主体形态及其结构是有效推进基础教育改革的必要条件。基于历史和现实的考察，根据成员身份以及在改革目的、性质、内容、方法、策略等方面的差异，可以将推动中国基础教育改革的现实主体划分为"政策规划型主体""理论建构型主体""实践突破型主体""商业炒作型主体""社会公益型主体"五种形态。探讨这五种主体的基本内涵及主要特征的根本目的在于，构建一个关于中国基础教育改革主体的认知框架，进一步明确基础教育改革主体的多元性、差异性和互补性，从而为强化不同主体的责任意识和促成不同主体之间的有效合作提供总体思路。

任何教育改革都必须依靠特定的主体来完成，能否形成具有明确的改革意识和改革能力的改革主体，直接决定着改革能否真正发生和取得成效。本章将对当前推动中国基础教育改革的五种不同形态的主体进行考察、评析，揭示不同形态主体的基本内涵和主要特征，阐明不同形态主体在改革过程中的地位和作用，为培育和规范中国基础教育改革的现实主体提供比较开阔的视野。

一、政策规划型主体：政界的宏观调控

教育改革主体是指从事教育改革的群体组织或独立个人。作为推动中国基础教育改革的"有权之士"，"政策规划型主体"主要由各级党政部门的教育公务人员构成。就具体行政机构而言，在中央，这类人员归属教育部、

发展改革委、财政部、科技部、人力资源和社会保障部等重要机构，且主要集中在教育部政策法规司、发展规划司、基础教育司、教师工作司等部门。在地方，则归属省（自治区、直辖市）教育厅（教委）及省级以下各级地方教育行政部门的基础教育职能管理部门。由于教育管理的中央集权性质，各级党政部门具有多方位的宏观调控能力，"政策规划型主体"自然成为推动教育改革的主导力量，成为领导基础教育改革最核心、最强大的势力。同时，由于该主体所代表的是国家意志和大众利益，在很多领域具有决策权、拍板权，社会上的各种教育改革主张往往需要由此获得集中且合法的表达或传递。

从历史的角度看，"政策规划型主体"向来是基础教育重大改革方案的设计者，而且发起的大多是一些时间跨度较长的综合性改革，组织实施时特别强调自上而下、统一行动、整体推进。在价值取向方面，该主体总是服从于特定的意识形态，根据国家需要行事，强调规范和稳定，注重个人需要与社会需要的统整。相对于各种民间组织和个人而言，"政策规划型主体"在消除歧视、促进均衡以及保障教育供给方面向来更胜一筹，具有绝对优势。具体而言，该主体针对的往往是一些依法办学、依法执教、教师选拔、课程标准等体制层面的基础性问题，诸如以"上学难，上学贵""有学上，上好学"为表现形式，与教育公平、教育方针和教育资源合理配置紧密相关的问题。更具体的则如教育经费"三个增长"、义务教育"两免一补"、农民工子女入学升学之类的问题。正常情况下，除了直接的行政权力和经济手段外，教育法规、大政方针和一系列部门规章是"政策规划型主体"宏观调控和发挥主导作用的根本依托。就教育法规而言，30多年来我国不但颁布了《中华人民共和国义务教育法》《中华人民共和国未成年人保护法》《中华人民共和国教师法》《中华人民共和国教育法》《中华人民共和国预防未成年人犯罪法》《中华人民共和国民办教育促进法》等法律，而且出台了《扫除文盲工作条例》《幼儿园管理条例》《学校卫生工作条例》《学校体育工作条例》《教学成果奖励条例》《教师资格条例》《禁止使用童工规定》等行政法规。它们基本构成了基础教育的法规体系，大致设定了基础教育改革的法制框架。就大政方针而言，以改革开放以来的四次全国教育工作会议为线索，先后颁布了《中共中央关于教育体制改革的决定》《中国教育改革和发展纲要》《中共中央国务院关于深化教育改革，全面推进素质教育的决定》《国家中长期教育改革和发展规划纲要（2010—2020年)》等，相关文件以及各种实施意见，分别从不同维度阐释了不同时期基础教育改革与发展的战略主题和指导思想。至于各个部门的规章制度，则修修改改、有立有破、功能不一，这里不再赘述。

但是，当以各种规章制度为着眼点来探讨"政策规划型主体"时，必须意识到，各级党政部门并非无生命的抽象组织，而是由具体个人组成和运作的具体单位。实际上，很多改革都会受到个人趣味和职业素养的影响。毋庸置疑，这些人的改革意识和具体行为直接左右着改革的方向和进程，也正是这些人的德、能、勤、绩决定着改革的实际效果和社会影响。众所周知，"规划—行动—评估—再规划"是基础教育改革的基本环节。然而，很多富有理论和实践价值的教育改革，却常常由于行动方案的运作程序和解释主体不同，或者由于行政组织的人事调配和权力划分不到位，有时只是个别领导发生了工作变动，而使整个改革受阻、停滞甚至前功尽弃。另外，不同部门、不同组织系统，有统一的利益和意志，也有相对独立的制度文化和价值诉求。譬如，同样作为改革主体，中央和地方、党政首脑机关与具体职能部门往往在态度和行为上大相径庭。特别糟糕的是，有些时候，少数公务人员的腐败、渎职行为，不但败坏了个人形象，更损害了党政部门的整体威信和改革执行力。因此，从权力监督的角度看，"政策规划型主体"必须消除长官意识，改变那种长期陷于整材料、开大会、审报告、做批示的文牍主义作风，尊重事实、尊重规律、尊重不同改革主体的创造性，而不是简单地照着文件讲、顺着领导说、跟着热点跑。

就我国目前的教育管理体制而言，党中央、国务院是最高决策主体，直接决定着教育性质、教育方针、培养目标这些具有全局性、长远性的东西。这有其政治合法性。但必须承认的是，我们在教育决策的民主性和科学性方面尚存在一些不足，"问政于民，问需于民，问计于民"的管理理念和操作程序尚未真正形成。这已成为基础教育改革的瓶颈。从职能转变的角度来看，各级党政机关急需简政放权，由对教育的直接行政管理，转向立法、规划、拨款和提供必要的信息服务与政策支持。同时，"教育决策要更多地倾听民间的声音，倾听不同的意见，倾听专家的看法，并且把倾听制度化、程序化"（朱永新，2004）[261]。可以断言，只有建立健全社会各界广泛参与的教育咨询和教育督导机制，发挥共同体的力量，中国基础教育改革才可能在千头万绪中理清思路，才可能在千差万别中达成共识，才可能真正落实"情为民所系，权为民所用，利为民所谋"的施政诉求。

二、理论建构型主体：学界的专业引领

伴随着我国教育科研组织体系的成熟，目前，包括宏观决策研究、基础理论研究、区域性实践研究、微观教学改革研究在内的多领域、多方位的研究格局已初步形成。作为推动我国基础教育改革的"有学（识）之士"，"理论建构型主体"主要由高等学校的教育学院（系）、中央和地方教育科学研究院（所）以及地方各级教师进修院校的研究人员组成。该主体属于中国基础教育改革的学术中坚，往往被视为教育系统中的精英且被冠以"专家"的称谓，其职业角色是探索教育规律、服务教育决策和指导教育实践，在促进教育科学知识增长的同时，提高教育改革与发展的科学化水平。但是，由于"理论建构型主体"具有多层次且属于多种类型组织，各人的专业背景和参与改革的方式不一样，往往会对同一项改革有不同见解甚至出现彼此对立的思想。这时，以追求真理为旨趣、超越狭隘的个人利益的学术争鸣，会显得非常难得。否则，分歧无法消除，真正有价值的教育思想也无法得到澄清和传播，更谈不上所谓的专业引领。其实，专业引领所强调的就是"理论建构型主体"对于实践的导向作用，目的就是让先进的教育思想转化为一线教师的实际行动。目前，越来越多的中小学教师开始认识到，要想全面提高专业素养，除了向同事、书本、实践乃至学生及其家长学习外，以专家为轴心的自我导向型学习不可或缺。至于学习的形式则灵活多样，主要有听讲座、看录像、专题对话、观课议课等。

同时，民族性、地域性、实践性是教育的本质特征。中国基础教育改革需要国际视野，更需要本土行动。"理论建构型主体"影响基础教育的途径大致有四种：一是学术成果被编入师范生的教科书，或作为在职教师培训、进修的课程资料；二是参与研制教育政策、实验方案、评价标准等各类改革文本，向各级党政部门提交研究报告或改革建议；三是走进中小学，深入课堂，与一线教师合作，开展多种形式的专题研究；四是以旁观者的姿态对各种改革的理论基础和实践路径进行诊断、评论，影响改革的舆论和方向。其中第三种是影响基础教育最为直接的途径，也是建构基础教育改革理论的前提所在。因为基础教育改革是一项复杂的系统工程，其复杂性渗透于改革的各个环节，诸如改革背景的认知、改革对象的确认、改革目标的设定、改革策略的选择和改革得失的评判等。而对于各个环节复杂性事实的考察、分析和说明，是改革理论得以建构的基础工程。对于专职科研人员而言，不深入纷繁复杂的改革第一线，其理论必然成为无源之水、无本之木，失去其生命力。因此，那些真正有理想、有担当的理论工作者，都不会满足于"坐而论道"，而是主动地从现实问题出发去探索改革的方式、方法和应对策略，进而构建具有原创性的学术概念和理论框架。

从本质上讲，"理论建构型主体"走进中小学的深层目的是探索改革的基本规律，因而他们所关注的往往是经验的普遍价值，对于具体的改革实践则力求一种"价值无涉"的中立态度。通常认为，"理论建构型主体"喜欢用证据说话，理论抽象水平较高，思维品质倾向于解释、反思和批评。但需要警惕的是，这并不意味着"理论建构型主体"是科学和真理的化身，更不意味着人人都能遵守学术共同体的基本规范。相反，由于受高校学科设置和科研评价制度的"规约"与"诱惑"，不少人会过于看重课题规模的大小、经费支持的力度，轻视"田野研究"的学术价值，以至于常常在一般理论的梳理和国外教育资料的简单译介上"皓首穷经"，忽视甚至遗忘了教育科研的决策价值和实践影响力。另外，在强大的行政压力下，有时还会出现权力影响学术的现象。因而，对于"理论建构型主体"而言，能够摆脱世俗偏见、始终坚持理论联系实际的治学态度和求真务实的科学精神，实属不易。

教育改革需要理想和激情，也需要理性和自觉，更需要"大胆假设，小心求证"。教育科研的实践本性决定"理论建构型主体"需要对政策和实践秉持一种审视和批判的态度，并以构建具有一定政策解释力和实践引领价值的知识体系为重要职责。值得称道的是，20世纪80年代以后，尤其是近20年来，教育科研在教育决策和教育实践之间的纽带、桥梁作用逐渐得到了认同，教育科研"上不着天（政策），下不着地（实践）"的现象得到了很大改观。就教育科研的政策影响力而言，无论是1999年"教育部基础教育课程改革专家工作组"成立，还是2010年组建"国家教育咨询委员会"，或是2011年"国培计划"专家库①出炉，都是从组织制度上认同教育科研的重大

---

① "国培计划"是"中小学教师国家级培训计划"的简称。该计划由教育部、财政部于2010年开始全面实施，主要包括"中小学教师示范性培训项目"和"中西部农村骨干教师培训项目"两项内容，目的在于提高中小学教师特别是农村教师队伍的整体素质。具体内容参见《教育部财政部关于实施"中小学教师国家级培训计划"的通知》。为了保证教师培训质量，教育部委托"国培计划"中小学骨干教师培训项目执行办公室组织开展了专家遴选工作，经过初审、复审和公示等程序，确定了"国培计划"专家库首批人选500人，并于2011年3月正式公布。

举措。至于教育科研的实践影响力，则可由理论工作者的实际行动得到进一步验证。我们看到，近年有一大批高校教师和一些地方教育科研机构中的工作人员，经常深入中小学，开展了一系列改革校园生活、提升课堂教学质量的专题研究，一条专业理论工作者与中小学校长、教师有效合作的改革之路日渐清晰。

三、实践突破型主体：一线的自我超越

任何一项教育改革都是由特定的利益主体发动或赞助，由有特定利益需求的主体去具体执行的。作为推动中国基础教育改革的"有力之士"，"实践突破型主体"主要由身处教育第一线的中小学校长、教师、学生及其父母组成。由于身处教育系统底层，他们不但没有什么决策权，而且常常被视为政策的执行者、改革的实施者甚至是改革的直接对象。但是，校园、课堂是基础教育改革的直接发生地，就实际的教育情境而言，他们却具有行动与否和如何行动的自主权。"上有政策，下有对策"，再好的改革方案，如果得不到他们的理解、认同和支持，如果他们处于消极、被动或者应付、抵触状态的话，也只能是空中楼阁，徒有其名。

教育改革是一件"知易行难"的事情，发现问题、批判问题、说清道理比较容易，而要让教育现状发生实质性转变却非常困难。如果说"政策规划型主体"所推动的多是涉及教育方针、政策、法规、体制层面的宏观改革的话，"实践突破型主体"更习惯于从当下需求出发，进行一些微观的、能够立竿见影的局部突破，改革前一般没有充分的理论准备和详细的行动规划，往往是"摸着石头过河"，甚至是"没有石头也过河"。但是，当水深到一定程度时，早期的热情常常会一落千丈，进而陷入一种欲罢不能、欲进无力的疲软状态。限于工作性质和科研条件，加上对改革成败的反复考量，"实践突破型主体"特别看重改革的时效性、开放性和可操作性。与"政策规划型主体"和"理论建构型主体"相比，"实践突破型主体"最关心改革的风险和后果，也最清楚改革失败意味着什么，因而对各种形式的改革最谨慎，顾虑也最多。

但是，基础教育改革的根本动力在基层，群众基础和实践智慧举足轻重。必须承认，"实践突破型主体"不是政策或理论的"应声虫"，而是身处教育前沿但又不满于教育现状，在日常教育活动中坚持思考、学习和不断超越的一群人。该主体的实际作为主要体现在四个层面。一是由校长牵头开展的学校层面的整体性改革。一个好校长，就是一所好学校。近年来，在校长负责制、教师聘任制、岗位责任制、绩效工资制等制度性改革的基础上，一些有理想有抱负的中小学校长，在校本教研和学校文化建设方面确实取得了不少成效，赢得了很好的社会声望。教育界熟知的有北京的景山学校、上海的育才中学、江苏的洋思中学、山东的杜郎口中学、江西的宁达中学等。二是由广大教师在班级管理和课程、教材、教法层面上开展的改革。传统观点认为，一线教师多按令行事，只管"低头拉车"，很少"抬头看路"。但教育工作是一种"良心活"。从根本上说，改革的种种愿景都需要依赖一线教师来实现，他们的专业素养、改革态度和创造性实践，直接决定着改革的实际成效。三是由学生自主开展的班级、社团以及学习方式层面的改革。学生对课程和学习本质的认识，尤其是对教育之于生命发展和人生幸福的意义的深刻理解，必然引发其在学习态度、学习内容和学习方式上的根本性变革。这主要表现为对死记硬背、题海战术的痛恨，对填鸭式、保姆式教学的厌倦，以及对自主学习、社会实践的极大兴趣。四是由家庭与学校互动开展的教育改革。每个家庭都十分看重子女的教育和成长，家庭在基础教育改革中的作用不可忽视。通过学校教育来引导家庭教育，发挥家庭教育的优势来弥补学校教育的不足，从而使家庭教育更好地支持学校教育，是家校互动的根本意义所在。但是，当"现代私塾"兴起，夏令营、兴趣班火爆，越来越多的中小学生出国上学时，所折射的已不仅仅是教育市场问题，而是学校的办学水平、改革思路和发展方向问题。比较以上四个方面可以发现，"实践突破型主体"的共同旨趣在于改善教育环境和获得更多的教育自由。其中，学生希望改革能够减轻课业负担、丰富校园生活，家长希望改革能够促进孩子的健康成长并为孩子的成功人生增添砝码，教师希望改革能够促进自身专业发展，并为自主性、创造性工作提供保障，校长则希望改革能够使学校工作顺利推进，缓和个人之间、群体之间、组织之间以及组织内部的紧张关系。

　　除了校长、教师、学生、家长外，这里有必要强调基于网络的信息技术在基础教育改革中的巨大潜力。因为它正在深刻地改变着学习方式、师生关系和学校面貌。仅就学习者而言，在一个信息爆炸的时代，一个不善于网络学习的人必定落伍，一个不会通过网络"淘课""蹭课"的学习者也很难变得优秀。因为在信息化社会和知识经济时代，最好的教育是自我教育，最有效的学习是自主学习，而对于自我教育和自主学习而言，书籍是最好的老师，网络是最便捷的渠道。同时，网络信息技术也给教师带来了巨大挑战和发展机遇。仅就正在兴起的网络教学而言，无疑为优秀教师提供了一个展示自我的广阔空间。但是，网络是一个没有围墙的学校，当越来越多的名师课堂向社会公开的时候，一般教师的课堂境遇可想而知。我们清晰地看到，这是一个"一网打尽"的时代，一个"e-learning""e-teaching"渐趋流行的时代。基于网络的学习系统必将覆盖人类生活的方方面面。因此，以校园网为载体，全面整合家庭、学校、社会各方面的教育资源，营造开放式学习环境，迫在眉睫。好在有一些办学条件比较好的中小学，已经开始了以"建设数码社区"为主题的相关探索。

四、商业炒作型主体：市场的利益驱动

基础教育改革是由多元价值主体共同参与的开放性活动，少不了利益的纷争、角逐。作为推动基础教育改革的"有钱之士"，"商业炒作型主体"由视教育为产业，以教育改革为商机，具有市场营销意识的人员组成。[1] 该主体参与教育改革，首先考虑的往往不是改革本身的必要性与可行性，而是改革的投入与产出、成本与收益问题，即改革的资源、经费和实际待遇问题。因为不必直接承担改革的风险和后果，该主体往往并不在意改革的目标、方向和意义，也不关心教育思想的进步和教育实践的完善，最关注的往往是如何赢得政策支持、如何雇用专家学者、如何抢占市场和扩大声誉。尽管"商业炒作型主体"可分解为权力依附型、资金依附型、媒体依附型、学

---

[1]　中共中央、国务院1992年发布的《关于加快发展第三产业的决定》，不但将教育列为"第三产业"，而且将其作为"对国民经济发展具有全局性、先导性影响的基础行业"，教育的经济效益因此而得到了全面彰显。根据该文件，办教育不能过多依赖国家投资，而应依靠社会各方面力量，坚持谁投资、谁所有、谁受益的原则。这样，政府、市场、社会均为合理、合法的办学主体，学校成为独立的法人单位，在教育经费、招生规模、专业设置、分配就业等方面均获得了相对独立性。由于教育具有巨大的利益回报和增值功能，各种社会资本很快渗透到教育中来，教育产品在市场上的份额迅速膨胀。针对"教育产业化"的各种负面作用，尽管理论和舆论上一直批评不断，但目前依然没有能够有效控制的政策和手段。

术依附型、教学依附型等多种类型，但其行为动机大致相同：谋求既有条件下的最大利益，最大限度地提升获取改革利益的合法性、合理性与主动性。

很多时候，商业就是营利、赚钱。教育产业化的历史表明，一旦与金钱挂钩，与商业合谋，各种唯利是图的教育手段便层出不穷。近年来，大家有目共睹的就是各类商业性教育考试、辅导、培训机构的涌现，以及教育行政、督导、评估过程中的寻租现象，而一些出版商在炒作试题、教材、教辅材料方面更是无所不用其极。尤其需要警惕的是，除了教育系统外部的商业炒作外，教育系统内部以牟利为目的的招生、改制、校中校、课外课等，也屡禁不止。其实，在市场主义思维下，个人、财团、广播台、电视台、报社、出版社以及政府、企事业单位等，都可能成为"商业炒作型主体"，如果约束机制不健全的话，各种以教育改革为名义的活动都可能沦为商业牟利的手段。可以说，有些行政部门之所以把持教育资源配置权不放，有些商家之所以热衷于概念炒作并企图垄断市场，有些学术机构之所以弄虚作假、哗众取宠，有些新闻媒体之所以似是而非、立场飘忽，症结均在于特定的利益作怪。或许，在资金不足的情况下，借鉴市场模式办教育有其经济学依据。但是，市场化经营是为了提供更多更好的服务，满足社会日益增长的教育需求。如果单纯以创收为取向"一切向钱看"的话，必然导致教育改革的异化，毁坏教育的公益性、公平性和教育的内在品质。

当然，任何事情都需要辩证地看待。无论是商业还是商业炒作，都有其存在的合理性。为了确认教育市场的合法性，也为了给"商业炒作型主体"的正当行为辩护，这里有必要对多重商业动机中鲜为人知的道德因素做必要的阐释。尊重事实的人都会承认，在林林总总的商业活动中，从来不乏有人抱着服务社会的愿望。尽管商业常常与贪婪、投机关联，但就其整体历史来看，一直有一根道德红线贯串其中，即商业活动的利他性。"商业中存在的利己目标是显而易见的，例如赚取钱财、寻求社会地位、谋取权利等。但是同时，还有许多商界人士在追求可以促进他人利益的目标，诸如很好地为客户服务，生产全世界需求或想要的东西，公平地对待员工，建立可以传承下去的公司以及改善社区条件。几乎每个保持长期成功的事业都是服务自己和服务他人的混合愿望作用的结果。"（戴蒙，2006）[17]正是基于这一事实，以一种积极、阳光的心态来审视教育市场上的种种"炒作"行为，很有必要。

从某种角度讲，教育改革也是一个利益重新分配的过程，不同形态的改革主体之间乃至同一形态的改革主体内部，总是不可避免地存在着利益争夺。现实中，教育改革的动力来自得利者、受益者，而于己无益、无关者，常常持一种旁观、冷漠甚至反对的态度。"使教育改革支持者聚合在一起、联结在一起的主要力量，说到底，是改革这件事本身所可能给支持者带来的各自的利益；而未必是一些改革口号所标示的那些理念与理想，未必是蕴涵于改革之中并通过改革而体现出来的那些基本价值。看到教育改革的社会基础所具有的这种利益联合体性质，辨识教育改革支持者的不同动机，有助于教育改革启动者对改革本身保持一个清醒的头脑。"（吴康宁，2007）因此，对于任何个人、群体和机构而言，在策划和参与一项改革之前，确认究竟为了谁的利益、可能为了谁的利益、应该为了谁的利益，即澄清改革的价值关涉，意义重大。遗憾的是，已有的很多教育改革往往在这方面缺乏深思熟虑，没有处理好究竟是"我改你""你改我"还是"我改我"这些利益关系问题。目前看来，只有建立起规范的教育市场机制，营造民主、公正的改革文化，才可能避免不必要的改革风险，保证各类主体的预期收益，抑制利益过度倾斜现象。

五、社会公益型主体：民间的教育情怀

教育是一项需要全社会参与的公共事业，无论是办学主体还是改革主体，都具有类主体性、群体主体性和个体主体性等多层次、多元化特征。[①]一方面，基础教育、高等教育、职业教育等不同改革主体具有明显的类本质特征；另一方面，基础教育改革主体本身又具有多形态性，且每种形态的主体都既可能是群体也可能是个人。作为推动中国基础教育改革的"有志之

---

① 新中国成立后，办学一度被认为是政府的职能和特殊权力，政府作为唯一办学主体的局面也曾出现过。改革开放之后，随着政策支持力度的不断增强，多层次、多元化的办学主体格局才得以逐步形成。大致历程是：1982 年《中华人民共和国宪法》规定，国家鼓励集体经济组织、国家企业事业组织和其他社会力量依照法律规定举办各种教育事业；1987 年国家教委颁布《关于社会力量办学的若干暂行规定》，并继而印发《社会力量办学财务管理暂行规定》《社会力量办学教学管理暂行规定》和《关于社会力量办学几个问题的通知》等文件；1993 年中共中央、国务院颁布《中国教育改革和发展纲要》，提出改变政府包揽办学的格局，逐步建立以政府办学为主体、社会各界共同办学的体制；1997 年《社会力量办学条例》正式出台，重申"积极鼓励、大力支持、正确引导、加强管理"十六字社会力量办学方针；2002 年《中华人民共和国民办教育促进法》颁布，社会力量办学获得全面、系统的法律保障。

士"，"社会公益型主体"的构成最为复杂，来源渠道最为广泛，成员可能来自政府部门、厂矿企业、科研院所，也可能是社会名流、普通百姓或在校大学生，还可能是港澳台同胞、海外侨胞或外国友人。作为独立于政府部门之外、不以营利为目的的民间改革力量，"社会公益型主体"主要由富有救世理想和乌托邦精神，具有社会责任感和公德心的人组成。己立立人，己达达人。他们因特定的教育理想、教育激情、教育智慧或教育良知聚集起来，试图通过扶贫慈善、支教助学等活动，来表达个人或团体的精神追求。这对于促进基础教育的内涵发展和优化基础教育改革的生态环境无疑具有重要作用。

　　界定和评价不同改革主体时，需要事实判断，也需要价值判断。社会公益活动是公民个人权利意识和社会责任感被唤醒后的自觉自愿行为。从整体上看，自发性、志愿性和草根性是"社会公益型主体"的基本属性。该主体的整体气质在于悲天悯人的教育情怀和知行合一的田野精神，其组织特色和运行机制在于不是因人设事、因人废事，而是以做人做事、成人成事为根本目的。由此，可以将"社会公益型主体"视为一种行事低调的"理想的共同体""事业的共同体"或"价值的共同体"。对于"局外生存"的共同体成员而言，很多项目都是"我"要做的，而非要"我"做的，他们加入公益组织往往是出于个人理想的主动选择。教育不只是一份理智的事业，更是一份信仰的事业。很多时候，正是因为受不了体制内的压抑和束缚，或对于体制改革的现状和前景已经心灰意冷，那些可以施展个人才智和实现个人抱负的体制外平台，那些符合个人志趣而又可以实现公益价值的事业，才对很多志愿者产生了强大的吸引力。而这种多少带有叛逆色彩的心理动机，恰是"社会公益型主体"有担当、有热情和富有凝聚力的关键所在。

　　实践表明，如果行政力量过于强大的话，必然导致教育改革的机械性、封闭性和单一性，教育改革将失去其应有的灵活性、开放性和多样性。不得不承认，历史上有不少教育改革，从酝酿、筹划、决策到运行，往往上级部门轰轰烈烈，而基层单位、一线教师和一些社会组织却处于茫然、被动的状态。但是，基础教育改革绝不可忽视民间的力量和智慧。正如东汉政论家王充所言："知屋漏者在宇下，知政失者在草野，知经误者在诸子。"（《论衡·书解篇》）"社会公益型主体"往往能够看到其他主体看不到的东西，能够做许多"市场不为而政府不能"的事情。提高教育质量和促进教育公平是基础教育改革的两大核心任务。目前，除倡导教育新理念、开发教育资源和促进社会化学习外，"社会公益型主体"的活动空间、工作内容明显地呈现出多元化态势，为基础教育改革提供了不少理论思考和实践案例。仅从"希望工程""春蕾计划""烛光工程"和"中国支教联盟"等第三部门卓有成效的工作便可看出，"社会公益型主体"在扶助弱势群体和推进农村教育发展上具有非常独特的作用。当然，该主体的角色不仅在于补缺补差补漏，更在于必要的干涉、修复和完善，多维度地参与教育创新和社会竞争。我们看到，近些年来社会各界的民主参与意识日趋高涨，民间呼吁改革的声音越来越响，各类公益组织纷纷出场，开始介入政府部门暂时无力顾及的许多领域，诸如偏远地区教育问题、留守和流动儿童教育问题、学前教育和特殊教育问题，以及乡土文化和民族文化的保护等，而且有不少事例借助网络、电视、报纸等新闻媒体得到了广泛传播。

行文至此，五种形态的改革主体逐一得到了比较宽泛的描述和评析，这种"关系主义"的叙事手法所要揭示的本质在于：推动中国基础教育改革的现实主体是一种多形态的差异性存在，而不是一种同质的独立存在。其中，不同形态的基础教育改革主体具有不同的组织形式和组织结构，具有不同的教育立场、话语风格和行动逻辑。同时，多形态主体共存所凸显的是主体利益取向的复杂性和在改革目的、性质、内容、方法、策略上的不一致性。在这种背景下，积极乐观地看，自然生成而又亟待正面塑造的是官员气质、学者气质、平民气质、商人气质、志愿者气质等各具特色的精神风貌和文化心态，而不是一味地批评、指责甚至彻底否定。尤其需要强调的是，结构决定功能，不同结构的改革主体，具有不同的改革效应。一个良性循环、不断创新的教育系统，只有拥有一个结构开放、形态多元的改革共同体，才能在竞争、合作中实现取长补短，发挥异曲同工之作用。也正因为如此，构建平等参与、自主自律、协调共赢的主体格局、伙伴关系和动力运行机制，制约单方利益主体的改革霸权，化解多元利益主体之间的各种冲突，成为当代中国基础教育改革必须面对的重大课题。

第七章　中国基础教育改革的对象与目标

　　中国基础教育改革的对象与目标是内在关联而又相互区别的两个方面。其中，改革的对象是指改革所要针对的"具体问题"，改革的目标是指改革所要达到的"理想状态"，即对"具体问题"的变革程度。改革的对象属于改革所要直面和应对的方面，改革的目标属于改革所要建构和创生的方面。从逻辑上讲，基础教育改革的任何目标都应是针对"具体问题"而言的目标，没有对"具体问题"的洞察和分析，改革必因失去明确的对象而陷入盲目和混乱。

　　中国基础教育改革的"对象与目标"问题，其实就是中国基础教育改革的根本任务问题。但是，在探讨中国基础教育改革的任务时，人们常常忽视甚至混淆了"基础教育的任务"和"基础教育改革的任务"两者之间的关系。事实上，两者尽管紧密关联，但并非一码事。"基础教育的任务"与基础教育的目的、性质、功能有关，"基础教育改革的任务"则与基础教育自身存在的问题和所面临的困境有关。

　　改革总是围绕着特定问题域而展开的改革，没有明确的问题域，改革必然陷入盲目和混乱。基础教育的根本问题在哪里，基础教育改革的对象就在哪里。或者说，认清基础教育改革的对象（即具体问题）是什么，是确立改革内容、方法、步骤与目标的前提，是正确把握改革方向的基本保证。当然，究竟把什么问题作为改革的对象，取决于对基础教育发展现状的整体认识和科学判断。在我们看来，"学生的生存状态""教师的行走方式""学校的发展模式""父母的家教观念""人才的评价制度""教育的研究范式"等六个方面的问题，是当前基础教育最为严重和根本的问题，而且将在相当长的时期内决定中国基础教育改革的目标追求。

一、改变学生的生存状态：以立德树人为视角

就现行的中国教育体制而言，凡是接受过学校教育的人，或者说，凡是与在校师生有过实际交往的人，都很清楚中小学生校园生活的基本状况。正如《国家中长期教育改革和发展规划纲要（2010—2020年)》指出的那样："必须清醒认识到，我国教育还不完全适应国家经济社会发展和人民群众接受良好教育的要求。教育观念相对落后，内容方法比较陈旧，中小学生课业负担过重，素质教育推进困难。"不得不承认，屡遭诟病的"应试教育"现象目前依然普遍存在，中小学生的生存状态确实不容乐观，具体问题涉及心理健康、身体素质、创新精神、实践能力等多个方面。

我国中小学生的生存状态究竟如何？就考察方式和论证方法而言，应首先询问中小学生的看法，其次应该倾听广大一线教师的心声，最后是征求教育学者、教育官员的意见。如果有必要的话，我们还可以呈现一些家长的看法以及基层学校的真实材料。相关问题，不胜枚举。试问，当前有几个家长感受不到孩子的课业负担和升学压力？真正全面落实"素质教育"的学校究竟有几所？可以说，中国中小学生的生存状态堪忧，已众所周知。事实上，近年不但批评"应试教育"的论文、专著层出不穷，有增无减，而且一些纪实性文学作品也纷纷出炉。其中，影响较大的文学作品有杨华团的《重点中学校长》（作家出版社2010年版)、范景宇的《家有中等生》（北京大学出版社2010年版)、李怡心的《一个孩子的呐喊》（广西师范大学出版社2011年版)、何天白的《重点中学》（花山文艺出版社2010年版）等。

事实证明，如果弄不清导致学生现实生存状态的根源，或仅仅在"应试教育"的表面现象上泛泛而谈的话，不但归因方式过于简单，失之偏颇，而且在实践层面上也很难有多少实质性突破。特别要警惕的是，除了以片面追求升学率为典型特征的"应试教育"外，各种违背教育规律的"反教育行为"也时有发生。譬如，无论在学校、家庭还是社会中，目前都明显存在着歧视"后进生"现象。很多学校很随意地将学生分成三六九等，要么以"快出人才""出好人才"为名揠苗助长，过度教育，要么以"因材施教""分层教学"为托词而抛弃、放弃，有意无意地剥夺了很多孩子快乐学习、

自然成长的机会。

那么，如何才能打破"应试教育"向"素质教育"转轨这一僵局，如何才能改变中小学生被动、疲惫的学习状态，让其拥有幸福完整的教育生活呢？2014年，教育部颁布的《关于全面深化课程改革落实立德树人根本任务的意见》提供了比较明确的行动思路和工作目标。就行动思路而言，主要是在突出大课改、大教育理念的前提下，加强统筹规划，加强顶层设计，加强关键领域和主要环节的改革。就工作目标而言，主要有三个方面：一是基本建成高校、中小学各学段上下贯通、有机衔接、相互协调、科学合理的课程教材体系；二是基本确立教育教学主要环节相互配套、协调一致的人才培养体制；三是基本形成多方参与、齐心协力、互相配合的育人工作格局。而这一切的关键环节在于加快研究和推广中国学生发展核心素养体系和学业质量标准，并确保各级各类学校能够从实际情况和学生特点出发，把核心素养和学业质量要求落实到各门学科的教学中去。当然，在专家学者、一线教师、学生父母等不同人的眼里，对于学生生存状态的认识和意欲改变这一生存状态的方式、方法和目标等，具有各自不同的表述方式和具体内容。

二、改变教师的行走方式：以专业发展为视角

无论多么美好的教育改革理想（愿景），如果得不到足够数量的合格教师支持和落实的话，势必会落空。无论教育技术和学校制度如何变迁，教师的专业发展和职业幸福感都是办学质量的重要保障。因为教师的发展直接带动学生的发展，教师的成长直接带动学生的成长，只有教师的专业化水平真正提高了，学生的各种潜能才有可能得到充分的发展。不仅如此，没有教师的快乐和幸福，就不可能有学生的快乐和幸福。现实中，很多学生不快乐、不幸福的一个很重要的原因，就在于他们的教师不快乐、不幸福。因此，完全可以将教师的专业发展和职业幸福指数提升视为改变学生现实生存状态的"阿基米德点"。

但是，促进教师专业发展和职业幸福指数提升的关键，并不在于教龄的延长或学历学位的提升，而在于个人在职业生涯中是否能够主动地对自己的教育教学进行反省和批判，不断更新职业观念并自觉调整自己从业（履职）

的"行走方式"。所谓的"行走方式"，是对教师职业态度和职业行为的一种诗意化表述，它是教师内在素养与外在行为的有机统一，是教师知识结构、能力结构和专业精神的综合体现。为了深入理解教师专业发展的重要意义，这里有必要对"改变行走方式"的基本内涵进行阐释。

首先，教师行走方式的改变，应该体现为教师认知方式和思维习惯的转变。这一点最重要也最难，它是教师行为方式发生变革的先决条件。杜威曾经指出："我们已经习惯了我们所带的锁链，一旦被拿去时我们还会想念它……如果持续提供一些要求机械操作模式而排斥其他的条件，人们的心智就可能对一种常规或机械的程序发展起兴趣来。"（派纳 等，2003）[102]其实，在一个相对封闭、僵化的教育体制下，每个教师都会偏爱基于自身特点的教学行为，而且会逐步固化为一种"程式"或"惯习"。大多数一线教师都有这样的经历：一方面，日积月累的经验能够给自己的工作带来许多方便；另一方面，在实际的教育教学过程中，若仅仅凭借经验或习惯来处理各种事件，往往又问题重重，不尽如人意。正因为如此，自我反思、同伴互助、专家引领，才显得极其重要。

其次，教师行走方式的改变，应该体现为教育技巧的不断积累和教育机智的不断增进。这是每个教师改进日常教育教学的必要条件。这里所谓的教育技巧并不在于能预见每一节课的所有细节，而在于能够根据具体情况灵活自如地做出恰当的应变。正如苏霍姆林斯基所言，"一个好的教师，并不见得能明察秋毫地预见到他的课将如何发展，但是他能够根据课堂本身所提示的学生的思维的逻辑和规律性来选择那唯一必要的途径而走下去。这种教学观点在对少年的教育中具有重大的意义"（苏霍姆林斯基，1981）[87]。关于教育机智，苏联教育家苏纳波林曾经指出，如果教师缺少所谓的教育机智，无论他怎样研究教育理论，都不可能成为一个优秀的实践的教师，而这种所谓的教育机智在本质上不是什么别的东西，无非就是对别人的心灵发挥某种影响的那种心理学层面的见识。令人遗憾的是，现实中，不少一线教师在儿童心理学和学习心理学等方面的知识，都明显薄弱或准备不足。

再次，教师行走方式的改变，应该体现为职业角色的日渐清醒和专业素养的日渐完备。其中，清醒的职业角色是一个教师自觉完成各项具体工作的前提，而完备的专业素养不仅包括精深的专业知识、广博的科学文化基础知识，还应该包括范梅南所强调的若干方面："职业使命感，对儿童的喜爱和关心，高度的责任感，道义上的直觉能力，自我批评的开放性，智慧的成熟性，对儿童主体性的机智的敏感性，阐释的智力，对儿童需求的教育学的理解力，与儿童相处时处理突发事件的果断性，探索世界奥秘的激情，坚定的道德观，对世界的某种洞察力，面对危机时刻乐观向上，最后，幽默和朝气蓬勃也很重要。"（范梅南，2001）[12] 总体看来，这一系列素养可以概括为教育理想、教育激情、教育智慧和教育良知四个方面。其中，教育理想是教师职业的内在动力，教育激情是教师职业的精神风貌，教育智慧是教师职业的创新之本，教育良知是教师职业的道德底线。

最后，教师行走方式的改变，应该体现为基于职业认同和专业发展的日常生活态度和生活方式的重建。众所周知，在应试教育大背景下，不少教师每天都在机械重复或被动应试，以致产生了强烈的职业倦怠感，难以体验教师职业应有的幸福和尊严。"教师工作的时间之长、要求之高、对象之复杂、压力之大，使许多教师产生了倦怠感。这种职业倦怠是应试主义和市场主义合谋的结果，也导致了师生之间、同事之间、生命与知识之间的分离及自我与社会的隔离。"（朱永新，2011a）因此，如何构建一种融教育、教学、科研、学习、交往于一体的新型职业生活方式，唤醒教育理想，激发教育热情，增强幸福体验，一直是基础教育改革的重要议题。对此，《关于全面深化课程改革落实立德树人根本任务的意见》给出的答案是：把社会主义核心价值观纳入教师教育课程体系，融入教师职前培养和准入、职后培训和管理的全过程，强化教师育人能力培养；充分发挥校本教研、区域教研、联片教研、网络教研等多种教研形式在提升教师育人能力中的重要作用。

三、改变学校的发展模式：以文化自觉为视角

根据发展指向和价值定位不同，可以将学校发展分成内涵式发展和外延式发展两种基本模式。其中，内涵式发展模式的着力点在于文化品位、办学思想、教学质量等，而外延式发展模式的着力点则在于学校规模、师生数量、技术装备等硬件设施。从结果来看，外延式发展看重的是考试分数、升学比例等显（硬）性指标，而内涵式发展看重的是学生的创新精神和实践能力等隐（软）性指标。当然，现实中的学校发展并非如此简单，往往可以概括出很多种具体模式。但不管怎样，那些真正成功或卓越的学校，都拥有独

特的发展思路和办学理念，而那些平庸的学校尤其是那些问题重重的学校，往往疲于应付考试、升学，机械地、日复一日地重复着老路。

从新闻效应的角度来看，近年来学界比较推崇的教师优先发展的办学模式，得到了很多基础教育学校的认同和实践。这种"教师优先模式"的逻辑前提是：作为教育工作直接承担者的教师的发展是学校发展的第一要件。其办学的基本思路是：教师发展→学生发展→学校发展。该模式的基本主张是：在办学过程中，如果教师的发展无从谈起的话，学生的发展只能是一厢情愿。因此，积极促进教师专业发展，让教师赢得自己的权利并享有职业成就感，让教师拥有职业尊严，对于整个学校发展而言，举足轻重。至于具体的做法，不同学校各有其侧重点。有的学校侧重于教师的经济待遇，有的学校侧重于教师的进修培训，有的学校侧重于教师的教育科研，不一而足。

另外，近年来还有不少中小学在探索一种开放式、合作式学校发展模式。该模式特别注重个性发展与团队合作之间的关系，一方面重视师生个性发展，反对千篇一律、千人一面，另一方面积极倡导开放、互助与协同进步，推动学校从封闭式模式向开放式模式转变，形成不同层级的共同体。譬如，近年来有不少地方都尝试着将不同区域内的学校组织起来，形成多元的、不同层级的学校联盟。这样，既能在消除地区差异方面发挥作用，又能促进相互理解甚至跨文化交流。除了校际合作办学外，学校内部合作近年来也得到广泛认同，学习共同体建设就是一个典型的例子，其目的是走向一种开放式、合作式办学模式。此类学校在发展过程中，不仅强调向社会开放的自觉意识，还特别重视校内组织与个人之间的开放与合作，诸如教师与教师之间的开放与合作、班级与班级之间的开放与合作，以及不同年级、不同学科、不同教研组之间的开放与合作等。

如果进一步考察的话，可以发现，关于学校发展模式，近年来还有科研兴校、特色兴校等不同提法。但仔细梳理对比后可以发现，诸如此类关于学校发展模式的探索与表述，都没有脱离甚至可以说基本上都是围绕着"文化"而展开的。其中，所谓教师优先模式，聚焦的是以专业素养为指向的教师文化问题；所谓开放式、合作式模式，聚焦的是以共同体为指向的学习文化问题；所谓科研兴校、特色兴校，聚焦的是科研文化、个性文化问题。可见，就学校发展模式而言，目前各界普遍关注的焦点就是文化自觉问题。或者说，积极开展文化建设，发挥学校的文化育人（包括有意识的文化教育与无意识的文化熏陶）功能，已经成为基础教育学校改革与发展的基本价值取向。

在本质上，学校文化就是学校组织成员无意识地分享的深层次的基本假定和信念，它是学校组织成员"理所当然地"看待学校组织及其社会背景的根本依据。正是这些假定和信念决定着学校生活的基本方式。毋庸置疑，学校文化乃彰显学校魅力和办学品位的重要标识。遗憾的是，现实中的不少学校却成了有知识、有考试而没有文化的地方，成了有复制、有模仿而没有思想和创新的文化沙漠。我们知道，学校文化常常被划分为物质文化、制度文化、精神文化和行为文化四大板块。具体而言，一所学校的文化可以是一草一木、一砖一瓦、一桌一凳等硬件设施，即物质文化；也可以是政策文件、规章制度、奖惩条例等书面文字，即制度文化；还可以是校歌、校训、校徽、校志等办学思想，即精神文化；但最难得的是自然淳朴的教风、学风，最为生动的是师生优雅得体的言谈举止和真诚友好的日常交往，即行为文化。毕竟，学校文化不是抽象的教条，而是具体的行动，实践性才是其根本特征。事实上，一所学校的文化主要是通过学校发展过程中不同群体的外在形象、价值观念、思维方式、行为规范及其结果而表现和展示出来的。也正因为如此，当我们评价一所学校的文化时，不但要"听其言"，更要"观其行"。

总之，教育在本质上是一种守护文化、传承文化和创造文化的活动，学校在本质上是一种特殊的文化组织和文化基地。一个具有文化品位的学校，必然是一个有个性、有内涵、有气度、有风范的学校。当然，改变学校的发展模式，最终是为了培养符合现代社会需要的各方面人才，所以人才培养模式改革才是学校改革与发展的首要条件。但是，要培养现代人才，就必须建设现代学校制度，处理好行政与专业、市场与质量之间的关系，不断提高学校自主办学、自主创新的文化活力。尤其需要明确的是，学校文化不是形式主义的繁文缛节，也不是言之无物的华丽辞藻，而是一所学校的办学理念、育人目标和价值追求，且只有被全体成员牢记、领悟和践行，渗透到学校的课程、教学、游戏、庆典、娱乐、交往中去，才可能发挥其"润物无声"的引领作用。按照教育部《关于全面深化课程改革落实立德树人根本任务的意见》的要求，当前学校文化建设的重点在于有机融入社会主义核心价值观的基本内容和要求，全面传承中华优秀传统文化，弘扬社会主义法治精神，充分体现民族特点，培养学生树立远大理想和崇高追求，形成正确的世界观、人生观、价值观。

四、改变父母的家教观念：以家校合作为视角

父母是孩子的第一任教师，家庭是儿童的第一所学校。有人说"一个好父亲胜过一百个校长"，也有人说"一个好母亲比得上一百所学校"。英国教育家斯迈尔斯（S. Smiles）曾经强调："家庭是塑造一个人的品格的第一所而且也是最重要的一所学校。正是在家庭中，每一个人受到他最好的或者是最坏的道德熏陶，因为正是在家庭中他接受了贯穿其一生、直到生命结束才会放弃的行为准则。"（梁克隆，2007）[29]总而言之，家庭是儿童成长过程中一个基本的社会单位，家庭教育状况直接影响着孩子的学校学习状况和人生走向。

良好的家庭教育会为学校教育准备良好的开端，而恶劣的家庭环境则会给未来的学校教育留下一系列隐患。不可否认，中国具有极其丰富且今天依然闪烁着智慧光芒的家教思想和家教传统。但是，从批判性和建设性的角度来看，我们不得不承认，当前不少家长的教育思想和教育行为都经不起推敲和辩驳。尽管不同的研究者由于研究视角和研究方法不同，关于中国家庭教育的"问题清单"和解决方案会有一定差异，但不少家长家教理念陈旧、落后，很多家庭存在着或大或小、或明或暗的教育误区，尤其是缺失一颗养儿育女的"平常心"，却是共识，而前两年炒得异常火热的"虎妈""狼爸"，就是最为典型的例证。① 至于众所周知的电视剧《虎妈猫爸》，则嬉笑怒骂、淋漓尽致地揭示了基础教育面临的深刻危机。

然而，可怜天下父母心！对于负责任的学校教育工作者而言，若对家庭教育问题一味地苛责、批评、埋怨，绝对不是上策，理解、宽容和建设才更

---

① 根据2011年11月15日《扬子晚报》报道，一位叫萧百佑的父亲，他的四个孩子中有三个孩子被北京大学录取。这位父亲的口号是"三天一顿打，孩子进北大"，只要孩子的日常品行、学习成绩不符合他的要求，就会遭到他严厉的体罚，他也因此被称为"中国狼爸"。在"狼爸"萧百佑眼中，"打孩子"不仅是家庭教育中不可缺少的环节，而且是"最精彩的一个部分"。"中国狼爸"很容易让人想起2011年初被热议的"中国虎妈"——耶鲁大学法学院教授蔡美儿。她当时在《华尔街日报》上发表题为《为什么华人母亲更胜一筹》的文章，宣扬华人家庭对子女的严厉管教，使孩子在美国表现更出色，当时不少美国父母为此唏嘘感叹，在反思美式家庭教育的同时对中式家庭教育另眼相看。

加需要。因为在促进未成年人成长方面，学校和家庭是最为重要的两个场所，但又都有各自的优势和局限。就现行的中国教育体制而言，如何才能改变现状，如何才能帮助有困难的父母改善家庭教育？妥善处理家庭与学校之间的关系，优化家校合作，可能是一种比较理想的选择。

一般来讲，发挥家庭教育的优势（生活性、灵活性、启蒙性）来弥补学校教育的不足，通过规范的学校教育来引导（领）家庭教育，从而再利用家庭教育来支持和完善学校教育，是家校合作的根本目的。研究表明，在"学校教育家庭化""家庭教育学校化"这两大趋势下，提倡学生在家上学的"家庭学校"乃至"孟母堂""新私塾"的出现，或者学生寄宿在校、"以校为家"，将属于正常现象。正因为学生的知识增长、人格塑造、情感培养、意志磨炼以及世界观、人生观、价值观的确立，需要家庭和学校积极合作才能实现，家长与教师的关系才应该是同事和伙伴关系，而不是托付与被托付、服务与被服务的功利化、世俗化关系。

在改善家校关系方面，由中国教育学会副会长朱永新教授主持的"新教育实验"，曾经以"优化家校合作"为行动名称进行过积极探索。该项行动的主要做法有：实验学校每学期不但定期召开班级、年级家长会议，而且至少召开一次全校学生家长委员会会议，加强学校与家庭之间的沟通，广泛征求家长的意见、建议，以便获得家庭的信任和支持；学校经常举办面向所有学生家长的培训活动（包括系列讲座、现场咨询等），切实、有效地传播先进的家教理念和家教方法；学校定期举办由家长、学生共同参加的交流、对话、娱乐、学习、旅游等活动，向家长推荐家教类书（报）刊，组织读书会、征文比赛、演讲比赛、座谈会等活动；学校根据学生家长受训成绩、亲子关系等，每学年评选一次先进家长、优秀家庭，并给予物质和精神奖励。当时，该项行动由"新教育实验"课题组与江苏省《莫愁》杂志社联合推进，在不少中小学成立了"莫愁新父母学校"。该项行动最显著的成效是，很多家长和教师认识到，学校应该成为学生、教师、家长共同学习和成长的地方。尤其是很多家长意识到，相对于很多优秀教师，他们更需要学习，学习正确的教育观、儿童观，学会了解孩子、走近孩子，学会与学校沟通和合作。

总之，家庭教育和学校教育不是相互对立的关系，而是相互补充、相互促进的关系。真正可靠的学校教育必须建立在可靠的家庭教育之上，真正有所作为的学校，不会将家长拒之门外，任由他们观望教育、议论教育、指责教育，而是主动将家长请进学校，让他们了解学校、参与教育和教学，将家长从教育的看客整编为学校的同盟军，让家庭成为学校开发课程资源和完善教育教学的得力渠道。在这方面，《关于全面深化课程改革落实立德树人根本任务的意见》明确要求，学校要建立健全中小学家长委员会制度，加强家长学校建设，推动家长转变教育观念，树立良好家风，提高家庭教育水平，形成家校育人合力。

五、改变人才的评价制度：以完善高考为视角

培养什么人才？怎么培养人才？这是教育的两个根本问题，它们的合理解决，与人才评价制度（包括评价主体、评价对象、评价标准、评价手段、评价内容、评价目的等）有直接关系。科学的人才评价制度是基础教育健康发展的重要杠杆；没有科学的人才评价制度，就不可能有健全的基础教育运行机制。事实上，基础教育的很多问题都可以从评价与考试制度尤其是高校招生制度中找到原因。

就现实而言，我国中小学评价与考试制度一直过于强调甄别与选拔功能，忽视改进与激励功能；一直过于注重考试分数，忽视学生的全面发展和个体差异；一直过于关注结果而忽视过程，评价方法单一。这种急功近利的评价与考试制度，严重忽视学生的主体性、主动性和个体差异性，在相当大的程度上扼杀了广大一线教师的工作积极性和创造性。正是在这种背景下，教育部于1999年下发了《关于进一步深化普通高等学校招生考试制度改革的意见》，于2002年下发了《关于积极推进中小学评价与考试制度改革的通知》，于2005年下发了《关于基础教育课程改革实验区初中毕业考试与普通高中招生制度改革的指导意见》，于2008年下发了《关于普通高中新课程省份深化高校招生考试改革的指导意见》。在过去的十多年里，这几个文件成为中小学评价制度与考试制度改革的纲领性文件，为教育评价制度改革尤其是中小学考试升学制度改革提供了非常有力的政策依据。但我们必须认识到，政策归政策，实践归实践，政策一套，实践另一套，往往成为基础教育的常态。"分分分，学生的命根；考考考，老师的法宝。"客观地说，应试教育如今在很多中小学依然非常普遍，唯分数论、唯升学论在很多地区依然盛

行。行政部门用分数和升学率来评价学校，家长用分数和升学率来选择学校，校长用分数和升学率来评价教师，教师用分数和升学率来评价学生，在很多地方司空见惯、不足为怪。特别令人悲哀的是，这种与教育的根本精神背道而驰的评价理念，竟然在很多教育工作者的头脑中根深蒂固、牢不可破，甚至很多时候被视为合情合法、理所当然。

众所周知，高考制度自 1977 年恢复以来，在科目设置、考试内容、考试形式、考生信息管理、招生录取办法等方面都经历了一系列的改革。这些改革确实为高等学校科学、合理、有效地选拔人才，为引导中小学全面贯彻国家教育方针，为考生提供相对公正、公平、公开的竞争方式创造了良好的条件。但由于多种原因，作为大学与中学之间的桥梁，高考的改革依然面临着诸多难题。（1）难以选拔专才。高考制度的优点是公平，但其往往无法考察考生的个性和专长，选择专才、偏才面临诸多难题。（2）难以全面考测能力。高考是维护社会公平公正的重要手段，高考命题特别强调命制标准化的客观试题，但客观试题往往以考测知识为主，主观试题则可以更多地考测学生的能力，在考测能力与客观公正之间寻求一个平衡点，绝非易事。（3）受到人情文化影响。统一高考、分数面前人人平等的优点是唯才是举、客观公正，但在推行高考保送（推荐）生制度的过程中，由于缺乏客观标准，在讲人情、重面子、走关系的文化背景下，"荐良不荐优""推劣不推良""送官不送民"等现象时有发生。（4）难以兼顾区域公平。高考特别强调机会平等，但由于历史、文化、政治等原因，目前不同区域之间（包括东部与西部之间、城乡之间）的教育水平尚存在较大差异。当然，高考改革的难题远不只这些，还有如何坚持政府的宏观指导与调控，如何发挥社会各方面的有效监督作用，如何保证高校在自主招生中的自我约束，如何完善国家统一考试与多元化考试评价和多样化选拔录取相结合的高考制度，等等。

特别需要强调的是，高考是一种选拔性考试，也是一种导向性考试。从主观上看，高考的目的在于为高等学校招生服务，即为高等学校选拔合适的新生提供可靠依据。考试是手段，招生是目的。从客观上看，高考直接决定着基础教育发展的基本方向，直接影响到基础教育改革的方方面面。现实中，高考竞争越激烈，它对中小学的牵制力就越大。而高考的牵制力越大，基础教育各项活动以高考为中心的特征就越显著，高考对基础教育培养目标和人才规格的影响也就越深刻。实践证明，学生只为高考（科目）而学或只为会考（科目）而学的现象普遍存在。无论素质教育宣传和实施力度有多大，如果不能保证较高的升学率，必然遭遇强大的社会压力。可以说，只要高等教育机会有限，只要高考具有一定的淘汰率，"考什么教什么"必然成为基础教育阶段学校办学的一个重要取向。因此，改变片面追求升学率的现象，减轻学生课业负担，纠正文理偏科，扭转学生无个性、学校无特色的局面，关键就在于改革高考。而且，无论是内容改革还是形式改革，只有使高考的选拔标准与基础教育的培养目标吻合起来，高考的评价功能才可能得到最大限度的发挥。

总体而言，高考改革最为重要的是坚持有助于高等学校选拔人才、有助于中学实施素质教育、有助于高等学校扩大办学自主权三项基本原则。值得称道的是，继教育部发布《关于全面深化课程改革落实立德树人根本任务的意见》之后，国务院2014年9月发布了《关于深化考试招生制度改革的实施意见》，同年12月，《教育部关于普通高中学业水平考试的实施意见》《教育部关于加强和改进普通高中学生综合素质评价的意见》《教育部国家民委公安部国家体育总局中国科学技术协会关于进一步减少和规范高考加分项目和分值的意见》《教育部关于进一步完善和规范高校自主招生试点工作的意见》相继出台。这一系列政策文件将对我国高考改革，并进而对整个基础教育改革发挥重要的规范和指导作用。

六、改变教育的研究范式：以理性交往为视角

教育研究范式的变革，不仅意味着研究主体自身研究视域、研究方法、研究取向的更新，还意味着研究主体自身结构和交往关系的重建。作为一种特殊的实践活动，任何教育研究都是在特定的交往框架内展开的。在我们看来，以"教育理论主体与教育实践主体的理性交往"为视角，是探究教育研究范式变革的一种较为理想可靠的选择。因为不同教育研究范式之间具有对立性、差异性，也具有兼容性和互补性。真正理想的教育研究范式应该是教育理论主体与教育实践主体共同认可并能促进两者交往的范式。我们不应该因为自身位置不同而简单地否定一种教育研究范式，或盲目地推崇另一种教育研究范式。

首先，教育研究不是书斋中的"拍脑袋"，也不是所谓的"摸着石头过

河"。一方面，教育研究的学术生命力来源于鲜活的教育实践活动，教育研究者只有深度介入教育现场才能获得真实的教育体验；另一方面，教育实践活动本身也应该彰显科学精神，没有理论支撑的教育实践肯定是值得怀疑和批判的。因此，教育理论主体与教育实践主体只有借助合理的交往方式和真实有效的合作模式，才能在互动中获得理论和实践的双重提升。否则，任何一方的发展都可能走向变态、畸形，各种教育理想也必然落空或流于形式。这是教育实验改革史一再验证的道理。

其次，教育研究的重要功能就是获取关于教育改革与发展的系统性知识，以便帮助一线工作者全面地认识教育，进一步完善教育规划和教育实践。可以说，为了实践，深入实践，在实践中检验和修正，是教育理论发挥其实践价值并得以不断发展的基本路线。但是，教育理论工作者如何才能深度介入教育的实际问题呢？教育实践工作者真的能够主动接受理论指导吗？教育理论与教育实践的交会点在哪里呢？我们发现，20 世纪 90 年代以来，尤其是随着基础教育课程改革的不断推进，教育研究出现了一种明显的实践转向，即由教育基本理论研究转向了教师教育研究、学校改革研究和教育政策法规研究，由教育学的学科体系研究转向了对特定教育情境、特定教育事件等具体问题的研究，由教育与人的发展、教育与社会发展等普遍性问题研究转向了对教育生活价值秩序的重构和基于个体生命体验的叙事研究。教育研究的这种实践转向，直接影响到教育研究主体的内部结构、生存方式以及教育研究的科学化和民主化。

最后，随着各级各类教育实验改革的不断开展，尤其是在"到中小学去做教育科研"这一理念鼓动下，越来越多的理论研究工作者开始以多种形式介入到校园生活中来。近年来，一轮又一轮培训、讲座闪亮登场，一场又一场报告会、观摩会、研讨会被隆重推出，行动研究、质的研究、扎根研究等研究方法纷纷出场，以一线实践工作者为研究主体、以直接解决教育活动中的现实问题为研究目的的校本教研也轰轰烈烈地开展了起来，以至于教育研究与学校改革呈现出一派繁花似锦的局面。"从总体上来说，这是相当可喜的事情，因为它标志着我国基础教育改革正在从不同方面孕育着新的突破，也体现了基础教育理论和实践工作者们可贵的实验精神和革新精神。"（石中英，2002）但是，真正介入到一个个具体事件中的人们会发现，一切并不如想象的那般喜人。忠于事实的人都不得不承认，理论主体和实践主体在享受集体合作、协同攻关过程中的理论与实践互动、互生、互补的价值与意义的同时，也越来越深刻地感受到许多教育实验改革的浮躁、虚化，以及教育研究与教育实践之间的隔离、紧张和对抗关系。实际上，种种以教育改革为旗号的研究与实验，往往难逃市场化的思维方式。不得不承认，没有法制规约的教育现场，往往会受到一些市场主义办学思想的影响，不但会增加学校、家庭的经济负担，更会增加孩子的思想压力和学业负担。正是在这种众声喧哗话改革，各种改革姿态、心态并存的境况下，教研过程中的伦理问题日渐凸显。教育研究者为何介入、怎样介入，又该在多大程度上介入教育现场，成为一个仁者见仁、智者见智的现实问题。而这一现实问题本身，则孕育着教育研究范式的创新和突破。

教育部《关于全面深化课程改革落实立德树人根本任务的意见》特别强调，地方各级教育行政部门要建立健全中小学教学指导专业组织，聘请有关专家学者共同参与教学研究与指导，要创新管理机制，支持和鼓励学校聘用社会专业人士担任兼职教师或来校挂职。可以预言，在"教育研究实践化"和"教育实践理论化"这一教育改革大背景下，一方面，教育理论主体积极寻求走入实践的可行性路径，教育实践主体自觉、不自觉地研究和选择教育理论，这些必然会成为促进教育改革与发展的强大动力；另一方面，理论主体与实践主体在走近彼此的过程中，又必然会暴露自身的偏执与时代缺陷。这时，如何对传统教育科研的价值取向及相应的思维方式和行为方式进行批判，如何构建先进的教育科研文化和科研范式便进入了议事日程。在先进的文化和范式生成之前，理论主体专业自律精神的不断强化与实践主体职业理想、信念的确立，直接决定着两者的交往状态和伦理关系。概言之，不同主体在现实交往中的矛盾与问题，只能依赖主体自身素质的不断提升来克服。而在这一提升的过程中，将有更多的目光聚焦于理论主体的研究旨趣、个人品格、学术责任与交往能力，而不是所谓的教育制度与环境。毕竟，制度与环境是教条而僵化的，是人为的结果，而人本身则是活泼、主动和富有智慧的，具有对制度和环境的批判性、超越性和改造能力。

教学是学校工作的中心，是基础教育的中心，是基础教育改革话题的中心。就"教"与"学"的关系而言，当前大致存在着"少教多学""先学后教""以学定教""教学合一""教学相长"五种比较理想的范型。其中，"少教多学"主要表征为一种批判"多教少学"的有效教学理念；"先学后教"主要表征为一种突破"先教后学"的课堂教学模式；"以学定教"主要表征为一种反驳"以教定学"的教学活动逻辑；"教学合一"主要表征为一种针对"教学分离"的教学协同意识；"教学相长"主要表征为一种超越"教学互损"的教师职业境界。探讨这五种关系范型的理论价值在于，构建一个关于中国基础教育教学改革的总体认知框架。

"教"与"学"的关系问题是教学论的根本问题。但在这个根本问题上，常常出现片面性或绝对化理解，在实际教学中常常出现从一个极端走向另一个极端的现象。令人欣喜的是，在我国基础教育领域，历经十余年课改，人们对于"教"与"学"的关系的认识取得了很大进展，大致形成了以"少教多学""先学后教""以学定教""教学合一""教学相长"为主题词的改革话语。整体上看，这五个比较流行的词语，基本描述、涵盖了当下较为理想的教学关系范型。同时令人遗憾的是，更为细致的理论和实践考察发现，"耳熟"未必"能详"，口头上流行未必行动上执行，有时执行了又未必取得实质性成果。在笔者看来，导致如此局面的根本原因在于，很多人没有真正把握这五个词语的来龙去脉和核心精神。

一、少教多学：批判"多教少学"的有效教学理念

作为一个教改理念，"少教多学"的成型和传播是 21 世纪的事情。据笔者考证，"少教多学"最早见诸《呼伦贝尔学院学报》2001 年第 4 期上的《论"少教多学"》一文。何谓"少教多学"？作者寇平平认为，作为一种教学策略，少教多学首先要充分体现学生的主体地位，其次要注意发挥教师的主导作用，再次要在教学中大力倡导"学导式"教学模式，最后要处理好教师的教与学生的学在数量上的比例关系，把教学的大部分时间用于学生的学。如何实施"少教多学"？该文指出，一是要把"讲堂"变为"学堂"，只有教师少教，学生才能多学；二是"少教"要教到点子上，"少教"不是让教师降低教学的标准和要求，而是要求教师提高教学效率；三是"多学"要教学生学会学习，要特别注意培养学生既爱学习又会学习的品质。整体上看，《论"少教多学"》一文，意在从"教学策略"和"学会学习"两个维度阐释"少教多学"的内在意蕴，而且核心观点就是：教学过程中教师应创造条件，为学生多提供自学的时间，教学生掌握自学的方法，培养学生的自学能力。

除《论"少教多学"》外，肖开选、范斌、周艺娟联名在《考试周刊》2007 年第 48 期上发表的《智慧不能言传——少教而多学教学观之我见》，当属另一篇较早正式论述"少教多学"的文章。该文认为，要发展学生的智慧，教师在教学中要尽量少教而引导学生主动多学。所谓"少教"，就是教师应该是组织者、引导者，不要事事全包，讲要讲在关键处，该讲的要讲深讲透，使学生理解知识的来龙去脉，而学生通过一定的努力自己能理解、掌握的要尽量少讲、不讲。所谓"多学"，是指学生在教师的精心引导下，对所学内容产生浓厚的兴趣，积极、主动地发现、探究，从而学会学习。为此，该文还提出了"少教多学"的四个策略：一是利用丰富而合适的知识内容作为载体，激发学生学习兴趣；二是加强学习方法的指导，让学生学会学习；三是搭建教学支架，创设学生主动学习的平台；四是有针对性地采用多种有效的教学方式。

进一步的文献检索发现，"少教多学"这一概念出场并得以流传开来，与学界对新加坡"少教多学"（Teach Less，Learn More—TLLM）教育改革项目的译介有直接关系。相关论文主要有《"少教多学"——新加坡教育改革新视角》《新加坡"少教多学"教学理念的启示》《素质教育改革：从量到质的转变——谈新加坡"少教多学"教育改革》《新加坡"少教多学"教育改革及其启示》《新加坡倡导"少教多学"教育理念》等。这些文章发表后，立即被很多教育网站转载，并得到不少学者及一线教师的响应，"少教多学"随之成为教改中的一个高频词，其内涵和外延也因而得到了更为全面的阐发。

其实，真正伟大的教育思想总是超越时代和疆界的。通过比较可知，无论是作为一种教学策略还是一种教改理念，"少教多学"的生成与发展都是一个本土和外域的双向建构过程。就其核心精神而言，古今中外的教育家都有过大同小异的论述。譬如，在《大教学论》一书中，捷克教育家夸美纽斯就曾承诺过"一种伟大的教学法"——将一切事物教给一切人的无所不包的艺术，其主要目的就是"使教员可以少教，学生可以多学，使学校可以成为更少喧闹、更少令人厌恶的事、更少无效的劳作，而有更多闲逸、更多乐趣和扎实进步的场所"（夸美纽斯，2006）[6]。又如，《学会生存——教育世界的今天和明天》一书指出："教师的职责现在已经越来越少地传递知识，而越来越多地激励思考；除了他的正式职能之外，他将越来越成为一位顾问，一位交换意见的参加者，一位帮助发现矛盾论点而不是拿出现成真理的人。他必须集中更多的时间和精力去从事那些有效果的和有创造性的活动：互相影响、讨论、激励、了解、鼓舞。"（联合国教科文组织国际教育发展委员会，1996）[108]再如，《礼记·学记》强调："善歌者使人继其声；善教者使人继其志。其言也，约而达，微而臧，罕譬而喻，可谓继志矣"；"故君子之教喻也，道而弗牵，强而弗抑，开而弗达。道而弗牵则和，强而弗抑则易，开而弗达则思。和易以思，可谓善喻矣"。这一系列论述，无不表达着一种"少教多学"的有效教学理念。

总之，有效性是任何教育教学改革都无法越过的主题。甚至可以说，现代学校和班级授课制的出现，正是追求教育教学有效性的必然结果。其中，"少教"追求的是效率，注重的是教的质量而非数量。而"多学"追求的则是效果，注重的是对知识理解的深度以及由此所形成的想象力、创造力和解决问题的实际能力。授之以鱼，不如授之以渔。但现实中，仍然有不少人没有意识到，他们所信奉的"少教少学""多教多学"，其实是一种假象，很多时候纯属一厢情愿。对于学生本人而言，勤能补拙，但对于教师而言，多教未必能让学生多学，往往适得其反。甚至可以说，"多教"很多时候都是低效、无效甚至是负效的，跟"揠苗助长"没有什么差别。尤其需要警惕的是，当下"学前教育小学化""小学教育中学化"等"赢在起跑线上"的超前、超量、重复教育以及重智轻德现象，比传统意义上的"满堂灌""填鸭式"教学有过之而无不及，后果更为严重。

二、先学后教：突破"先教后学"的课堂教学模式

在实际的课堂教学中，以"教"与"学"的活动秩序为视角，可以划分出"先教后学"和"先学后教"两种模式。其中，传统的"先教后学"模式是一种"传递—接受式"教学，而现代的"先学后教"模式则是一种"指导—自主式"教学。"师者，所以传道授业解惑也。"正因为"学"对于"教"有依赖性，"先教后学"模式（表征为"组织教学—检查复习—讲授新课—巩固复习—布置作业"五段式教学）才会深入人心，以至根深蒂固。但是，这一模式对于学生独立性、自主性的漠视，以及由此产生的种种恶果，有目共睹。其中，教师居高临下，学生亦步亦趋，以致"上课记笔记—下课背笔记—考试考笔记—考后全忘记"成为比较典型的现象。

与"少教多学"类似，在日常教学改革话语中，"先学后教"往往也被当作一个不言而喻、不证自明的概念。如果说"少教多学"强调的是教学效率、教学效果的话，"先学后教"强调的则是一种自我导向型学习形式。如果将"少教多学"理解为"精讲多练""举一反三"的话，"先学后教"则表征为"先练后讲""以学定教"。据笔者考证，作为一个独立概念，"先学后教"最早在"尝试教学法"教改实验中被提出并不断得到阐释，再经江苏省洋思中学、东庐中学以及山东省杜郎口中学的大规模实践后，才作为一种典型的课堂教学模式而出名，并逐渐演化出"先学后教，分层推进""先学后教，作业前移""先学后教，以教促学""先学后教，超前断后""先学

后教，反馈矫正"等多种变式（张荣伟，2010）[97-104]。

其中，由邱学华倡导的以"先练后讲，先试后导"为核心的"尝试教学法"实验，始于20世纪70年代末，该实验的目的在于培养学生的自主意识、探索意识和创新意识。实验证明，"尝试教学法"花时少、效果好，有利于提高课堂教学效率，减轻课外作业负担。尝试教学理论的实质就是创设一定的教学条件，让学生在尝试中学习，在尝试中取得成功。它改变了传统的教学模式，不再是先由教师讲解，把什么都讲清楚了，学生再做练习，而是先由教师提出问题，学生在旧知识的基础上自学课本和互相讨论，通过尝试练习去初步解决问题，最后教师根据学生尝试练习中的难点和教材的重点，有针对性地进行讲解。"尝试教学法"的基本假设是：学生能尝试，尝试能成功，成功能创新（邱学华，2001）。

1981年开始正式招生的江苏省泰兴市洋思中学，在"没有教不好的学生"这一办学理念指导下，逐步形成了"先学后教，当堂训练"教学模式。该校倡导"教是为了不教"，教师讲课时间一般不超过10分钟，有的只有4—5分钟。同时，将"堂堂清、日日清、周周清、月月清"作为减负的根本保证。在教学过程中，该校主张"学生为主体，教师为主导"：学生能够自己发现的问题，让他们自己去发现；学生能够自己解决的问题，让他们自己去解决；学生不能发现和解决的问题，教师引导和帮助他们去发现和解决。洋思模式的秘诀是：课堂上必须让学生先学；教师在充分了解学情的基础上施教，有问题则多讲，无问题则少讲，甚至不讲；在"先学"和"后教"的基础上，再进行有针对性的巩固、深化、迁移、训练（秦培元，刘金玉，2011）。可见，洋思模式的实质就是充分调动学生的学习兴趣，激发其学习潜能，让学生在真正动脑、动手、动口、动心的基础上，实现自主探索、自主建构和自主发展。

东庐中学是江苏省溧水县的一所乡镇初级中学。该校从1999年开始学习洋思模式，逐步摸索出一条以"讲学稿"为载体的教改新路。所谓"讲学稿"，集教案、学案、作业、测试卷于一体，是学科教学中师生共用的文本。"讲学稿"的设计，特别关注学生学习的过程及有效性，特别关注教师教学的针对性和课堂上师生的互动性。设计"讲学稿"的主要目的是给学生提供一根"拐杖"，让学生尝试自学。因此，对教师而言，不但要了解学生的学习意向、学习兴趣和主要困难，而且要吃透教材的编写意图、知识结构，以及对不同层次学生的学习要求。对于学生而言，课前要根据"讲学稿"认真预习、自学，把握重难点，课中要及时记录学到的新知识、新内容和有关心得，课后要定期将各科"讲学稿"进行归类整理，装订成册。目前，东庐中学的"讲学稿"已闻名全国，不仅在各地初中推广，很多高中、小学也在试行，不同形式的"讲学稿""导学稿""导学案"纷纷出炉。

山东省茌平县的杜郎口中学，当下俨然成为中国基础教育改革的"圣地"。该校教改的精髓体现在最大限度地把课堂还给学生。从1998年起，该校的课堂评价就定位在"不看教师看学生，不看教师讲得多么精彩，而是看学生学得是否主动"。该校教室里没有讲台，除了一面有玻璃窗的墙外，其余三面上都是黑板。师生合作、小组学习成为课堂教学的主要组织形式，讨论法成为广大师生一致认可的学习方式。在一节课的45分钟内，教师讲课时间不超过10分钟，其余时间全由学生自己主宰，教师所承担的任务是启发、引导。杜郎口教改模式被概括为"三三六"自主学习模式。其中，第一个"三"指的是课堂教学的三个追求，即立体式、大容量、快节奏；第二个"三"指的是"预习—展示—反馈"三个环节；"六"是指六个教学步骤，即预习交流、明确目标、分组合作、展现提升、穿插巩固、达标测评（茅卫东，李炳亭，2006）。

此处之所以探讨"尝试教学法"以及洋思中学、东庐中学、杜郎口中学的教改实况，目的在于揭示"先学后教"的核心精神以及突破"先教后学"模式的多种可能路径。从根本上讲，"先学后教"的主要目的在于培养创新精神和实践能力，使学生爱学、勤学、会学，因而特别强调自学、启发、对话，反对直接告知答案。但需要注意的是，"先学"不是无方向、无目标的"先学"，而是有目的、有计划、有指导的"先学"。相比较来看，"先教后学"的缺陷是教师包办代替、一教到底，学生一旦离开教师往往不知所措。而"先学后教"则将"教"变成了"导"，强调在充分了解学生、教材的基础上，从学生的角度设计教学、开展教学。其优点是遵循个体认知规律，关注过程和方法，关注对话和引导，教师讲得少而学生体验多、收获多。"先学后教"课堂教学改革的实践证明：最理想的教育是自我教育，最有效的学习是自主学习。

三、以学定教：反驳"以教定学"的教学活动逻辑

"以学定教"这一词语，最早见于杨福海 1994 年在《课程·教材·教法》上发表的《重视学法指导，切实提高学法指导的实效性》一文。作者在探讨"学法指导"时，提出了"以学定教"的论点，但没有对概念本身进行解说。同年，李其华在《内蒙古教育》上发表的《以学为轴，认真备课》一文，则从"备课"的角度阐释了"以学定教"的可能意义："教师与学生是教学中矛盾的两个方面，两者都是备课的重点，教师应该充分地研究自己，找出与学生的内在联系，以教引学，以学定教。不断否定自己，不断超越自己，不断扬弃自己。让教师的主导作用与学生的主体作用统一在'教'与'学'的矛盾中，达到预期的备课效果。"

时隔 3 年，韦国锋在《广西教育》1997 年第 3 期上发表了《以学定教——凸显主体的课堂教学思想》一文。文章开篇即对"以学定教"进行了界说："以学生的身心发展素质为基础，以科学的学习规律为依据，以科学的学习方法为纲要，以发展思维、提高学习能力为主线，以素质充分发展为目标，以高效的学习思路为设计蓝图，遵循相应的教学原则，让学生在积极主动的学习活动中，建立合理的知识结构，获得科学高效的学习方法，形成较强的学习能力，养成良好的思维品质，身心素质和谐发展。"这算是对"以学定教"的最早阐释。文中还提出了"以学定教"的四大教学原则：学路优先原则、学法优先原则、能力优先原则、思维主线原则。此文发表十年后，韦国锋又在《基础教育研究》2007 年第 12 期上发表了《"以学定教"的十年研究》一文，对"以学定教"的理论演化和实践探索进行了比较系统的回顾和梳理。作者通过中国知网数据库对"以学定教"文献（1997—2005 年）进行统计后慨叹："提及'以学定教'的文章数量不少，但以'以学定教'作为标题或关键词的文章却不多。绝大多数文章是学科教学中的方法层面上的'以学定教'，理论研究几乎仅限于笔者 1997 年的那篇文章。"

如此"慨叹"，基本属实却也值得反思和深究。为了把握"以学定教"

在不同语境下的基本内涵，笔者专门对 2005—2012 年的相关文献进行了检索和分析，发现目前依然缺乏关于"以学定教"的本体性、学理性研究，研究者大都将其作为一个自明的、想当然的教改理念或教学原则在使用。仔细想来，这也不足为怪，因为大道至简，真正富有生命力的教育格言、成语、警句等，总是能够删繁就简、以一驭万，于简单、朴素中把握复杂而深奥的道理。"以学定教"之所以能够为众多教育者心悦诚服地接受，其魅力就在于它非常精辟地概括了一种比较理想的教学活动逻辑，具有启迪、鼓舞和警示作用。这里，所谓"教学活动逻辑"，即教学发生、发展必须遵循的基本原则、内在规律。实践证明，凡违背"以学定教"这一活动逻辑的教学行为，必然因为问题重重而无法实现其应有功能。仅从本章一、二两部分来看，无论是"少教多学"还是"先学后教"，其实都显示出对于"学"的关注，以及教学重心由"教"向"学"的位移。而这种"关注""位移"的根本依据就是"以学定教"这一教学活动逻辑。或者说，无论是"先学后教"还是"少教多学"，都认同和遵从"以学定教"这一前提预设，都将"以学定教"作为理论和实践的逻辑起点。

其实，"以学定教"的基本精神就是从"以教为中心"转向"以学为中心"，实现有效教学。所强调的就是教师的"教"必须指向学生的"学"，落脚到学生的"学"，促进学生的"学"。显然，这种"生本论""学本论"的教学改革思想的根本旨趣就是"因材施教"。从理论上讲，在"教"与"学"这对矛盾中，学生的"学"是矛盾的主要方面，教师的"教"是矛盾的次要方面。因此，"学"制约着"教"，"教"要服从于"学"，主动适应"学"。毕竟，"教"只是手段，"学"才是目的。但遗憾的是，现实中的很多教学活动，并没有按"以学定教"逻辑行事，而是按照老套的"以教定学"在运作，师讲生听、师问生答、师写生抄，明显地呈现出教师中心、教材中心、课堂中心的特点，以至于教师教什么，学生便学什么，教师教多少，学生便学多少，教师怎么教，学生便怎么学。长此以往，何谈自主学习、合作学习与探究学习？何谈学生的主体性、能动性和创造性？

可以说，以"教"与"学"的关系为视角，最容易看出现行教学的种种弊端，也最容易发现现代教育的真正误区。其实，教学改革的过程就是一个不断激发潜能、促进和完善"学习"的过程。从支配与被支配的关系上看，我们完全可以将"学"视为教学的主轴，将"教"视为辅助性、支持性、配合性的活动。正因为教师的"教"是为了学生的"学"，一切教学目标的设计、教学策略的选择、教学方法和手段的运用、教学评价标准的制定等，都应该有利于学生的"学"，都应该为学生学有所得服务。同样，教师就不应充当导演的角色，而应成为学习情境的创造者、组织者，成为学生学习活动的参与者、促进者。正如《学会生存——教育世界的今天和明天》一书所言："我们应使学习者成为教育活动的中心；随着他的成熟程度允许他有越来越大的自由；由他自己决定他要学习什么，他要如何学习以及在什么地方学习与受训。这应成为一条原则。"（联合国教科文组织国际教育发展委员会，1996）[263]

总之，学生的身心发展规律（认知规律和心理特征）和实际学习情况（学习内容、学习基础、学习习惯），直接决定着教师的教学内容、教学策略和教学组织形式。"以学定教"就是要根据学的方式决定教的方式，根据学的内容决定教的内容，根据学的进度决定教的进度。或者说，一切教学活动，只有从学生的实际情况出发，把"教"建立在"学"的基础上，把教师的"教"和学生的"学"有机地结合起来，才能取得预期的教学效果，才能真正促进学生的健康发展。真正有效的教学，不但要备教材、备教法，更要备学生。真正理想的教育，不但强调个性发展，更注重有针对性的个别化教学。

当然，这里需要补充说明的是，"以学定教"并不是要教师亦步亦趋、撒手不管，绝对地服从学生，而是强调要根据学习的主体特征、实际内容、具体目标等各方面情况有针对性地组织和实施教学。"以学定教"主张把学习主动权还给学生的时候，并不否定教师在学生有效学习过程中的引领和指导作用。"假如一个孩子放任自流地窥视世界而又不思考它的道理，摸索着前进，发现了支离破碎的知识而不得其解，必然错上加错，日渐沉沦；相反，一个在襁褓之中就被引向安全之路的孩子将会愉快地成长，对真理愈来愈明。"（裴斯泰洛齐，2001）[162]这是不争的事实。就其本质而言，"以学定教"要求教师用最谨慎、最可靠的方法帮助学生获得最可靠、最确定的知识，而不是消极被动、无所作为。

四、教学合一：针对"教学分离"的教学协同意识

"教学合一"这一概念，最早由我国著名教育家陶行知于1919年2月24日在《时报·教育周刊·世界教育新思潮》第1号上提出，后来在不断阐释和实践的基础上，上升为"教学做合一"，与"生活即教育""社会即学校"等观点一起，成为"生活教育"的重要原则。

针对当时学校"重教太过""教学分离"的现象，陶行知在《教学合一》一文中批评道："学校里的学生除了受教之外，也没有别的功课。先生只管教，学生只管受教，好像是学的事体，都被教的事体打消掉了。论起名字来，居然是学校；讲起实在来，却又像教校。这都是因为重教太过，所以不知不觉的就将他和学分离了。然而教学两者，实在是不能分离的，实在是应当合一的。"（陶行知，1991）[21]为此，他提出了"教学合一"的三项理由：第一，"先生的责任不在教，而在教学，而在教学生学"；第二，"教的法子必须根据于学的法子"；第三，"先生不但要拿他教的法子和学生学的法子联络，并须和他自己的学问联络起来"。（陶行知，1991）[22-23]相比较来看，第一项和第二项要求所强调的是教师的"教"与学生的"学"应该"合一"（即所谓的"联络"），这与本章第三部分"以学定教"的思想基本一致。而第三项要求所强调的则是教师本人应该边教边学、不断进步。在陶行知看来，"必定要学而不厌，然后才能诲人不倦；否则年年照样画葫芦，我却觉得有十分的枯燥"。"做先生的，应该一面教一面学，并不是贩买些知识来，就可以终身卖不尽的。现在教育界的通病，就是各人拿从前所学的抄袭过来，传给学生。看他书房里书架上所摆设的，无非是从前读过的几本旧教科书；就是这几本书，也还未必去温习的，何况乎研究新的学问，求新的进步呢？先生既没有进步，学生也就难有进步了。这也是教学分离的流弊。那好的先生就不是这样，他必定是一方面指导学生，一方面研究学问。"（陶行知，1991）[23-24]这与本章第五部分将要探讨的"教学相长"的核心思想基本吻合。

但是，如何才能打破"教学分离"现象？或者说，"教学合一"的具体途径是什么呢？陶行知从"教学做合一""在劳力上劳心""以教人者教己"

等不同维度给出了比较系统的解答。关于"教学做合一",陶行知主张"事怎样做就怎样学,怎样学就怎样教;教的法子要根据学的法子,学的法子要根据做的法子"(陶行知,1991)[125]。同时,"教学做是一件事,不是三件事。我们要在做上教,在做上学。在做上教的是先生;在做上学的是学生。从先生对学生的关系说:做便是教;从学生对先生的关系说:做便是学。先生拿做来教,乃是真教;学生拿做来学,方是实学。不在做上用工夫,教固不成为教,学也不成为学"(陶行知,1991)[126]。关于"在劳力上劳心",陶行知认为"必须把人间的劳心者、劳力者、劳心兼劳力者一齐化为在劳力上劳心的人,然后万物之真理都可一一探获,人间之阶级都可一一化除,而我们理想之极乐世界乃有实现之可能。这个担子是要教师挑的。惟独贯彻在劳力上劳心的教育,才能造就在劳力上劳心的人类;也惟独在劳力上劳心的人类,才能征服自然势力,创造大同社会"(陶行知,1991)[130]。关于"以教人者教己",陶行知归纳出一条非常重要的学理——"为学而学"不如"为教而学"之亲切。他认为,"'为教而学'必须设身处地,努力使人明白;既要努力使人明白,自己便自然而然的格外明白了"(陶行知,1991)[132]。这样,陶行知从教、学、做的协同性,劳力与劳心的协同性,以及教育者边教边学的协同性三个方面,构建了一个打破"教学分离"的行动框架。

不难发现,陶行知"教学合一"思想的核心价值在于:把教师的"教"与学生的"学",以及教师的"教"和"学"真正有机地统一起来。显然,这是今天的教学论依然在探讨的一个非常现实的话题。其中,关于教师的"教"与学生的"学"的统一问题,目前的观点大致可以用"以学定教"来概括,简言之:教师不应目中无人,只根据个人喜好决定教学内容和教学方法,而应充分了解学生的知识储备、认知结构、学习经验等各方面情况,将自己的教学特长、教学风格和学生的学习条件、学习兴趣、学习习惯等有机地结合起来。关于教师的"教"和"学"的统一问题,目前的观点越来越接近"教学相长"的原始意义,即:教师不仅是"教者",更应是"学者"。因为"名师出高徒""师不强弟子弱",只有为学生、为教学而手不释卷的教师,才能在自我发展的同时,更好地促进学生的进步。相反,长期只教不学、"吃老本"的教师,必然江郎才尽而只能老生常谈、重复自己。

当然,不论是在深度上还是在广度上,目前对于"教学合一",对于"教"和"学"的关系的认识,都已超越了陶行知当年的论域。除了在教学的情境性、预设性、生成性、有效性方面积累了比较丰富的研究成果外,学界还从主客体对话的角度、师生伦理的角度、综合实践活动课程的角度以及现代教学技术的角度，展开了富有创见的理论和实践探索。人们越来越清晰地认识到"教"与"学"之间的相互依存性、内在关联性和不可分割性①。当前，一种比较流行的教学关系框架是：教学是"教"和"学"的双边互动行为，教学是整体的而不是分离的，"教"离不开"学"，"学"也离不开"教"，两者彼此依存、辩证统一。而"教学合一"的根本旨趣就在于，促进教师主导作用和学生主体作用的充分发挥和有效联合。具体而言，教师与学生之间不是一种简单的"给予—接受"关系，更不是简单的"操纵—被操纵"关系，而是一种民主、平等、协作、互助的"伙伴"关系。只有在这种关系框架下，师生双方才能真正敞开心扉、相互理解，实现知识、生活与生命的深刻共鸣。

五、教学相长：超越"教学互损"的教师职业境界

在中国的教育教学思想中，"教学相长"是一个广为人知的经典命题。它出自《礼记·学记》，上下文为："虽有佳肴，弗食不知其旨也；虽有至道，弗学不知其善也。是故学然后知不足，教然后知困。知不足，然后能自反也；知困，然后能自强也。故曰：教学相长也。《兑命》曰：'学学半。'其此之谓乎！"这段话的大义为：虽然有好菜摆在那里，不吃不知道它的美味；虽然有至善的道理，不学不知道它的美好可贵。因此，学之后才知道自己的知识不够，教之后才知道自己的知识不通达。知道不够才会自我反省，努力向学；知道不通达，才会自我勉励，发愤图强。所以说：教与学互相促进。《尚书·兑命篇》说：教别人的同时能够收到一半学习的效果。正是这个意思！

依此语境推断，"教学相长"的本意是"教与学相互促进"，所概括的

---

① 必须承认，在日常教学实践中，很多人习惯于将"教"与"学"看作可以分割为独立单位的活动，进而从谁决定谁，或者谁围绕谁、谁引导谁的角度来理解两者之间的关系。叶澜教授认为，教学过程的转型如果不超越这一认识前提，就不可能走出传统教学的框架。参见叶澜，2009. 中国基础教育改革发展研究 [M]. 北京：中国人民大学出版社：322.

是教师个人"教"和"学"之间的协同关系，与陶行知所言的"以教人者教己""为教而学"异曲同工，都意在强调"一面教一面学"之于教师自己学问长进的重要价值。由此看来，"教学相长"当是一种对教师专业发展具有深刻启示意义的教学观：任何人都不能以他所不知道的东西教人。但值得注意的是，在后来的关于教学关系的话语中，"教学相长"的含义却有了许多延伸。它不仅被用以阐释教师"为教而学"的个人意义，还被用来强调教师和学生之间、教师的"教"和学生的"学"之间相互影响、相互促进的关系。研究表明，在当前的教学改革话语中，与其原意相比，"教学相长"中"长"的主体、内容、方式等都发生了诸多变化，衍生出了不少新意。

就"教学相长"中"长"的主体而言，当前不仅看重教师成长，更看重"师生共同成长"。也就是说，"长"的主体不再是单一主体——教师，而是教师、学生两个主体。这一"教学相长"双主体话语的形成，与当下的教育境况有直接关系。一般而言，教学活动促进学生成长，是应然也是实然的事情。但教学活动促进教师成长，却是有待阐释和证实的事情。更糟糕的是，现实的教学活动中竟出现了不是"互长"而是"互损"的事情。最为突出的表现就是教学（师生）关系的僵化、异化：教师厌教、学生厌学，师生处于一种紧张乃至对立的关系中。这可以归因于教师专业素养问题、职业倦怠，也可以归因于市场主义、应试主义大环境。但必须直面的事实是，在一些教师越来越"不会教"的同时，一些学生也越来越"不会学"。《礼记·学记》曰："善学者，师逸而功倍，又从而庸之；不善学者，师勤而功半，又从而怨之。"不得不承认，眼下"教者难教，学者难学""教者愁，学者烦""教者倦，学者怠"的氛围，确有蔓延之势。或许，正因为这种遭遇，"师生共同成长"的教学理念才显得极其珍贵。好在，人们越来越清晰地认识到：没有教师的成长，就没有学生的成长；没有教师的快乐，就没有学生的快乐；两者关系的理想形态只能是共同组成学习共同体、成长共同体、生命共同体。

就"教学相长"中"长"的内容而言，当前不仅看重教师知识、学问的增长，更看重教师拥有怎样的教育理想、教育激情、教育智慧和教育良知。我们不能否认，一个真正优秀的教师必须拥有精深的专业知识和较为广博的教育学、心理学等科学文化基础知识。但从其整个职业生命历程和最终发展高度来看，教育理想、教育激情、教育智慧和教育良知才是其专业成长的根本支柱。事实证明，一个没有理想的教师，不可能走得远；一个处于职业倦怠期的教师，不可能有良好的师生关系；一个有知识而无智慧的教师，不可能教出富有灵性的学生；而一个没有教育良知的教师，根本就不配"教师"这个称谓。正如德国教育家第斯多惠所强调的那样，教师要想帮助别人获得真正的生活，就得发动别人去追求真、善、美，就得最大限度地发挥自己的天资和智慧，就得加强自我修养和自我完善，做到言行一致、身体力行，不但要倾听真理、学习真理，而且要把自己内心拥护的真理和自己的实际生活、思想与意志紧密地联系起来，融为一体。否则，就不可能成为一个有思想有抱负的真正的人。因此，每一位教师都必须明确地认识到以下三点："1. 一个人一贫如洗，对别人决不可能慷慨解囊。凡是不能自我发展、自我培养和自我教育的人，同样也不能发展、培养和教育别人；2. 教师只有先受教育，才能在一定程度上教育别人；3. 教师只有诚心诚意地自我教育，才能诚心诚意地去教育学生。"（第斯多惠，2001）[24]

就"教学相长"中"长"的方式而言，当前不仅看重教师的个人进步、自我修炼，更看重团队学习和专业发展共同体建设。从古至今，真正优秀的教师，都是孜孜不倦、活到老学到老的教师。至于学习方式，可以是"吾日三省吾身"式的自我反思，也可以是"朝闻道，夕死可矣"式的生命自觉。但是，与古代相比，现代教学的组织形式、内容，尤其是教师的职业生活、工作方式等，都发生了巨大的变化。在现代知识状况和教育体制下，没有一个教师可以包揽所有的教学科目，而只有与同一学科、同一年级乃至不同学科、不同年级的教师积极合作，与学生合作，与家长合作，互帮互学、相互启发，才可能保证教育教学任务的有效完成，才可能促进自身专业水平的不断提升。只有不断进步的人才有资格教别人，这是一个很简单的道理。关于教师专业发展的大量研究证明，现代教师只有由封闭走向开放，积极主动地参与到专业阅读、专业写作、专业对话中去，与同行、专家开展形式多样的交流、互动，才可能不断扩展个人的教育视野，领略教育的真谛和精彩。

至此，本章对五种比较理想的教学关系范型逐一进行了比较细致的勾画和阐释。同时，与其相对应的五种问题重重的教学关系范型也隐约地呈现了出来。构建这种比照式认知框架的根本目的在于，从历史和现实、理论和实践等不同维度，揭示"少教多学""先学后教""以学定教""教学合一""教学相长"关系范型对"多教少学""先教后学""以教定学""教学分离""教学互损"关系范型的反叛性和超越性，以便确立对待中国基础教育教学改革的基本立场和基本态度，并为相关话题的进一步探讨设定一个比较开放的论域。

第九章 中国基础教育“九大学派”研究报告

"中国基础教育'九大学派'研究"是笔者主持的全国教育科学"十一五"规划教育部重点课题。本课题在梳理改革开放以来中小学教育实验改革案例的基础上，选择了中国基础教育的"九大学派"，它们分别为"情境教育"学派、"情感教育"学派、"理解教育"学派、"生命（化）教育"学派、"主体教育"学派、"指导—自主学习"学派、"生命·实践"学派、"新教育实验"学派、"概念重建"学派。[①] 本课题通过文献检索和实践考察，澄清了"九大教育学派"的理论主张、行动目标、学术立场、话语风格和科研方法等问题，进而通过多维度比较、分析和概括，构建了中国基础教育改革的一般认知框架，其中包括中国基础教育改革的当代格局、言说方式、话语类型、行动逻辑、实践模式、主体形态、教学关系范型，以及中国基础教育改革的对象与目标等八个方面。

一、研究的问题

（一）研究目的

寻觅、呼唤教育学派时，必须清楚学派建构和生成有赖于多方面条件的成熟。同时，如何识别学派？教育学派的基础是什么？评价教育学派成功与

---

① 在本报告中，"生命·实践"学派与"新基础教育"学派可互换使用，"概念重建"学派与"新课程改革"学派可互换使用。

否的标准是什么？如何审视"九大教育学派"的历史成就？如何揭示其理论框架和研究范式？各学派能否经得起逻辑与实践的检验？各学派能否超越西方文化的局限性而展现东方文化的潜力与价值？这是本课题必须回答的重要问题，也是设定研究目标的重要依据。本课题的研究目的有三个方面：

其一，在厘清"学派""教育学派""中国教育学派"等相关概念的基础上，论证教育学派建设的必要性和重要性，阐释教育学派的内涵、特征、成因、条件和历史演变等；

其二，考察"九大教育学派"创生的意义及基本路径，包括各学派的不同思想与方法论背景，揭示其形成与发展的内在规律，尤其是各学派形成过程中的策略、智慧，各学派的合理性与局限性；

其三，以中国基础教育改革为宏观背景，通过对"九大教育学派"做实证研究，总结成功经验和失败教训，探索基础教育改革的主要理论和实践模式。

（二）研究意义

其一，可以为全面把握我国基础教育改革的现状和走向提供较为可靠的理论视角和现实依据，可以传播先进教育思想、推广典型经验、促进教育改革，催生并繁荣本土教育学派。

其二，通过多维度比较、分析和概括，可以构建中国基础教育改革的一般认知框架，其中包括中国基础教育改革的当代格局、言说方式、话语类型、行动逻辑、实践模式、主体形态、教学关系范型，以及中国基础教育改革的对象与目标等。

（三）研究假设

其一，学派并非高不可攀，离我们也不遥远，因为我国教育学共同体中不仅拥有"充满生命活力"的老一辈专家，而且汇聚了一大批年富力强的中青年学者。学派并不可怕，也不可恶，因为学派与宗派是两码事，创学派者乃时代的精英和典范，在思维能力、教育热情和人格方面堪称表率。

其二，中国基础教育创新不可能寄希望于某一个学派。出现某一学派一统天下的局面，不仅是可悲的，也是危险的。中国基础教育创新，既需要宏观层面的多种理论照应，也需要微观层面的多种实践操作，更需要在宏观与微观之间架设桥梁。

其三，教育学派并非一成不变，学派之间取长补短、共同发展，可以促成新的学派。教育派别之间的学术争鸣，派别内的新陈代谢，对繁荣教育研究和完善教育理论具有积极作用。我们有理由期待，"九大教育学派"的积极努力，会为基础教育的有效变革贡献独特的科研范式和实践智慧，并将为21世纪的中国教育发展撑起一片新的天空。

其四，功利主义、形式主义、山头主义是当今中国教育实验改革的大忌。真正的教育实验改革以责任和使命为原动力。有了课题和组织并不意味着教育科研共同体的形成，真正能称为学派的共同体应具有基本一致的价值信仰和文化认同，且能够在预设的目标下按照彼此认同的规范开展既有共性又有个性的研究。只有不断地反思、总结，不断地接受批评和质疑，"九大教育学派"才能实现自我超越，从而保持旺盛的生命力。

（四）核心概念

与中国基础教育"九大学派"相关的核心概念有：学派、教育学派、"情境教育"学派、"情感教育"学派、"理解教育"学派、"主体教育"学派、"生命（化）教育"学派、"指导—自主学习"学派、"生命·实践"学派、"新基础教育"、"新教育实验"学派、"新教育实验"、"概念重建"学派、"新课程改革"。

与中国基础教育改革一般认知框架有关的核心概念有：当代格局、言说方式、话语类型、行动逻辑、实践模式、主体形态、教学关系范型、改革对象、改革目标。

二、研究背景和文献综述

（一）研究背景

从20世纪90年代开始，为了探索基础教育改革与创新的可行路径，越来越多的大学教师以及科研院所里的理论工作者开始走进中小学，组织开展了以行动研究为旨趣的各类课题活动。在理论与实践互动的过程中，一批创造性地研究现实问题，针对教育发展的特定领域而著书立说的专家学者涌现出来，他们相继建构了一系列富有本土性、具有独立见解的教育理论框架。正是基于专家学者由"书斋"走向"田野"这一教育科研范式的转型，"教育思想主题化""理论实践互动常规化""基地实验改革制度化"三位一体的"教育科研共同体"初见端倪。随着这些教育科研共同体的自立、自为、自主和自觉，期待已久的"当代中国教育学派"已具雏形。

基础教育改革是一项系统性工程，"顶层设计"非常重要。"顶层设计"所强调的是"全局意识"和"整体谋划"，它需要拥有一个考察基础教育改革现状的整体认知框架，需要拥有推动教育改革的可靠的立场、视角和思维方法，或者说，需要一个基础教育改革的哲学。可以说，正因为改革哲学的不同或改革者在立场、视角、思维方面存在差异，才出现了各种不同的改革理论与实践。但是，基础教育改革如何才能拥有自己的哲学头脑？中国基础教育改革何以走向理性和自觉呢？本课题试图对基础教育改革的一些深层次问题，对基础教育改革的合理性、合法性、可行性问题进行探讨，对一些比较有影响的重大教育实验改革案例进行评析，对改革过程中的一些片面化、简单化的思维方式和行为模式进行批评。

（二）文献综述

回顾中国教育学近百年发展史，令人遗憾的是，一直缺少独创性的学术思想，更少有人明确树立起学派旗帜。不仅如此，现实生活中，不少人似乎忌讳学派，甚至谈"派"色变。造成这一现象的原因极其复杂，与当前的学术资源、学术文化、学术制度等不无关系。但不管是由于何种根源，这都是当代中国教育学者自身创新意识、创新能力和学术自信心匮乏的直接表现。这种局面若再不扭转，必将进一步影响到新一代教育学人创新教育理论和教育实践的积极性。对此，笔者在《发展之中的中国八大教育学派》一文中，以及《当代基础教育改革》和《"新课程改革"究竟给我们带来了什么？》两部专著中都有探讨。相关研究及论点得到了较为广泛的关注和支持。

研究表明，本课题所选择的"九大教育学派"，都拥有各自的代表人物和相对稳定的研究群体，都已形成了独特的理论框架和实践路径，且分别在不同层面上对中国基础教育产生了一定影响，具体文献如下：

1.《为"生命·实践教育学派"的创建而努力——叶澜教授访谈录》，《教育研究》2004 年第 2 期；

2.《"新教育实验"：意义、谱系与展望——朱永新教授访谈录》，《教育研究》2005 年第 6 期；

3. 钟启泉：《概念重建与我国课程创新——与〈认真对待"轻视知识"的教育思潮〉作者商榷》，《北京大学教育评论》2005 年第 1 期；

4. 余文森：《论有效教学的三条"铁律"》，《中国教育学刊》2008 年第 11 期；

5. 裴娣娜：《主体教育理论研究的范畴及基本问题》，《教育研究》2004 年第 6 期；

6. 王道俊、郭文安：《主体教育论》，人民教育出版社 2005 年版；

7. 熊川武、汪玲：《理解教育论》，教育科学出版社 2005 年版；

8. 冯建军：《生命与教育》，教育科学出版社 2004 年版；

9. 张文质：《生命化教育的责任与梦想》，华东师范大学出版社 2006 年版；

10. 李吉林：《李吉林教育文集》，人民教育出版社 2006 年版；

11. 朱小蔓：《情感教育论纲》，人民出版社 2007 年版；

12. 熊明安等：《中国当代教育实验史》，山东教育出版社 2005 年版。

三、研究程序

（一）研究设计

"九大教育学派"的理论深化和模式创新问题，是本课题研究的重心所在。在课题研究初始阶段，笔者就意识到，"九大教育学派"均为中国本土正在推进的教育实验改革，会不断有成果出现。针对部分学派的发展和完善问题，本课题组适时地发表了意见和建议，而且尽可能地保持价值中立，客观地分析评价，避免主观性、片面性。

研究方法层面。"九大教育学派"呈现了中国基础教育改革的诸多新思路、新方案，具有一定的实践指导价值。但是，任何理论和实践研究都有其局限性，各学派的立场也难免存在偏颇之处。为此，本课题运用了综合分析的方法，持一种"全面的观点"和"中庸的立场"。

研究内容层面。对于基础教育改革，一直缺乏"谁来改革—改革什么—如何改革"维度的研究，更少有人以学派为视角对各类改革的背景、性质、任务、组织方式、参与人员、研究过程和成果表达等方面做个案跟踪和比较研究。本课题从以上方面对"九大教育学派"进行了综合比较研究，在揭示其核心思想的同时，对各自推进过程中遇到的重要问题进行了总结和分析。

研究结果层面。本课题从"话语类型"和"实践模式"两个维度探讨了"九大教育学派"的本体结构、认知框架和改进思路，为中国基础教育改革和学派建设提供了理论资源和实践经验。

（二）研究对象

提出"九大教育学派"的目的在于，对当前基础教育的研究动向做一个比较全面的把握。如同研究教育思想史可以了解不同人物及其教育主张一样，学派分析的根本价值在于，通过去粗取精以及批判性和创造性思维，可以拓展教育学的理论视野和认识水平。为此，本课题确立了以下三项研究内容：

其一，研究与"九大教育学派"相关的经典文献，探讨基础教育改革中存在的不同话语类型，包括意识形态话语、知识精英话语、平民实践话语和大众诗性话语等；

其二，考察"九大教育学派"的历史脉络与演进方式，探讨基础教育改革的不同模式，包括行政模式、专家模式、校本模式和共同体模式等；

其三，在对"九大教育学派"做本体性研究的基础上，阐释各派的利弊得失以及教育学派建设与基础教育创新之间的内在关系，探讨各学派介入教育改革实践时面临的共同问题，包括改革的主体、手段、对象以及改革的实质与动力机制等，进而构建基础教育改革的元理论框架。

（三）研究方法

针对"九大教育学派"的理论基础问题，本课题主要采用了文献研究法。针对各学派的操作模式问题，本课题主要采用了行动研究法，同时运用了个案分析、实地调查和经验总结等方法。在研究形式上，本课题除了举办多种形式的现场会进行问题研讨和成果展示之外，还积极探索了"网络研究法"。课题组一直很重视利用互联网收集、整理、推广与课题相关的研究成果，利用相关网站及时沟通各类研究信息，开展主题性教研，并为参与课题研究的实验学校、单位及个人提供适时指导。

（四）技术路线

在"课题进入学校"面临极大挑战和质疑的时代背景下，本课题始终坚持公益性、合作性、开放性和实践性原则。在对当前中小学教育实验改革进行实地调研的过程中，本课题特别实施了三种基本策略：一是分层推进策略，注重点面结合、分类探索；二是科研服务策略，注重课题指导、专业引领；三是区域联动策略，注重基地辐射、联校教研。

在具体的研究过程中，本课题划分了三个研究时段、三个步骤。其中，2009 年 9 月至 2010 年 8 月，主要是"九大教育学派"文献研究阶段；2010年 9 月至 2011 年 8 月，主要是"九大教育学派"实践研究阶段，重点在于实地考察各学派的历史轨迹和发展现状（包括课题活动、实验案例、理论演变、媒体报道等若干过程性资料）；2011 年 9 月以后，主要是"九大教育学派"理论总结和相关论点的验证阶段，包括收集和对比各类资料，全面评估本课题的研究过程、研究内容和研究结果，撰写结题报告。

四、研究发现或结论

（一）指向中国基础教育"九大学派"的研究发现或结论

本课题研究首先证实了课题设计之初确立的四个基本假设。其一，学派并非高不可攀，离我们也不遥远。其二，中国基础教育创新不可能寄希望于某一个学派，如果出现某一学派一统天下的局面，将是可悲的，也是危险的。其三，教育学派并非一成不变，学派之间取长补短，共同发展，可以促成新的学派诞生。其四，功利主义、形式主义、山头主义是当今中国教育实验改革的大忌。

其次，本课题发现真正的教育实验改革必须以责任和使命为原动力，有了课题和组织并不意味着教育科研共同体的形成。真正能称为学派的共同体必须具有基本一致的价值信仰和文化认同，且能够在预设的目标下按照彼此认可的规范开展既有共性又有个性的研究。各级各类教育实验改革，只有不断地反思、总结，不断地接受批评和质疑，才可能实现自我超越，从而保持旺盛的生命力。

1. "情境教育" 三部曲

由李吉林老师主持的 "情境教育" 研究，是一项具有中国本土文化特色的行动研究，是全国教育科学 "八五" "九五" "十五" "十一五" 规划教育部（国家教委）重点课题。"情境教育" 系列实验与研究从 1978 年开始，至今走过了 40 年。这项实验改革由最初的语文学科的 "情境教学"（第一部）发展到涵盖儿童成长诸领域的 "情境教育"（第二部），并落实到情境课程（第三部），形成了独特的 "情境教育" 理论体系与操作体系。

1998 年 10 月，"情境教育" 科研机构和教师培训基地——江苏情境教育研究所正式成立，李吉林老师担任所长。研究所成立以来，在课题研究、教材开发、教师培训、对外交流及自身发展诸方面都取得了一系列成果。在理论研究方面，对 "情境教育" 进行了系统的梳理和归纳，总结出了 "情境教育" 的操作要素、基本模式和基本原理等。在教师培训方面，研究所依托情境教育的发源地——江苏省南通师范学校第二附属小学，对来自省内外的广大教师进行了情境教学、情境教育方面的培训。同时，李吉林老师应各地教研室、教育学会之邀到全国各地传播情境教育思想，为教育一线培养了数量可观的骨干教师。另外，研究所还十分重视与国内外其他教育流派的学术交流，李吉林老师多次应邀赴北京、上海、香港等地参加国际、国内教育研讨活动。近几年来，研究所自身的建设也取得了长足的发展，专门建立了 "李吉林情境教育网"（http：//www.qjjy.cn），为 "情境教育" 的实践研究和理论交流提供了一个极其重要的网络平台。

就其核心思想而言，"情境教育" 以美为突破口，以情为纽带，以思为核心，以儿童活动为途径，以周围世界为源泉，通过图画、音乐、表演、实物等手段创设情境，将知识、文化、情感、艺术等诸多要素融合在课堂教学中，从而实现了儿童认知活动与情感活动的协调发展。总之，"情境教育"构建了将儿童情感活动与认知活动结合起来的独特的教育模式，这一模式把认知与情感、学习与审美、教育与文化综合地体现在课程中，找到了一条全面提高儿童素质的有效途径。

2. "情感教育"的基本框架

近 30 年来，"情感教育"在我国不少中小学得到了高度重视。比如，湖北省教研室从 1991 年秋季开始，在全省 5 个地（市）的 10 所小学相继进行了小学思品课道德情感教育的研究与实验。除广大一线教师的积极探索外，很多理论工作者还以立项课题的形式开展了广泛而深入的研究。比如，四川师范大学教育科学学院刘海燕主持的"小学道德情感教育序列化的实验研究"、江苏省连云港师范高等专科学校化学系孙德成主持的"中小学情感教育及教师情感性素质培养实验研究"、青海省中小学教学研究室王国玲主持的"思想品德课情感教育目标的实施与研究"等。相比较来看，朱小蔓教授当属我国"情感教育"思想的代表人物。她在对世界不同地区"情感教育"进行比较研究的基础上，进行了重要情感品质及其教育价值的分析与概括，揭示了"情感教育"不同于认知教育的独特机制。她在国内率先提出了以"情感"为基础概念的教育哲学思想，呼吁纠正现行教育中的唯认知主义，克服功利主义教育观的负向功能，并提出了情感性道德教育的理论范式和符合中国国情的操作模式。

20 世纪 90 年代，朱小蔓教授主持过"教育过程中的非智力因素研究""德育过程中的非理性因素研究""中学情感性素质教育的理论与实践""青少年儿童道德情感教育的理论与实践"等十余项国家级、省部级重点项目。其代表作有《情感教育论纲》（获江苏省哲学社会科学优秀成果二等奖）、《儿童情感发展与教育》（1998 年与梅仲荪合作出版）等。其中，《情感教育论纲》在广大教育研究者、中小学教师中产生了重要影响，对推动素质教育模式建构发挥了重要作用，并先后被译为日、俄、英等多国文字。2008 年，"情感教育国际论坛·《情感教育论纲》再版座谈会"在北京举行。与会者一致认同该书是中国教育理论界首次提出、正面立论并系统阐述"情感教育"的学术专著，并认为，由于现代社会的深层矛盾，教育中的知识化倾向和情感缺失还会长期存在，该书的思想理论将在当今和未来很长的教育历史过程中展示其学术生命力和影响力。

朱小蔓教授在《情感教育论纲》中指出，情绪发展是个体成熟和发展的一个极其重要的表征。人的情感绝不是自然成熟的，它是在教育促进下发展、成熟的。对教育要做完整的理解，不能回避、抽离情感层面。离开情感层面，教育就不可能铸造个人的精神、个人的经验世界，不能发挥大脑的完整功能，不能保持道德的追求，也不能反映人类的人文文化世界。只有情感才能充当人的内在尺度，才是教育走向创造、实现价值理性的根据。"情感教育"就是关注人的情感如何在教育的影响下不断走向新的高度，也是关注作为人的生命机制之一的情绪机制，如何与生理机制、思维机制一道协调发挥作用，以达到最佳的功能状态。就"情感教育"的目标建构而言，这本书中探讨了"结构—建构法""时相—建构法""关系—建构法"。朱小蔓教授把个体与世界的关系分为五大系列，它们是"人与自然""人与操作对象""人与他人""人与社会""人与自我"。"情感教育"依此五大系列构建了自己的目标体系。

总之，情感与人的生存发展的关系是多方面的，人的情绪机制参与人的对象化活动的一切领域和全部过程。当把活动概念作为全部教育理论和逻辑起点时，"情感教育"必然是一个弥散在教育活动全域、全程的理论问题与实践问题。作为一种非智力因素，情感虽然不直接参与认知活动，但对学生的认知活动起着巨大的推动或抑制作用。

3. "理解教育"的解释学意蕴

"理解教育"萌发于上海市金山区平乐学校，初期一花独放，后辐射全国，相继形成多个大型实验区。所谓"理解教育"，实际上就是通过增进理解成批转化后进生，进一步发展其他学生和全体教师的教育。它不是制度化的教育，而是一种对当代制度化教育进行补充的教育思想与一系列策略。

"理解教育"理论由华东师范大学熊川武教授创立，相关课题在2001年被批准为全国教育科学"十五"规划国家一般课题，课题名称为"'理解教育'研究（通过增进理解成批转化后进生的研究）"。熊川武教授是中国教育学会教育学分会教学论专业委员会副主任委员、教育实验研究分会理事。近年来，除专著《理解教育论》之外，熊川武教授还在《教育研究》《人民教育》《课程·教材·教法》等教育刊物上发表了一系列关于"理解教育"

的重要论文。真正的"理解"是教育成功的基本前提。在熊川武教授看来，师生之间的误解是教育效益流失甚至造成教育失败的重要原因。对学生采取冷漠、嫌弃甚至粗暴的行为，这是教育中普遍存在的误解形式。

综观"理解教育"的基本理论和实践探索，可以发现"理解"与"教育"的关系问题乃是其关注的核心问题。值得注意的是，"理解教育"实验更多的是从误解、体谅、感情、道德的维度强调理解之于教育的重要价值。这里的"理解"概念，还只是日常话语中的一般意义，所强调的是师生之间、同学之间、人与人之间的一种同情、包容和关爱之心。至于"理解"作为解释学概念的精神意蕴，除了在"自然分材教学"① 中有所阐释外，尚未被"理解教育"理论充分吸收。也正是从这点来看，"理解教育"尚有巨大的理论和实践探索空间。

4. "生命（化）教育"的价值定位

研究表明，在探讨"生命（化）教育"学派时，有必要对"生命教育"和"生命化教育"的意涵进行界说和区分。其中，"生命教育"往往用来指称关于生命的教育，它所关注的是教育的内容，即如何设计和实施具体的生命课程。而"生命化教育"则往往用来指称顺应个体生命发展规律的教育，它所关注的是教育本身的生命性、人文性和自由精神。一般而言，"生命教育"是帮助学生了解生命、认识生命，学会尊重生命、热爱生命，提高生存技能、提升生命质量的一种教育活动。它所针对的是青少年的自杀、杀人、蔑视生命以及人类生存环境遭到破坏等现象，主要通过学科渗透（诸如生物课、心理与健康课、体育与健康课等）和主题教育（如针对学生生命历程中的重大问题而开展的有针对性的活动）来实现。在不同的地区和时代，"生命教育"具有不同的具体内容，但其目的基本一致，那就是寻找生命的意义，为人的生存确立价值目标，并为人解决生存过程中的某些问题提供情感和理智上的支持。而"生命化教育"所强调的则是教育的精神性、意义性，

---

① "自然分材教学"是教师让学习内容随学生学力差异自然分化并指导学生研究和解决自己学习中存在的问题的教学理论与实践形态。简言之，即教师让学生"顺势为学"。其目的在于使弱生上进、优生更优、全体学生齐发展；营造以幸福指数、感情调节和师徒合作为标志的和谐氛围，建构由自学、互帮、释疑、练习、反思等环节组成的课堂形态，并采用了指导自学书、互帮显示板、信息沟通牌、问题跟踪卷和师徒合作制等辅助手段，为师生的幸福开辟道路。参见：熊川武，邵博学，2009. "自然分材教学"的理论与实践探析 [J]. 课程·教材·教法（2）：13－18.

它的着力点在于创建和谐校园，构建和谐的师生关系和愉悦的学习生活，它总是将"以人为本"的理念和对生命的敬畏之心作为判断教育质量的伦理标准。可见，"生命教育"与"生命化教育"都是为了唤醒受教育者生命意识的教育，都是为了让学生懂得生命的价值与内涵，更好地激发学生生命潜能的教育，都是为了唤起学生对生命的珍爱，从而与他人、社会、自然建立起美好和谐关系的教育。

在人类几千年的文明传承中，关于生命的理论与学说源远流长。珍爱生命、尊重生命在我国有着深厚的文化底蕴。但是，新中国成立以来，我国学校教育中的生命教育课程却长期处于无序、零散状态，内容一般只是健康教育、青春期教育、安全教育、预防艾滋病教育、毒品预防教育、心理健康教育、地方病预防教育等专题教育。相比较而言，中国香港、台湾地区的生命教育则走在了前面。在内地（大陆），尽管有一部分学者意识到了生命教育的价值、意义和时代紧迫性，而且发表了一些理论文章，但严格意义上的生命教育实验直到2005年才真正开始，这以2005年6月上海市教育委员会颁布《上海市中小学生生命教育指导纲要（试行）》为标志。该文件具有示范作用，为我国中小学开展生命教育指明了方向。需要强调的是，"生命化教育"是一个比"生命教育"更为上位的概念，"生命教育"应该隶属于"生命化教育"。在实践过程中，生命教育有两种基本情况和层次：一种情况是将生命作为一种有待教、有待学的课程内容，因此，生命教育就是"教生命、学生命"；另一种情况是从生命的视角来理解教育、认识教育和塑造教育，将生命视为教育的内核和最基本的品性，将生命当作教育过程中师生双方富有人性的情感体验，将教育当作一项生命化的最具人性的事业，这样，生命教育就是生命性教育、生命化教育。需要警惕的是，将生命作为课程内容的生命教育很可能因流于形式而趋于肤浅，很可能会以非人性乃至反生命的形式开展关于"生命"的教学工作，生命知识、生命内容很有可能成为学生沉重的课业负担。毋庸置疑，唯有将生命作为教育的内在品质与精神，从本质上将生命与教育统一起来的"生命化教育"，才是更为深刻和可靠的教育。生命教育是生命化教育的天然组成部分，生命化教育绝对少不了生命知识与生命内容的传授，但是，只有在真实的生命体验中开展生命知识、生命内容和生命观教育，生命教育才具有完整的意义。

5. "主体教育"的思辨与实验

"主体教育"实验缘起于 20 世纪 80 年代初。最初是顾明远教授提出"学生既是教育的客体，又是教育的主体"这一重要观点。之后，黄济、王策三、王道俊、郭文安等一批著名教授纷纷发表关于"主体教育"的不同见解，为"主体教育"实验的深入开展奠定了重要的理论基础。与此同时，一些学校开始了确立、发挥学生的主体性的教改实验，比较著名的有河南省安阳市人民大道小学的"小学生主体性发展实验研究"、湖北省荆门市象山小学开展的"小学生主体性品质的培养实验研究"等。相关研究在小学生主体性发展的理论依据、目标、原则、措施以及指标体系与测评等方面，进行了较为深入的实践探索，且取得了一些成功经验。

从 1992 年起，由北京师范大学裴娣娜教授领头，一些中青年教育专家、学者参与，开始了全面、深入的"主体教育"实验。裴娣娜教授先后主持了"少年儿童主体性发展实验研究"（国家教委哲学社会科学博士点基金"八五"重点项目）、"现代教学论发展的理论与实验研究"（全国教育科学"九五"规划国家重点项目）、"主体教育与我国基础教育现代化发展的理论与实验研究"（全国哲学社会科学"十五"规划 2001 年度国家重点课题）、"主体教育视野下课堂教学改革的深化研究"（全国教育科学规划"十五"国家重点课题）、"我国学校教育创新研究"（教育部哲学社会科学研究重大课题攻关项目）、"我国基础教育未来发展新特征研究"（国家社会科学基金教育学重大课题）等一系列课题，"主体教育"思想与实验因此在基础教育领域产生了更为广泛的影响。

总体看来，裴娣娜教授主持的"主体教育"实验是一项探索理论、服务实践、培养教育专业研究人员三位一体，带有一定开拓性且层次较高的教育实验，其主旨是解决人的现代化发展问题，即探索中国教育的现代化发展以及中国人现代素质提高的现实路径。这项实验因选题立论较高、理论构思较完善、实验研究方法较合理、实验研究范围广以及研究队伍实力强而受到国内教育界的广泛关注。这项实验依托高校、科研单位、教育行政部门以及100 余所中小学组建了教育科研共同体，经过了理论构思与低年段实验、延伸扩展、专题研究、全面发展四个发展阶段，取得了一系列认识成果。在《主体教育实验的实践探索》一文中，裴娣娜教授介绍了实验的研究目标、研究方法、研究过程和主要成果。

6. "指导—自主学习"的核心思想

"指导—自主学习"是"教师指导下学生自主学习"的简称。"指导—自主学习"教改实验，本来是由福建省长期研究中小学教育的王永、余文森、张文质所承担的全国教育科学"九五"规划课题。该课题于1995年启动，1997年立项，2000年结题。作为"指导—自主学习"课题的研究成果，《让学生发挥自学潜能　让课堂焕发生命活力——福建省中小学"指导—自主学习"教改实验研究总结》（以下简称《研究总结》）一文，于1999年3月在《教育研究》杂志发表后，实验开始被学界关注。尤其值得一提的是，"指导—自主学习"教改实验在福建省中小学的影响广泛而持久。该课题结题后，很多学校的实验活动依然在进行，不少学校将其作为推进课程改革的重要抓手。可以说，"指导—自主学习"的观念、精神对新课程的教学发挥了重要的引领作用。在这种情况下，福建师范大学基础教育课程研究中心主任余文森教授于2007年申报了全国教育科学"十一五"规划教育部重点课题，并获准立项，课题名称为"新课程背景下'指导—自主学习'教改实验的深化研究"。

在《指导—自主学习：一项培养能够自主发展的人的教改试验》（福建教育出版社1998年版）这本书中，王永等人指出，"指导—自主学习"教改实验依据的直接的理论成果是我国著名教学论专家江山野的力作《论教学过程与教学方式》，间接理论成果是认知主义心理学、人本主义心理学、社会学习心理学等方面的成果。这项实验的直接经验背景是福建省纪秀卿、何辛勤等青年教师所进行的教改探索，间接经验背景是"目标—掌握"教改实验。总体看来，"九五"期间，实验主要在课前指导和发展性课堂教学两个方面进行了积极探索并取得了一定的认识成果。相关内容，《研究总结》中有比较细致的介绍和阐释。根据《研究总结》，"指导—自主学习"就是通过教师指导去实现学生的自主学习，教师由讲转向导，学生由他主学习转向自主学习。另外，自主学习是对学习本质的概括，其实质是独立学习，即学生自己主宰自己的学习。与自主学习相对立的他主学习则是他人（教师）为学生做主的一种学习。自主学习与他主学习的分水岭是学生主体性是否在教学中确立。由此可见，自主学习乃主体教育思想在教学领域的直接运用。"指导—自主学习"不仅是落实主体教育思想的要求，更是培养学生终身学习能力的要求，其更深远的意义在于革新课堂教学，把自主学习引进教学过程，把课堂教学建立在自主学习的基础上，从而使教学结构和教学活动发生根本性变革，最大限度地促进学生发展。这种新的教学结构和教学活动的特点就是：课前指导学生进行自主性的超前学习，让学生充分发挥自学潜能，解决各自的现有发展区的问题；课堂上开展发展性的教学活动，让课堂充分焕发生命活力，解决最近发展区的问题。这样，两种发展水平互相更替，教学与发展便可形成良性的循环。

相比较来看，"九五"期间的"指导—自主学习"实验存在着不少局限，主要是在目标层面上局限于"知识与技能"维度，在内容层面上局限于"教科书"，在形式层面上局限于"课堂教学"。根据"十一五"课题"新课程背景下'指导—自主学习'教改实验的深化研究"的课题设计论证书，后续实验主要是尝试把新课程的基本理念特别是"三维目标""师生共同发展""自主、合作、探究"的精神实质融入"指导—自主学习"，创造出体现新课程理念、符合素质教育要求的教改模式。目前，这项实验的规模在不断扩大，已经传播到江西、安徽、湖北等省的一些中小学。在理论层面上，课题主持人余文森的《论有效教学的三条"铁律"》一文，产生了不小的社会影响。该文强调，要提高教学质量，实现有效教学与优质教学，必须认真严格地遵循三条规律：第一，"先学后教"，当学生已经能够自己阅读教材和自己思考的时候，就要先让他们自己去阅读和思考，然后针对学生阅读和思考中提出和存在的问题进行教学；第二，"先教后学"，当学生不具备独立阅读教材和思考问题的能力的时候，必须先教后学，但教师要把教学的着眼点放在教学生学会阅读和学会思考上面；第三，"温故知新"，新知识的教学必须基于学生的原有知识。

正如《学会生存——教育世界的今天和明天》一书所强调的那样，"未来的学校必须把教育的对象变成自己教育自己的主体。受教育的人必须成为教育他自己的人；别人的教育必须成为这个人自己的教育。这种个人同他自己的关系的根本转变，是今后几十年内科学与技术革命中教育所面临的最困难的一个问题"（联合国教科文组织国际教育发展委员会，1996）[200]。基于这一判断和相关研究，我们相信，"指导—自主学习"所蕴含的先进的教育教学理念会在越来越多的中小学校园里生根、开花、结果。

7. "新基础教育"研究的理论线索

"新基础教育"研究是叶澜教授于 20 世纪 90 年代发起并主持的一项理

论与实践互动的综合性课题。这项课题以我国基础教育变革为研究核心，前后跨越 15 年之久，其中，以五年为一个分期，大致可以划分为三个内在相连的发展阶段，它们分别是探索性研究阶段（1994 年 9 月至 1999 年 8 月）、发展性研究阶段（1999 年 9 月至 2004 年 8 月）和成型性研究阶段（2004 年 9 月至 2009 年 8 月）。

就实施程序来看，1994 年"新基础教育"探索性研究开始时，并没有经过严格意义上的课题规划与认定，仅是一种协商性、自愿式的合作研究。当时，除叶澜外，课题组还有华东师范大学的卢寄萍、李晓文、吴玉如、吴亚萍等专业研究人员，以及上海外高桥保税区实验小学的校长陈国栋和副校长张瑜等。直到 1997 年，"新基础教育"研究才被批准为全国教育科学"九五"规划教育部重点课题，课题名称为"面向 21 世纪新基础教育研究"。这五年间，叶澜先是发表了《时代精神与新教育理想的构建——关于我国基础教育改革的跨世纪思考》一文。这篇文章以我国基础教育创新为议题，认为应从把握时代发展的精神入手，改革过去的教育观，重视对真正充满生命活力的人的教育，树立与时代精神和新教育对象观相适应的新教育理想。文章着重从认知能力、道德面貌和精神力量三方面对新教育理想的核心——新人形象进行了描述。目前看来，这篇文章可谓"新基础教育"的奠基之作。后来，叶澜又发表了《让课堂焕发出生命活力——论中小学教学改革的深化》一文。这是一篇从生命视角探讨课堂教学改革的文章，在基础教育领域产生了广泛影响，不少学校将文章复印分发给教师，自发组织学习和讨论。正如李政涛在《追寻"生命·实践"的教育智慧——叶澜与"新基础教育"》一文中所描述的那样，通过这两篇文章，叶澜和她引领的"新基础教育"研究走上了世纪之交中国基础教育改革的前台。"新基础教育"探索性研究阶段的理论成果，集中反映在叶澜主编的"'新基础教育'探索性研究丛书"中。这套丛书由《"新基础教育"探索性研究报告集》《"新基础教育"推广性研究教师指导用书（小学部分)》和《"新基础教育"推广性研究教师指导用书（中学部分)》三本构成。仔细研读相关文本可以发现，在探索性研究阶段课题组的关注点主要集中在课堂教学改革和班级建设模式两大领域，相关论述比较深入和系统，但学校管理模式、学校整体性变革以及重建问题尚未真正进入研究视野。

如果说"新基础教育"研究的第一个五年尚处于小型试验阶段的话，第二个五年则进入了推广性、发展性研究阶段，研究的问题域开始定位在更为广泛的基础教育改革实践上。当然，在推广性、发展性研究之初，"新基础教育"研究也不具有规范的课题立项证书，研究主要由华东师范大学课题组与上海闵行区 17 所学校、崇明县 4 所学校自愿合作开展。到 2001 年时，由叶澜主持的这项研究才获批为全国教育科学"十五"规划国家重点课题，课题名称为"新基础教育理论及推广性、发展性研究"。当时，试验学校已分布到上海以外的山东、浙江、江苏、福建、广东、海南等多省，近 60 所。这五年是"新基础教育"内涵日渐清晰、目标日渐明朗和明确的阶段。一个显著标志是，《教育发展研究》2003 年第 3 期刊载了《"新基础教育"的内涵与追求——叶澜教授访谈录》一文，从研究的目的、性质、路径、价值取向以及对学校教育活动的要求等维度，对"新基础教育"进行了界说。另一个标志是，在 2004 年第 2 期的《教育研究》上，叶澜明确表达了"为'生命·实践教育学派'的创建而努力"这一自觉意识。笔者通过文本考察发现，在发展性研究阶段，尽管"新基础教育"研究已将"学校转型性变革和创建新型学校"作为主题，确立了创建"新基础教育"理论和 21 世纪新型学校的研究目标，但从核心问题以及对实践的影响来看，研究的落脚点依然在课堂教学改革上。其间，叶澜先是发表了《重建课堂教学价值观》一文，认为我国基础教育课堂教学的价值观需要从单一地传递教科书上的现成知识，转移到培养能在当代社会中主动、健康发展的一代新人上来，而且关键在于"拓展学科的育人价值""按育人价值实现的需要重组教学内容""综合设计弹性化的教学内容"等。同年，叶澜又发表了《重建课堂教学过程观——"新基础教育"课堂教学改革的理论与实践探究之二》一文，指出：教学过程的基本任务是使学生学会实现个人的经验世界与社会共有的"精神文化世界"的沟通和富有创造性的转换，逐渐完成个人精神世界对社会共有精神财富具有个性化和创生性的占有，充分发挥人类创造的文化、科学对学生"主动、健康发展"的教育价值；教学过程中师生的内在关系是教学过程创造主体之间的交往、对话、合作、沟通关系，这种关系在教学过程的动态生成中得以展开和实现。不仅如此，到 2003 年时，叶澜还与吴亚萍合作，发表了《改革课堂教学与课堂教学评价改革——"新基础教育"课堂教学改革的理论与实践探索之三》一文，认为所有教育教学改革都会面临改革与已有评价体系的矛盾、参与改革的实践者与改革之外具有评价权的评价者之间的矛盾，而"新基础教育"研究采取了评价改革贯串教学改革研究与实践全过程的策略，改变了评价者在改革之外、评价过程在改革过程之外的传统。与探索性研究阶段相比，发展性研究阶段的"新基础教育"研究在学校教育的培养目标、课堂教学、班级建设、教师发展、学校管理等方面，都有了新的认识和突破。2004年5月，"新基础教育"研究课题组在上海举行了结题评审和大型现场研讨活动，比较全面地展示了这一阶段的理论成果。这些成果集中反映在叶澜主编的"'新基础教育'发展性研究丛书"中。该套丛书由《"新基础教育"发展性研究报告集》《"新基础教育"发展性研究专题论文·案例集（上）——学校管理·班级建设》《"新基础教育"发展性研究专题论文·案例集（下）——教师发展·学科教学》构成。以上文本表明，这五年间，课题组始终坚持"成人成事"的指导思想和原则，并试图通过理论与实践紧密结合、相互依存、相互构成的方式，实现师生生存方式的变革以及学校的整体转型。概括起来，研究内容主要有两大块，一是中小学基础性学科（语文、数学、英语）的教学改革问题，二是学校转型性变革的基本理论与实践路径问题，尤其是学校转型性变革的基本策略以及教育理论与教育实践的互动关系问题。

　　第三个五年是"新基础教育"研究开始对理论、实践进行总体反思和提炼的阶段，课题组很明确地将研究重心由"课堂"转向了"基础教育改革与学校转型性变革"。就学校内部的变革而言，课题组主要在三个方面开展了研究：一是课堂教学创新研究，初中围绕语文、数学、外语三门学科，小学则以语文、数学和思想品德课为重点；二是班级建设新模式研究，内容涉及班级组织建设、班级文化建设和班级系列活动创设等；三是学校管理模式研究，内容涉及学校领导管理观更新、学校组织制度更新以及新型教师队伍和学校新文化建设等。在此基础上，价值提升、重心下移、结构开放、过程互动、动力内化被概括为现代新型学校的特质和整体形态。在成型性研究阶段，叶澜主持了2004年教育部哲学社会科学研究重大课题攻关项目"基础教育改革与中国教育学理论重建研究"，发表了《中国教育学发展世纪问题的审视》《21世纪社会发展与中国基础教育改革》《百年反观：为了教育学的未来》《推进素质教育：转换思路才能打开新局面》《转换思路　进一步开创素质教育新局面》《我与"新基础教育"》《当代中国教育变革的主体及其相互关系》《试论当代中国学校文化建设》《学校转型性变革中的评价改革——基于"新基础教育"成型性研究中期评估的探究》等一系列文章。尤其值得关注的是，2006年9月，叶澜教授的《"新基础教育"论——关于当代中国学校变革的探究与认识》一书问世。这是叶澜教授基于十多年"新基础教育"理论与实践研究撰写而成的一部关于当代中国基础教育改革的全景式力作，该书 2009 年被评为"高等学校科学研究优秀成果奖（人文社会科学）"教育学类一等奖。2009 年 5 月，"新基础教育"成型性研究成果发布暨现场研讨会在华东师范大学召开，会上推出了"'新基础教育'成型性研究丛书"，这是"新基础教育"系列研究的第三套丛书，也是反映"新基础教育"系列研究成果的最后一套丛书。丛书由七本著作组成，包括一本成型性研究报告集，六本指导纲要，分别涉及语文、数学、外语教学改革，学生发展与教育，学校领导与管理改革，教师发展等方面。该套丛书的简介语执简驭繁、切中肯綮：丛书系统地反映了相关领域"新基础教育"富有原创性的研究成果，深刻揭示了学校教育的价值和办学理念之"魂"，与学校各种机构、活动、人员之"体"的内在关系，建构了"魂体相附""形神皆备"的当代中国学校发展论。

　　总体看来，"新基础教育"研究的最终定位是"基础教育改革与学校转型性变革"，根本目的在于构建 21 世纪所需要的符合时代发展的新型学校。在具体实施的过程中，这项研究以对当代中国基础教育现状的批判性反思为起点，以对基础教育理论与实践进行整体性重建为目标，以理顺基础教育改革与教育学理论重建之间的逻辑关系为行动主线。历经 15 年，在"生命·实践教育学派"这面旗帜下，叶澜及其团队坚持"教育即生命实践"这一基本立场，坚持"从理念到行动""理论适度先行、理论与实践紧密结合"的研究思路，深入全国上百所中小学，指导一线教师开展改革，并在实践的过程中不断地提升理论，逐步形成了比较完善的"新基础教育"理论体系。这种求真务实的科学精神和扎根于实践的治学态度，必将对当前和未来的中国基础教育改革，对具有中国特色、中国风格和中国气派的教育理论建设，起到积极的引领和示范作用。2011 年 12 月 11 日上午，叶澜莅临福建师范大学讲学，题为"当前我国课堂教学改革深化的若干问题思考"。学术报告结束后，叶澜与教育学院教育学系部分教师座谈，根据介绍，"新基础教育"已进入名为"扎根性研究"的第四阶段。

8. "新教育实验"的责任与追求

　　由全国政协常委、民进中央副主席、苏州大学博士生导师朱永新教授发起并主持的"新教育实验"，在 21 世纪以来的中国基础教育领域产生了比较广泛持久的影响。据课题组统计，截至 2016 年 11 月，该项实验拥有 75 个实验区、3000多所实验学校，有300多万名师生参与了核心实验项目。在这个"一网打尽"的时代，在百度搜索引擎中，无论是输入"朱永新"还是"新教育实验"，能检索到的相关结果都在200万条以上，相关媒体有报纸杂志、广播电视、学校网站、教育博客和微博等，至于报道的主题、内容，则丰富多彩、各有特色。

"新教育实验"缘起于朱永新教授的《我的教育理想》和《新教育之梦》两部专著。书中，作者试图对"旧教育""问题教育"进行诘问、批判，试图以一种哲学的视角对21世纪的"新教育"——"理想的教育"进行解读和建构。两书均表达了这样一个信念：没有理想的教师不可能走得远，没有理想的学校不可能走得远，没有理想的教育更不可能走得远。正是为了传播教育的理想和理想的教育，为了携手共圆"新教育之梦"，朱永新教授领头，于2002年6月创办了"教育在线"网站（www.eduol.cn)，并于同年9月在江苏省昆山市玉峰实验学校正式启动了"新教育实验"。历经15年，"新教育实验"逐步发展成为一项以教师专业发展为逻辑起点，以"过一种幸福完整的教育生活"为核心理念，以"五大观点、十大行动、四大改变"为基本框架的教育实验改革。其中，"五大观点"为：教给孩子一生有用的东西；强调个性发展，注重特色教育；重视精神状态，倡导成功体验；无限相信学生与教师的潜力；让师生与人类的崇高精神对话。"十大行动"为：聆听窗外声音；培养卓越口才；营造书香校园；师生共写随笔；建设数码社区；构筑理想课堂；缔造完美教室；研发卓越课程；家校合作共建；每月推进一事。"四大改变"为：改变学生的生存状态；改变教师的行走方式；改变学校的发展模式；改变教育科研范式。

"新教育实验"一直将行动起点放在"改变教师的行走方式"上。近些年来，"新教育实验"逐渐摸索出了一条"专业阅读+专业写作+专业发展共同体"的教师专业发展模式，极大地提升了实验教师的专业素质。目前看来，"新教育实验"最明显的成果，就是涌现了一大批在实验中成长起来的优秀教师，出版个人专著、以普通教师的身份参与学术研讨、到各地交流与讲学，在实验教师中已经是极为普遍的现象。同时，"新教育实验"认为，在物质文明飞速发展的过程中，童年却充满了危机：电视文化、网络游戏等随时有可能吞噬孩子们的闲暇、良知和身心健康，在设法减少电视文化、网络游戏对童年生活的不良影响的同时，应该给予他们一种积极的生活方式，培养他们健全的心智，让他们能够从容地应对一切生活的诱惑与压力。实验证明，"晨诵、午读、暮省"是一种比较理想的儿童生活方式，这既是对学科课程的补充，也是对过早精细化的学科课程进行矫正。

"新教育实验"还认为，教育的根本目的是培养既有民族情怀又有全球视野，既有本真生命体验又有全面的科学知识，具有创造能力的未来公民。为了实现此目的，课题组启动了生命教育课程与公民教育课程。2006 年，"新教育实验"课题组在苏州召开了首届生命教育研讨会，组成了一个新生命教育的研究团队，并开始将国际著名的麦克劳－希尔生命教育教材引进实验学校。从 2003 年开始，"新教育实验"课题组不仅规划了基础教育所迫切需要的项目与课程，而且开展了大量的教育公益活动（包括支教项目、儿童阅读推广项目、移动图书馆项目、新教育种子项目等），对农村地区、西部地区进行教育援助，比较有影响的有"灵山—新教育公益项目""灵山—新教育贵州推广计划""灵山—新教育种子计划""灵山—新教育儿童阅读推广计划"。2010 年，新教育基金会成立后推出的比较有影响的公益活动则有"缔造完美教室""研发卓越课程""新教育童书馆"等。目前，"新教育实验"已经确立了比较明晰的团队架构，包括新教育理事会、新教育专家委员会、新教育研究院、新教育研究会、新教育基金会、新阅读研究所、新父母研究所、新生命教育研究中心等，从组织关系层面来看，以理想主义、田野意识、合作精神、公益情怀为内核的团队理念基本确立，一种践行"非政府组织生存哲学"并不断自我超越的团队文化基本形成。

9. "新课程改革"的总体评价

"新课程改革"是对我国"新一轮基础教育课程改革"的简称，有时也被用于指称"新中国成立以来的第八次基础教育课程改革"。总体看来，"新课程改革"是我国基础教育面向世界、面向现代化、面向未来的重大举措，它源于 1999 年的《面向 21 世纪教育振兴行动计划》的"跨世纪素质教育工程"。具体而言，"新课程改革"缘起于政府的选择和推动，其根本目标是对"现行的基础教育课程体系"（主要指 2001 年以前的基础教育课程体系）进行改造，构建符合素质教育所要求的"新的基础教育课程体系"（简称为"新课程"）。

之所以说"新课程改革"缘起于"政府的选择与推动"，是因为我们可以检索到大量的与此有关的党中央、国务院、教育部，以及地方各级政府的相关会议和政策文件。其中，"两个决定"与"一个纲要"，即《基础教育课程改革纲要（试行）》《中共中央国务院关于深化教育改革，全面推进素质教育的决定》《国务院关于基础教育改革与发展的决定》最能说明问题。可见，由"素质教育"到"新课程改革"，党中央、国务院和教育部发挥了主导性作用。或者说，素质教育一直是我国基础教育改革的基本方向，而"新课程改革"则是政府部门全面推进素质教育的一项重大举措，它事实上已被视为创新基础教育的一个"阿基米德点"。《基础教育课程改革纲要（试行）》是"新课程改革"的经典政策文本，它从课程改革的目标、课程结构、课程标准、教学过程、教材开发与管理、课程评价、课程管理、教师的培养和培训、课程改革的组织与实施等九个方面对"新课程改革"进行了宏观规划。实践表明，作为一种行政模式的教育实验改革，在具体实施的过程之中，"新课程改革"一直离不开各级政府部门的广泛参与和积极推动。其中，各级政策文件（包括各类实验方案）的贯彻与落实起着举足轻重的作用。从改革的制度支持系统来看，这一轮课程改革尤其重视教师资格制度、职务聘任制度、劳动制度、教学奖励制度以及教师进修培训制度等方面的改革。为此，各级政府都制定和颁布了相应的政策文件。

大力推进素质教育是"新课程改革"最为现实的背景。在2001年"新课程改革"正式开始之前，教育部曾对九年义务教育课程实施状况进行过广泛而深入的调研，基本摸清了"现行基础教育课程体系"所存在的各种实际问题。这些问题包括在课程功能上过于注重知识传授，在课程结构方面过于强调学科本位，课程内容"难、繁、偏、旧"，课程评价过于注重甄别、选拔，课程管理过于集中，等等。正是以这些问题为基本出发点，"新课程改革"确立了各项工作的目标内容与推进策略。按照《基础教育课程改革纲要（试行）》，"新课程改革"的指导思想是邓小平同志的"三个面向"和江泽民同志的"三个代表"，其根本目的在于全面贯彻党的教育方针，全面推进素质教育。具体来说，之所以大力推进基础教育课程改革，目的在于调整和改革陈旧的、落后的课程体系、结构、内容，构建符合素质教育要求的新的基础教育课程体系。此乃"新课程改革"的总体目标。当然，这一总体目标与"新课程"（即"新的基础教育课程体系"）的培养目标具有根本一致性。

总之，"新课程改革"是一个由课程变革所牵动的整个基础教育体系重新建构的过程，它涉及课程目标的转变、课程结构的调整、课程标准的研制、教材与教学的创新、课程资源的开发利用、三级课程管理制度的建立、评价体系的重构，以及保障支撑系统的运行等。正因为"新课程改革"有其特定的历史阶段性，有其特定的政策依据、理论基础和实践逻辑，相关的反思与评价只有依照可靠的认知框架展开，才能够有的放矢而不至于主观臆断或自以为是。或者说，当发生意见分歧，或课改出现多元性实验方案和行动路线时，只有回归具有法定权威的"一元性政策文件"，即前文所列举的那些核心课改文本，才可能判定具体的差错何在。作为世界教育改革（思潮）的一个重要组成部分，从 2001 年启动至今，"新课程改革"已经走过了 17 年。这些年来，一方面，一线教师在改革过程中习得了新的课程理念、创新了课堂教学，学生在体验新课程的过程中正在经历学习方式的变化，学校在拓展课程资源的过程中正在生成新的文化；另一方面，改革过程中也遭遇了多种形式的阻力，出现了一系列的理论困惑和实践难题。尤其是在关于"新课程改革"的合法性、合理性与可行性的话语系统中，言辞褒贬不一，赞誉与批评并存，呈现出一派众声喧哗的"乱象"。有一千个读者就有一千个哈姆雷特，任何人看问题的方法和深度都有其局限性。需要深究的是："新课程改革"究竟有没有比较理想的实践范本？不同方案和路线的政策、理论基础何以可靠？谁在践行、传播和发展"新课程理念"？谁又在阻碍、歪曲和裁减新课程理念？在课程改革"一元性政策文件"贯彻和落实的过程中，"多元解读"和"多种实践"，甚至误读、误判等现象也时有发生。研究表明，从教育官员、教育专家到一线教师乃至学生及其父母，他们心中、眼中和实际行动中的课改往往并不相同，甚至存在很大反差。事实上，"一元性政策文件"直接决定着"新课程改革"的基本框架，也作为各类参与主体学习和执行的原始文本而存在，同时，由于立场不同，各类参与主体又总会有意无意地对其进行发挥和改造，这有其必然性和合理性。而且值得称道的是，在"新课程改革"不断推进的过程中，不同参与主体在暴露自身局限的同时，也以各自的方式进行了不同维度的创新性探索，并在一定程度上对"核心课改文本"进行了丰富和发展。

（二）指向中国基础教育改革一般认知框架的发现或结论

之所以考察"九大教育学派"——当代中国具有重大影响的九大教育实验改革，目的在于对我国基础教育的研究动向以及基础教育改革与发展的总体态势有一个比较全面的把握。本课题在全面分析和比较"九大教育学派"的基础上，试图构建关于中国基础教育改革的一般认知框架。

1. 中国基础教育改革的当代格局①

中国基础教育改革的当代格局可以定位在"废科举、兴学堂"以来的100年格局，也可以定位在新中国成立以来的70年格局，还可以定位在"拨乱反正"之后的40年格局，再近则可以定位在21世纪之初的20年格局。需要注意的是，所谓中国基础教育改革的当代格局，有其时限、标准、视角、立场的差异性，但更有其特定的历史因素及演变逻辑。其中，进入20世纪之后的社会制度变迁，新中国成立之后的政治、经济、文化形势，尤其是1978年之后的改革开放，是我国基础教育改革新世纪格局得以形成的宏观背景。研究表明，勾画中国基础教育改革的当代格局，可以从"我们在争论什么""我们在借鉴什么""我们在探索什么"三个问题入手。

2. 中国基础教育改革的言说方式②

从教育"是什么""为什么"到教育"该如何"的追问过程，是一个求真、求善、求美的过程。从历史的角度看，在教育思想的传播过程中，一直都存在着呐喊与回应，交织着诉说与倾听。但是，在教育改革成为炙热的"公共话题"的今天，许多不同的改革主张却陷入了话语困境。在这一困境的背后，有人看到的是轰轰烈烈、热热闹闹的教育改革和教育实验，有人看到的则是一些理论、思想、认知方式乃至价值取向的浮泛与浅薄。明确言说主体（谁在言说）、言说对象（向谁言说）和言说方式（如何言说），是各种教育改革走向表达自觉的重要条件。研究表明，探讨中国基础教育改革的言说方式，可以从"谁在言说""向谁言说""如何言说"三个问题入手。

3. 中国基础教育改革的话语类型③

话语总是特定主体的话语，总是用以表达特定主体的所作所为、所见所闻、所思所想、所感所悟，即揭示特定主体生活世界的多重意义。教育话语是人们在思考、表达教育问题时的习惯（日常）用语，它是特定教育主体生活世界的一种表现形式，其中蕴含着话语主体的教育意向、价值取向、思维

---

① 具体内容参见本书第一章。

② 具体内容参见本书第二章。

③ 具体内容参见本书第三章。

方式和行动逻辑。根据话语主体、话语内容和话语风格的不同，当前关于基础教育改革的各种思想与主张，大致可以划分为"意识形态话语""知识精英话语""平民实践话语""大众诗性话语"四种基本类型。探讨这四种话语基本内涵和主要特征的根本价值在于，构建一个关于中国基础教育改革的话语认知框架。

4. 中国基础教育改革的行动逻辑①

为了追求教育的理想和理想的教育，人们必然要对现实教育中的各种问题进行批判和改革。可以说，一部教育发展史就是一部教育改革史。但是，任何一项教育改革都不得不面对一系列难题，而且，时代不同难题各异。作为一种特殊的实践活动，基础教育改革走向行动自觉的重要前提是，较为全面地把握改革的核心要素与基本结构，弄清楚"谁来改革—改革什么—怎么改革"的内在逻辑，对改革的主体与对象、原因与目的、手段与途径等问题形成比较明确的认识。否则，改革必然陷入一种盲目、混乱状态。研究表明，"谁来改革""改革什么""怎么改革"是中国基础教育改革必须明确的三个基本问题。其中，"谁来改革"所要探讨的是改革的主体问题，即改革的发起者、组织者和执行者问题，"改革什么"所要探讨的是改革的对象、主题和目标问题，"怎么改革"所要探讨的是改革的方式、方法和策略问题。

5. 中国基础教育改革的实践模式②

所谓教育改革，就是有目的、有计划地对落后的教育思想和教育实践施加影响，使其获得预期的进步和发展。所谓教育改革模式，就是对教育改革方法和教育改革策略的总体概括，它牵涉到教育改革的许多核心问题，诸如：如何确立一项教育改革的主体、内容、目标与步骤？如何协调一项教育改革相关利益主体（包括个人、组织以及各种中介机构）之间的复杂关系？如何区分一项教育改革内部、外部的积极与消极因素？如何完善和优化一项教育改革的动力机制和评价标准？等等。简言之，模式既是实践化的理论，又是理论化的实践，是理论与实践的程序化整合。教育改革模式是对教育改革方法和教育改革策略的总体概括。研究表明，历史上，倡导、支持和积极

---

① 具体内容参见本书第四章。
② 具体内容参见本书第五章。

参与教育改革的人，总是那些对学校状况和现实社会不满的人，总是那些对未来充满理想和激情的人。而那些阻碍或者对教育改革态度淡漠的人，往往是一些崇拜现实或者屈从于现实的人，往往是一些被狭隘的利益、习俗、传统和偏见局限在守旧的社会生活之中的人。目前亟待研究的是，那些教育改革的组织者和参与者，由于自身位置、角色和利益方面的多重考量，往往怀有不同的改革理想，往往欣赏不同的改革文化，往往推崇不同的改革路径。整体上看，当代中国基础教育改革大致分属于四种不同模式：行政模式、专家模式、校本模式和共同体模式。

6. 中国基础教育改革的主体形态[①]

任何教育改革都必须依靠特定的主体来完成，能否形成具有明确的改革意识和改革能力的改革主体，直接决定着改革能否真正发生和取得成效。确认改革的主体形态及其结构是有效推进基础教育改革的必要条件。基于历史和现实的考察，根据成员身份不同以及在改革目的、性质、内容、方法、策略等方面的差异，可以将推动中国基础教育改革的现实主体划分为"政策规划型主体""理论建构型主体""实践突破型主体""商业炒作型主体""社会公益型主体"五种形态。探讨这五种主体的基本内涵及主要特征的根本目的在于，构建一个关于中国基础教育改革主体的认知框架，进一步明确基础教育改革主体的多元性、差异性和互补性，从而为强化不同主体的责任意识和促成不同主体之间的有效合作提供总体思路。

7. 中国基础教育改革的对象与目标[②]

中国基础教育改革的对象与目标，是内在关联又相互区别的两个方面。其中，改革的对象即改革所要针对的"具体问题"，改革的目标即改革所要达到的"理想状态"——对"具体问题"的变革程度。改革的对象属于改革所要直面和应对的方面，改革的目标则属于改革所要建构和创生的方面。改革目标总是针对"具体问题"而言的目标。从逻辑顺序上讲，没有对"具体问题"的全面分析和洞察，改革必然失去其明确的方向和目标。毋庸置疑，中国基础教育改革的"对象与目标"问题，其实就是中国基础教育改

[①] 具体内容参见本书第六章。
[②] 具体内容参见本书第七章。

革的根本任务问题。但是，在探讨中国基础教育改革的根本任务时，人们常常忽视甚至混淆了"基础教育的任务"和"基础教育改革的任务"两者之间的关系。事实上，两者尽管紧密关联，但并非一码事。"基础教育的任务"与基础教育的目的、性质、功能有关，"基础教育改革的任务"则与基础教育自身存在的问题和所面临的困境有关。改革总是围绕着特定问题域而展开的改革，没有明确的问题域，改革必然陷入盲目和混乱状态。基础教育的根本问题在哪里，基础教育改革的对象就在哪里。或者说，认清基础教育改革的对象，是确立改革内容、方法、步骤与目标的前提，是把握改革基本方向的保证。当然，把什么作为改革的对象，取决于对基础教育发展现状的整体认识和科学判断。在我们看来，"学生的生存状态""教师的行走方式""学校的发展模式""父母的家教观念""人才的评价制度""教育的研究范式"等六个方面的问题，才是当前基础教育最为严重和根本的问题，而且将在相当长的时期内决定中国基础教育改革的目标追求。

8. 中国基础教育改革的教学关系范型①

"教"与"学"的关系问题是教学论的根本问题。但在这个根本问题上，常常出现片面性或绝对化理解，在实际教学中常常出现从一个极端走向另一个极端的现象。研究表明，在我国基础教育领域，历经十余年课改，人们对于"教"与"学"的关系的认识取得了很大进展，大致形成了以"少教多学""先学后教""以学定教""教学合一""教学相长"为主题词的改革话语。其中，"少教多学"主要表征为一种批判"多教少学"的有效教学理念；"先学后教"主要表征为一种突破"先教后学"的课堂教学模式；"以学定教"主要表征为一种反驳"以教定学"的教学活动逻辑；"教学合一"主要表征为一种针对"教学分离"的教学协同意识；"教学相长"主要表征为一种超越"教学互损"的教师职业境界。整体上看，这五个比较流行、耳熟的词语，基本描述、涵盖了当下较为理想的教学关系范型。同时令人遗憾的是，更为细致的理论和实践考察发现，耳熟未必能详，口头上流行未必行动上执行，有时执行了又未必取得实质性成果。在笔者看来，导致如此局面的根本原因在于，很多人没有真正把握这五个词语的来龙去脉和核心精神。

_____

① 具体内容参见本书第八章。

五、分析和讨论

"中国基础教育'九大学派'研究"于 2009 年 7 月立项，获批为全国教育科学"十一五"规划教育部重点课题。但早在 2006 年 4 月，课题主持人就在"教育在线"网站上发表过《发展之中的中国八大教育学派》一文。当时，就有网友追问：这八大教育学派是如何开展研究的？是如何组建、运作研究团队的？在研究过程中遇到过哪些困难？是如何解决这些困难的？它们达到预期的研究目的了吗？有网友说：不管是哪种学派，对其评价的关键在于能否让中国教育发生创新性变革，让中国学生科学地接受教育，成为合格、优秀的社会公民。还有网友说：不要寄希望于某一个学派，如果出现某一学派一统天下的局面，那是可悲的，也是可怕的。

其实，教育学派的多少不是关键，关键在于营造能够直面现实，能够讲真话，"百花齐放、百家争鸣"的学术氛围。研究表明，任何一个学派，如果忽视教师培训和教师专业发展，不能把教师接纳为学派理论实施的重要一部分的话，也就只能是空谈的学派而已，对于实践的影响力将大打折扣。本课题之所以在梳理基础教育实验改革案例的基础上，进一步推出发展之中的中国基础教育"九大学派"，根本目的在于对当前基础教育界的研究动向和中小学实践变革的整体态势做一个比较宽泛的把握。

中国基础教育改革与发展，既需要宏观视野层面的哲学思考，也需要实践操作层面的微观理论引导，更需要在宏观与微观之间架设桥梁。如同我们研究教育思想史往往是通过了解不同历史人物和不同学派的实际走向而获益一样，对中国基础教育"九大学派"展开调研分析的根本价值在于，可以在一定程度上拓展我们的理论视野，提高我们的认识水平。研究表明，任何教育理论和教育实践都有其局限性，对于学派的划分也不可避免地存在局限性，但恰恰是这种局限性，成为不同学派存在的重要前提。

回顾新中国成立以来半个多世纪的教育学发展，很少有人明确树立起自己的学派旗帜。不仅如此，现实生活中，不少人似乎忌讳学派，甚至谈"派"色变。原因当然是极其复杂的，与现有的学术资源、学术文化、学术风气、学术制度等多个方面直接相关。但不管根源何在，这都是当代中国教育学者自身创新意识、创新能力和学术自信心匮乏的表现。这种局面若再不扭转，必将进一步影响到新一代教育学人创立自己独具特色的教育理论和教育实践的积极性。我们有理由期待，本课题所研究的"九大学派"的积极努力，会为促进中国基础教育的有效变革贡献自己独到的科研范式和实践智慧，为 21 世纪的中国教育发展撑起一片新的天空。

六、建议

（一）自身研究的缺陷以及需要改进的事项

教育是一项需要深思熟虑的事业。教育的稳步、健康发展，离不开先进、可靠的教育思想，也离不开各种各样的教育实验改革。自 2001 年国家推行新课程改革以来，关于基础教育改革与发展的理论基础和实践路径问题，在教育学界持续升温，且一系列兼具实践观照和理论深度的科研成果相继形成。相比于其他研究成果，本课题没有停留在一般意义上的经验总结和未来展望上，而是从一个更为广阔的，由政治、经济、文化等社会元素共同构成的"大文化"的视角，围绕"我们需要怎样的教育"这一中国基础教育改革的前提性和方向性问题，对中国基础教育改革的当代格局、言说方式、话语类型、行动逻辑、实践模式、主体形态等深层问题做了比较全面而深入的分析，并由此构建了一个指向中国基础教育改革的总体认知框架。

但是，从逻辑上讲，只有把握教育的整体结构，才可能形成正确的教育改革观。而要把握教育的整体结构，首先需要对"教育是什么"——教育的起源及其形态转换有一个比较清晰的认识，即对生物起源论、心理起源论、劳动起源论的差异性，对家庭教育、学校教育、社会教育的统一性，形成比较可靠的知识体系。其次需要对"教育为什么"——教育的目的和功能进行澄清，即对个体本位论、社会本位论的价值取向，对教育的个体个性化功能和个体社会化功能的整合方式，形成一个站得住的立场。最后需要对"教育该如何"——教育的质量和公平问题进行辨析，即对教育品质的保障制度和教育资源的均衡配置方式，形成比较科学的认知依据。总体而言，本课题在以上几个方面的探讨都比较薄弱。

另外，关于中国基础教育改革，如果没有共同的问题指向，便没有共同的话语体系，更谈不上达成什么共识。一般认为，提高教育质量和促进教育公平是中国基础教育改革的两大核心问题。但相比较来看，教育公平更多的是一个与经济、政治乃至社会正义（制度）有关的问题，属于基础教育改革的外在性、宏观性、背景性问题。教育质量更多的属于基础教育改革的内在性、本体性、基础性问题。从根本上讲，培养什么样的人、怎样培养人，才是中国基础教育改革必须首先予以解决的问题。正是基于这一认识，本课题相对简化了教育公平问题，而将重心落在了基础教育的质量提升上。

中国是一个地域辽阔、人口众多、经济和文化差异较大的国家，城乡之间、地区之间的基础教育发展水平，目前尚存在一定差距。这是探讨中国基础教育实验改革时必须考虑的问题。同时，本课题所探讨的中国基础教育实验改革，分析对象主要聚焦在内地（大陆）的基础教育改革，由于经济、政治、文化尤其是历史方面的原因，中国香港、澳门、台湾地区的教育改革有其特殊性，因此本课题未做探讨。此外，因为科研条件限制，本课题没有能够对中国基础教育"九大学派"进行全面深入的实地考察和系统调研。

（二）根据研究结论获得的启示

教育具有鲜明的时代特性。研究中国基础教育"九大学派"，需要明确当前中国基础教育所面对的挑战和发展趋势是什么，需要明确当前中国经济、政治、文化、科技各方面对基础教育有哪些迫切需求。全球化、信息化、工业化、市场化、城市化无疑是中国基础教育改革必须应对的现实问题。同时，个体性、生命性、多样性、民主性、创新性无疑是中国社会发展对基础教育内在品质的基本要求。在这种背景下，如何解决应试教育与素质教育之间的矛盾、专才教育与通才教育之间的矛盾、精英教育与大众教育之间的矛盾、学校教育与校外教育之间的矛盾、制度化教育与非制度化教育之间的矛盾，自然成为中国基础教育改革的重要内容。

中国基础教育创新离不开实践工作者的积极参与，更离不开广大教育理论研究者的全局谋划和积极推进。大量实践证明，没有科学理论的指导，各式各样教育实验改革往往在一片喧哗之后停滞或失败。本课题所研究的基础教育"九大学派"，均属于当前具有重大影响的教育实验改革，都比较注意不同学科之间、部分与整体之间的联系，都比较强调多项教育改革之间的相互渗透、相互配合，都基本认同教育实验改革应该是一个协调的、统一的整体。

　　中国基础教育改革取得了一系列成果，但也有许多问题和不足。探讨中国基础教育"九大学派"，必须认清曾经走过的弯路，必须不断反思过去和当下的各种理论误区和价值偏向。目前看来，在组织与实施基础教育改革的过程中，明显地存在着盲目主义、形式主义、功利主义、山头主义等错误倾向。比如，有些改革一哄而起，根本没有经过科学论证就仓促上阵；有些改革"王婆卖瓜，自卖自夸"，有名无实搞花架子；有些改革"头痛医头，脚痛医脚"，甚至企图立竿见影，马上给学校带来荣誉和实利；还有些改革的组织者自以为是、有派无学、故步自封。这些导致目前在各类教育改革成果中，真正能够得到社会关注、官方重视、学界认可的东西并不多见。就教育研究与实验而言，明显地存在"一般性成果多，标志性成果少；个人独立研究多，集体攻关项目少；介绍引进的内容多，扎根研究的内容少"的现象。不仅如此，有不少实验改革还存在着极不规范的商业经营活动，诸如频繁评奖、发证、挂牌，举办低水平、重复性的会议、论坛等。不少组织者对教育改革的推广性认识不足，忽视改革的科学性和严谨性，以至于过程性资料严重匮乏，无法呈现组织实施的一些关键信息，诸如基本的理论假设、系统的实验方案以及科学的目标、方法、步骤等。

　　就教育实验改革的价值追求而言，"为了学生的发展""为了社会的进步"最为常见。但在具体落实的过程中，这两个目标必须进一步分解和细化。因为多元的主体结构必然具有多元的目标取向和多元的利益驱动。实际上，任何一项教育实验改革都由特定的利益主体发动，都由有特定利益需求的主体赞助，都由有特定利益需求的主体来具体执行。很多教育实验改革往往在改革的具体对象和目标定位上模糊不清，或者在改革的实际结果和既定目标之间出现很大游离。教育实验改革的本质在于调整思维方式和行为方式。但是，不同形态的改革主体如何才能走到一起？如何才能拧成一股绳，形成合力？这些都有待进一步的理论研究和实践探索。毕竟，不同形态的改革主体之间，或者说多元结构的教育改革主体内部，天然地缠绕着不同的利益纷争。现实中的各种教育实验改革，总是由具体的人员发起，由具体的人员开展，进而产生特定的成果并为特定的人员所推广和利用。教育实验改革的发起人、参与者以及成果的直接享用者，往往分属于不同的组织系统，他们往往以各自特定的方式，从改革本身以及实际成果中获取各自所需的实际利益。

　　总之，中国基础教育创新需要实践情怀、本土意识和合作精神，更需要科学理论和制度规范。无论是教育科研工作者还是教育管理工作者，都应该以中国教育发展的实际问题为工作的出发点和落脚点，都应该深入教育教学第一线，而不是"站在后山放空枪"。因为只有广泛地占有第一手资料和可靠数据，才可能发现真问题，才可能形成解决问题的新思路，才可能不断丰富理论和创新理论，进而构建具有中国特色、中国风格、中国气派的教育思想和理论体系。

 中国基础教育改革的困境与出路

一

　　中国基础教育的困境与中国基础教育改革的困境不尽相同。两者虽然紧密相连，但绝不是一回事。在我看来，中国基础教育的困境主要表现为教师职业倦怠、学生负担过重、学校模式单一、课堂没有活力、课程繁难偏旧，而中国基础教育改革的困境则表现为形形色色的盲目主义、形式主义、功利主义乃至山头主义。中国基础教育何以走出困境？唤起一线教师的教育理想和教育激情、减轻学生的考试和升学压力、打造富有特色的新型学校文化、反思教与学的互动逻辑关系、构建符合素质教育要求的课程体系，可能是必由之路。中国基础教育改革何以走出困境？一是要认清中国基础教育自身发展的现实困境，二是要对实际改革过程中的种种价值偏向进行批判和反省，三是要充分发挥各级各类教育改革主体在提升教育质量和促进教育公平方面的独特优势。

二

　　无论是中国基础教育自身发展，还是各种形式的实验改革，都必须全面回顾和反思自身的理念系统、目标系统、操作系统、话语系统、价值系统和评价系统，否则，很难整体把握各项具体行动的可靠依据和内在逻辑，也很难看清未来趋势和基本方向。研究发现，本书第九章所探讨的"九大学派"都比较自觉地构建了针对中国基础教育的一般认知框架和理论系统，但从教育实验和教育改革方案设计的角度来看，又都存在着一些缺陷和不足，在某一个或某几个环节上缺乏深入、严密的论证。就其本质而言，所有教育改革都应该是问题导向的改革，都应该有自身的问题来源、问题领域和问题解答方式，基本思路都应该是"发现问题—研究问题—解决问题"。也正是从这个角度来看，中国许许多多、大大小小的教育实验和教育改革，都具有较大的改进和提升空间。

三

　　教育是一门艺术，更是一门科学。作为一门艺术，需要理想、激情、智慧和良知。作为一门科学，需要不断地实验和改革，并从中找到方法、发现规律。教育理论和教育实践的生命力在于实验和改革。或者说，教育实验和教育改革的兴旺发达，意味着教育理论和教育实践水平的不断完善和提升。只有明白了这些，中国基础教育改革才可能获得持久动力并走向行为自觉。但是，如同政治、经济、文化改革一样，基础教育改革不可能一蹴而就、一帆风顺，甚至要付出一定代价。鲁迅曾经慨叹："中国太难改变了，即使搬动一张桌子，改装一个火炉，几乎也要血；而且即使有了血，也未必一定能搬动，能改装。不是很大的鞭子打在背上，中国自己是不肯动弹的。我想这鞭子总要来，好坏是别一问题，然而总要打到的。但是从那里来，怎么地来，我也是不能确切地知道。"（鲁迅，1981）[164]这种基于文化习俗的社会论断，为我们审视当下基础教育改革的艰巨性、复杂性提供了历史参照。

四

　　哀莫大于心死。"新教育实验"发起人朱永新教授曾经指出："现在对于教育的批评多了一些，埋怨多了一些，指责多了一些，似乎我们的教育一无是处。""其实，在现实的教育生活中，有许多非常感人的教育故事。可惜的是，这些生动具体、催人泪下的美丽的教育故事，没有成为我们主流媒体的声音。"（朱永新，2011b）那个在网络上广为流传，标题为《你不可能把西瓜皮骂进垃圾桶》的故事，对我们具有深刻的启示意义。

　　在某大学的阶梯教室里，一场演讲即将开始。海报几天前就贴出去了，主讲人是蜚声海内外的知名教授。同学们纷纷赶来，想一睹教授的风采。

　　离开讲还有十分钟，同学们陆陆续续奔向阶梯教室。在大家进入教室的时候，可以清楚地看到门口有几块西瓜皮。在抬脚避开时，不少人都会说两句：是谁这么缺德？一点公共意识都没有！组织者是怎么搞的？现在的人真没素质……大家叽里咕噜，抱怨着绕过那几块西瓜皮，坐到自己的位置上，静等着教授光临。

　　几分钟过后，教授准时到达，而且也看到了地上的西瓜皮。教授扶扶眼镜上前仔细端详，教室里顿时静了下来。待教授看清地上的西瓜皮后，勃然大怒，指着西瓜皮大声说道："你们怎么可以待在这个地方呢？你们应该是在垃圾桶里睡觉！怎么这么没有公德心、没有环保意识，要是有人踩到你们摔伤怎么办？你们太不像话了……"愤怒让他的眼镜在鼻梁上跳动着，让人一下子想起被小事激怒的唐老鸭，听众席上顿时传来一阵阵笑声。教授没理会，继续愤怒，对着西瓜皮继续发火。

没想到，听众席中有学生不耐烦了，大声说："算了吧，教授！别费力气了，你能把西瓜皮骂进垃圾桶吗？"听到这些话，教授突然转过头来，得意地笑了笑，并伸手把几块西瓜皮捡起来，放进讲台旁的垃圾桶里，用纸巾擦擦手说："刚才那位同学说什么？能再说说吗？"教室顿时静了下来，没人说话。教授说："我听见了，你能把西瓜皮骂进垃圾桶吗？问得好，这就是我今晚演讲的题目！"

紧接着，讲台前的大屏幕上开始播放同学们刚才入场时走过西瓜皮的镜头，大家最初哄笑着，但慢慢变得鸦雀无声。这时教授说："这是我特意安排的一个环节。明白道理是一回事，而用道理指导自己的行为，却是另外一回事！"

五

中国教育如何改革和创新？中国基础教育怎么走出困局？出路何在？这是社会各界尤其是新闻媒体经常抛出的话题。不得不承认，目前有不少人对教育改革信心不足，对基础教育改革持一种失望、怀疑、旁观、冷漠甚至否定的态度。在我们看来，中国基础教育改革需要质疑、反思和批评，但更需要理想、信心和行动，从批评走向建设，才是根本出路。或许，美国诗人希尔弗斯坦（S. Silverstein）的那首《总得有人去擦星星》，可以让我们拥有一种笃定、从容而又比较温和的改革心境：

总得有人去擦星星，
它们看起来灰蒙蒙。
总得有人去擦星星，
因为那些八哥、海鸥和老鹰，
都抱怨星星又旧又生锈，
想要个新的，我们没有。
所以还是带上水桶和抹布，
总得有人去擦星星。

——《小猕猴学习画刊》2017 年 Z4 期，叶硕　译

参 考 文 献

白春仁，1998. 巴赫金：求索对话思维 ［J］. 文学评论（5）：101 - 108.

鲍尔，2002. 教育改革：批判和后结构主义的视角 ［M］. 侯定凯，译. 上海：华东师范大学出版社.

波伊尔，1998. 基础学校：一个学习化的社区大家庭 ［M］. 王晓平，等译. 北京：人民教育出版社.

布列钦卡，2001. 教育科学的基本概念 ［M］. 胡劲松，译. 上海：华东师范大学出版社.

达林，1991. 教育改革的限度 ［M］. 刘承辉，译. 重庆：重庆出版社.

戴蒙，2006. 品格是一种竞争力 ［M］. 燕清联合，张莉，孙璐璐，译. 北京：新华出版社.

第斯多惠，2001. 德国教师培养指南 ［M］. 袁一安，译. 北京：人民教育出版社.

杜威，2005. 我们怎样思维：经验与教育 ［M］. 姜文闵，译. 北京：人民教育出版社.

多尔，2000. 后现代课程观 ［M］. 王红宇，译. 北京：教育科学出版社.

范梅南，2001. 教学机智：教育智慧的意蕴 ［M］. 李树英，译. 北京：教育科学出版社.

费尔巴哈，1984. 基督教的本质 ［M］. 荣震华，译. 北京：商务印书馆.

伽达默尔，1988. 赞美理论：伽达默尔选集 ［M］. 夏镇平，译. 上海：上海三联书店.

郭元祥，2002. 生活与教育：回归生活世界的基础教育论纲 ［M］. 武汉：华中师范大学出版社.

胡定荣，2005. 课程改革的文化研究 ［M］. 北京：教育科学出版社.

华东师范大学教育科学资料中心，1986. 当代国外教育研究 ［M］. 上海：华东师范大学出版社.

江苏省陶行知研究会，南京晓庄师范学校，2008. 陶行知文集：上 ［M］. 南京：江苏教育出版社.

教育大辞典编纂委员会，1990. 教育大辞典：第 1 卷 ［M］. 上海：上海教育出版社.

金美福，2004. 教师开展生活体验研究的基本条件 ［J］. 中小学教师培训（10）：14 - 16.

卡西尔，1987. 人论 ［M］. 甘阳，译. 上海：上海译文出版社.

克里希那穆提，2004. 人生中不可不想的事 ［M］. 叶文可，译. 北京：群言出版社.

夸美纽斯，2006. 大教学论：教学法解析 ［M］. 任钟印，译. 北京：人民教育出版社.

联合国教科文组织国际 21 世纪教育委员会，1996. 教育：财富蕴藏其中 ［M］. 联合国教科文组织总部中文科，译. 北京：教育科学出版社.

联合国教科文组织国际教育发展委员会，1996. 学会生存：教育世界的今天和明天 [M]. 华东师范大学比较教育研究所，译. 北京：教育科学出版社.

梁克隆，2007. 西方哲人论儿童教育 [M]. 北京：中国社会科学出版社.

刘铁芳，2005. 走向生活的教育哲学 [M]. 长沙：湖南师范大学出版社.

鲁迅，1981. 鲁迅全集：第1卷 [M]. 北京：人民文学出版社.

罗尔斯，等，2003. 政治自由主义：批评与辩护 [M]. 万俊人，等译. 广州：广东人民出版社.

马克思，恩格斯，1957. 马克思恩格斯全集：第2卷 [M]. 北京：人民出版社.

马克思，恩格斯，1972. 马克思恩格斯全集：第23卷 [M]. 北京：人民出版社.

茅卫东，李炳亭，2006. "杜郎口模式"：一所乡镇中学的颠覆性教学改革 [J]. 基础教育 (6)：6-9.

米克尔约翰，2003. 表达自由的法律限度 [M]. 侯健，译. 贵阳：贵州人民出版社.

帕森斯，2003. 社会行动的结构 [M]. 张明德，夏遇南，彭钢，译. 南京：译林出版社.

派纳，雷诺兹，斯莱特里，等，2003. 理解课程 [M]. 张华，等译. 北京：教育科学出版社.

裴斯泰洛齐，2001. 裴斯泰洛齐教育论著选 [M]. 夏之莲，等译. 北京：人民教育出版社.

秦培元，刘金玉，2011. "先学后教，当堂训练"：洋思教育的密码 [J]. 江苏教育研究 (3)：22-24.

邱学华，2001. 让孩子在尝试中创新 [J]. 江西教育 (2)：31-33.

任平，1999. 交往实践与主体际 [M]. 苏州：苏州大学出版社.

任平，2004. 呼唤全球正义：与柯布教授的对话 [J]. 国外社会科学 (4)：80-82.

桑新民，2005. 建构主义的历史、哲学、文化与教育解读 [J]. 全球教育展望 (4)：50-55.

石中英，2002. 当前基础教育改革的若干认识论问题 [J]. 学科教育 (1)：1-5.

苏霍姆林斯基，1981. 给教师的一百条建议 [M]. 杜殿坤，译. 北京：教育科学出版社.

苏霍姆林斯基，1999. 帕夫雷什中学 [M]. 赵玮，等译. 北京：教育科学出版社.

苏霍姆林斯基，2000. 苏霍姆林斯基选集：第2卷 [M]. 北京：教育科学出版社.

孙孔懿，2010. 教育像什么：一部形象化的教育学 [M]. 南京：江苏教育出版社.

谭学纯，朱玲，2001. 广义修辞学 [M]. 合肥：安徽教育出版社.

陶行知，1991. 陶行知全集：第1卷 [M]. 成都：四川教育出版社.

滕尼斯，1999. 共同体与社会 [M]. 林荣远，译. 北京：商务印书馆.

吴康宁，2007. 谁支持改革：兼论教育改革的社会基础 [J]. 教育研究与实验 (6)：1-5.

张荣伟，2007. 当代基础教育改革 [M]. 福州：福建教育出版社.

张荣伟，2010. 新中国教育实验改革［M］. 天津：天津教育出版社.

赵中建，1996. 教育的使命：面向二十一世纪的教育宣言和行动纲领［M］. 北京：教育科学出版社.

钟启泉，2005. 苏醒吧，薄弱初中：日本佐藤学教授访谈［J］. 全球教育展望（4）：4－5.

朱永新，2004. 诗意与理性：教育问答录［M］. 北京：人民教育出版社.

朱永新，2011a. 教师是教育之本［N］. 中国教育报，2011－11－17（1）.

朱永新，2011b. 重建信心是落实教育规划纲要重要前提［N］. 科学时报，2011－03－15.

佐藤学，2003. 课程与教师［M］. 钟启泉，译. 北京：教育科学出版社.

佐藤学，2004. 学习的快乐：走向对话［M］. 钟启泉，译. 北京：教育科学出版社.

重新界说教育[①]

　　什么是教育？仁者见仁，智者见智，中外教育史上留下了各种各样的定义。基于30年的教师生涯和理论研习，我认为，教育是一种通过听、说、读、写、行、思，提高听、说、读、写、行、思等方面能力的交往活动。

　　其一，教育是一种通过"听"提高倾听能力的交往活动。倾听不仅是对话和理解的前提，也是一种修养和智慧。听君一席话，胜读十年书。一个受过良好教育的人，一定是一个善于倾听的人。从胎教到家教，从学校到社会，从整个生命历程来看，个体接受教育的最初形式就是"听"。风声雨声读书声声声入耳，家事国事天下事事事关心。对于学生而言，只有自觉敞开心灵，养成"聆听窗外声音"的习惯，才可能不断进步。对于教师而言，只有精心设计"听"的形式和内容，呈现不同声音，提供更多更好的声音，才可能让学生听得真切、听得明白，感受到"听"的无限乐趣，从而学会倾听。

　　其二，教育是一种通过"说"提高说话能力的交往活动。说话是一个人日常交际、展示自我的重要手段。会说话有利于建立良好的人际关系，能够让事业插上腾飞的翅膀。俗话说：一句话让人笑，一句话让人跳。一个受过良好教育的人，一定是一个讲究说话艺术的人。说话能力不是天生的，需要长期练习才能形成。教师的职责在于，通过对话、诵读、研讨、辩论、演讲、讲故事等形式，使学生敢说、爱说、会说，形成终身受益的表达和沟通

能力。就现行的学校教育而言，无论是母语课还是外语课，难得的是让学生主动说话、放声说话、说自己的话、说自信的话、说流利的话、说好听的话。

其三，教育是一种通过"读"提高阅读能力的交往活动。阅读既是个体经由视觉获取意义的认知活动，也是读者与作者之间的精神交流活动。阅读的根本意义在于滋养心灵、丰富人生。对于学生而言，阅读就是读书，读书就是教育。苏霍姆林斯基说过："一个学校可以什么都没有，只要有为学生的精神成长而准备的书，那就是教育。"对于教师而言，所谓"教书"，其实就是筛选阅读材料，创设阅读情境，与学生分享阅读。朱永新先生说过，一个人的精神发育史就是一个人的阅读史，一个民族的精神境界取决于这个民族的阅读水平。可以断言，一个受过良好教育的人，一定是一个具有良好阅读习惯的人，一定是一个好读书、读好书、会读书的人。

其四，教育是一种通过"写"提高写作能力的交往活动。写作是一种利用语言文字符号反映客观世界、表达思想情感、传递知识信息的创造性活动。写作能力是个人素质的综合体现，也是个人心智水平最雄辩的说明。在选拔人才时，中国自古重视写作能力，不管是汉代的贤良方正，还是隋朝开始的科举制度，大都"一篇文章定终身"。事实上，文章不仅是外在的一纸笔墨，更是一个人的思想和胸襟，其中蕴含着作者的才情、志向、人格乃至命运，正所谓"言为心声，文如其人"。但需要警醒的是，写作能力非一日之功，由于教学方法不当，中小学生不会写作、不肯写作、害怕写作乃至拒斥写作的现象时有发生。如何在听、说、读的基础上培养学生勤于动笔的习惯，成为非常现实而紧迫的课题。

其五，教育是一种通过"行"提高行动能力的交往活动。"行"是人存在和发展的前提，人的价值和意义只有通过"行"才能充分展现出来。荀子曰："不闻不若闻之，闻之不若见之，见之不若知之，知之不若行之。学至于行而止矣。"中国文化向来务实重行，主张学以致用。子曰："诵诗三百，授之以政，不达；使于四方，不能专对。虽多，亦奚以为？"反观当下的教育教学，往往没能处理好"知"和"行"的辩证关系，书本知识与个体经验脱节，学校生活与社会生活分离，学生创新精神和实践能力明显不足。读万卷书，行万里路。"行"是目的也是手段，是最好的老师。行是知之始，知是行之成。这是陶行知"教学做合一"教育思想的内在逻辑，也是综合实践活动课程乃至研学旅行的价值追求。

其六，教育是一种通过"思"提高思辨能力的交往活动。听、说、读、写、行离不开思，思也离不开听、说、读、写、行。学而不思则罔，思而不学则殆。无论是孔子的"启发式"教学还是苏格拉底的"产婆术"，抑或是杜威的"反省思维"，推崇的都是教育的"致思"境界。会思考成就了人的伟大，人的全部尊严在于会思考。雅斯贝尔斯在《什么是教育》中强调：全部教育的关键在于选择完美的教育内容和尽可能使学生之"思"不误入歧途，而是导向事物的本源。教育的核心价值在于锤炼思维品质，而不是收集信息或堆积知识。正如爱因斯坦所强调的，发展独立思考和独立判断的一般能力，应当始终被放在首位，而不应当把获得专业知识放在首位。

总之，听、说、读、写、行、思，作为建构人与自然、人与他人、人与社会、人与自我诸多关系的基本方式，具有存在论、认识论和发展论等多重意义。基于该认知框架的教育界说，不但连贯一致地回答了"培养什么人"和"怎么培养人"这两个基本问题，而且比较系统地阐释了当前教育中存在的突出问题。

附录二

多元化时代亟须判断力教育①

摘要：在一个价值多元、道德多元、文化多元的大变革时代，判断力教育势在必行。多元化时代的判断力教育有三大问题有待阐释，分别为"什么是判断力教育""为什么提倡判断力教育"和"怎么开展判断力教育"。从哲学的角度对"判断力教育"的现实状况进行反思和批判，具有非常重要的理论意义和实践价值。

关键词：多元化时代；判断力；判断力教育

一、判断力教育指向幸福人生

一般认为，教育具有促进个体个性化和个体社会化两大基本功能。但从根本上看，无论是个体的个性化还是个体的社会化，都不可忽视个体判断力的不断提升。否则，个体思想和人格的独立性、完整性以及参与社会生活的应变能力，必然大打折扣。现实中，一个判断力发育不健全的人，一个跟着感觉走、没有自我约束和自我超越意识的人，在各种交往实践中都遭遇重重困难。一个人的判断力直接决定着一个人的行为结果和日常生活的幸福指数。可以说，没有可靠的判断力，便没有幸福、可靠的人生。

---

① 本文发表于《中国德育》2013 年第 14 期，收入本书时有改动。

一个人的判断力即一个人的思考能力和推理能力，即一个人的理智和理性。一个人"知—情—意—行"的逻辑一致性，标示着一个人的判断力水平。一个人的判断力决定着一个人的认识路线和认识结果。柏拉图的"洞喻"和培根的"四种假象"都在告诫人们，个体的认识能力总是有限度的，其精神和心灵时常会遭遇内在和外在的种种困惑。在此语境下，"判断力教育"（education of judgment）便成为一种擦亮眼睛，驱逐黑暗，朝向真、善、美的强心益智活动。

判天地之美，析万物之理。判断力教育崇尚质疑、辩驳和探究，在相当程度上表征为以提升个体认识能力为旨趣的"理性教育"，而非简单、肤浅、盲目的"情感教育"。不懂事理，则不懂情感。一无所知的人，也一无所爱。判断力教育所认同的"情感教育"，建立在完备的理性基础之上，它反对模仿，反对顺从于欲望或习俗的"非（反）理性教育"，它重视道德感、美感和理智感的融合，追求感性和理性的统一。

二、判断力教育重视知识习得

可靠的判断力总是建立在比较充分、完备（善）的知识基础之上。"知之为知之，不知为不知，是知也。"（《论语·为政》）之所以说"知识就是力量"，一个很重要的根据就是储备知识可以提升人的判断力。兵家孙武说得好："知彼知己，百战不殆；不知彼而知己，一胜一负；不知彼不知己，每战必殆。"（《孙子·谋攻篇》）

根据唯物主义认识论，一切比较完备（善）的知识都需经由两个阶段才能形成：第一阶段是感性知识，第二阶段是理性知识。理性知识是感性知识的高级发展阶段。当然，主体在运用理性知识进行判断的具体过程中，理性和感性是交错互动的，两者没有清晰的界限，并非泾渭分明。

知识即美德，无知即罪恶。无知者无畏，无知者的行动常常是可怕的行动。与任何真正的教育一样，判断力教育不仅从不拒绝或轻视传授知识，而且特别看重学生对于真理原则、价值尺度的全面占有、深刻领悟和灵活运用。当然，亲身经历和主观感受向来优先于抽象的知识概念，好的教育应该遵循个体知识增长的自然进程，循序渐进地培养受教育者观察、思考和行动的能力，而不是把现成的思想观念、行为模式强塞进他们的脑袋。

三、判断力教育提倡自主学习

一个人的判断能力也即一个人的选择能力。从生到死，人生就是一个不断选择的过程。现实生活中，儿童的选择意识和选择能力往往没有得到重视。很多父母喜欢替孩子选择，很多教师喜欢直接告诉学生答案。在他们看来，成人总是比儿童更有经验、更聪明，这样做可以节省时间、少走弯路、避免错误。岂不知，一直处于他人"包办"中的儿童永远长不大，甚至不愿长大，直至失去个体发展的自觉性和能动性。

事实上，不管是接受还是拒绝，不管是服从还是不从，儿童在成长的过程中总会有许多自己的想法和做法。真正有智慧的教育者不是简单地给出"是"或者"不是"、"对"或者"不对"之类的判断标准，而是与儿童一道耐心地考察各种想法和做法的合理性、合法性和可行性。儿童只有在自主思考和自主选择的过程中才能学会思考和选择，只有在实际参与和实际操作的过程中才能掌握做事的方法和技巧。"解放儿童"的根本意义正在于此。

父母教孩子走路的目的在于孩子能够独立行走，教师教学生学习的目的在于学生能够自主学习。判断力教育的一个重要目的在于让受教育者越来越不需要教育者，最后能够从容地、独立自主地面对生活。为此，我们特别欣赏《教师座右铭》（*The Quotable Teacher*）中的两句格言：1. The object of teaching a child is to enable him to get along without his teacher；2. A good teacher is one who makes himself progressively unnecessary.（Howe，2006）[105]这两句话大同小异，非常深刻地揭示了"教是为了不教"这一教育真谛，与老子"授人以鱼，不如授人以渔"的教育理念异曲同工，不谋而合。

因此，判断力教育特别主张自主学习和自主发展。"未来的学校必须把教育的对象变成自己教育自己的主体。受教育的人必须成为教育他自己的人，别人的教育必须成为这个人自己的教育。这种个人同他自己的关系的根本转变，是今后几十年内科学与技术革命中教育所面临的最困难的一个问题。"（联合国教科文组织国际教育发展委员会，1996）[200]一个人主体性的生成过程与一个人判断力的成熟过程是一致的。我们有理由相信，自我教育和自主学习理念会在越来越多的幼儿园、中小学和大学校园里生根、发芽、开花、结果。

四、判断力教育鼓励独立思考

一个人的判断力关涉其洞察力、理解力、鉴赏力等多个方面，而其中任何一种能力都不是自然而然成长起来的，必须经过自觉训练和培养才能逐步完善和健全。由低级到高级，一个人的判断力发展会呈现出明显的顺序性和阶段性。认识不到这一点，我们的家庭生活和学校课程在培养儿童的判断力方面，很难走向理性和自觉。

一个人的判断力即一个人的思维能力。一个人的思维能力和思维水平取决于一个人的思维态度、思维方式和思维习惯。尊重儿童的好奇心、想象力和探究意识，培养其良好的思维态度、思维方式和思维习惯，是判断力教育的核心内容。在这方面，美国教育家杜威在《我们怎样思维》（*How We Think*）中关于反省思维与教学两者关系的探讨，对于我们开展判断力教育具有重要的参照价值。

大量实践证明，一个人的思维态度、思维方式和思维习惯，与其成长环境和实际经验息息相关。网上流传着这样一则冷笑话——

联合国教科文组织给来自世界各地的小朋友出了这样一道考题：请你对其他国家的粮食短缺问题谈谈自己的看法。结果，在看完题目之后，非洲的小朋友不知道什么叫"粮食"，欧洲的小朋友不知道什么叫"短缺"，拉美的小朋友不知道什么叫"请"，美国的小朋友不知道什么叫"其他国家"，而中国的小朋友不知道什么叫"自己的看法"。

看到这则略显幽默但更具讽刺意味的网络故事，中国的每一位父亲或母亲，每一位有良知的教育工作者，是不是应该认真反思：究竟是什么原因，究竟是怎样的学习和生存境遇，让我们的孩子丧失了"自己的看法"和起码的判断力？

五、判断力教育强调生活反思

陶行知先生在探讨以培养生活力为指向的生活教育时，将生活划分为健康的生活、劳动的生活、科学的生活、艺术的生活和社会改造的生活等不同形态，并指出：如果将这五种生活进行细分的话，大约有三千种以上的生活力，因而有三千种以上的生活力需要培养。在我来看，不论有多少种生活和生活力，没有判断力支撑的生活是不可思议的。

很多时候，生活即反思、判断和选择。正因为生活的复杂性、多样性和不确定性，判断力才显得极其重要。从服务于个体生活的角度看，判断力教育常常表征为习惯培养、人格塑造或自我修炼，而"慎独"一直是广受推崇的修身之道。"人之视己，如见其肺肝然，则何益矣。此谓诚于中，形于外。故君子必慎其独也。"（《礼记·大学》）

一个人的判断力是其生活反思能力的核心所在。就现有的理论资源而言，基于生活的判断力教育，需要充分吸收康德"三大批判"的合理思想，因为迄今为止，尚未出现比这更为系统深刻的"判断力学说"。在康德看来，判断力即把特殊归摄于普遍之下的思考能力。其中，如果普遍的东西（规则、原则、规律）被给予了，那么把特殊归摄于它们之下的那个判断力就是规定性的；如果只有特殊被给予了，判断力必须为此去寻求普遍，那么这种判断力就是反思性的（康德，2002）[13-14]。真正理智而值得过的生活，既需要做规定性判断，也需要做反思性判断，既需要做审美性判断，也需要做目的性判断。

六、判断力教育挑战陈规陋习

人作为一种文化的动物，总是生活在由宗教、习俗、道德、法律等多种制度规约的环境之中。在现代社会，道德规范和法律条文是日常生活和人际交往的两个基本尺度。"在一个组织良好的社会中，最重要、最必要的社会行为规则通常是由法律强制实行的，那些在重要程度上稍轻的规则是由实证道德来维系的。法律仿佛构成社会秩序的骨架，道德则给了它血与肉。"（西季威克，1993）[469]然而，这是否意味着现代人只需要依照现成的规范、条文行事而无须反省、判断和选择了呢？答案显然是否定性的。现代人面临的冲突、困惑比以往任何时代都多得多。除了个人境遇的特殊、复杂外，道德规范本身的相对性、多元性以及法律条文的主观性、不确定性，也导致生活样态的千差万别。

其实，道德规范和法律条文作为特定时空、文化背景下的价值逻辑和价值选择，必然随着时空、文化的变迁而发生形式与内容的转换。所谓价值，即客体对主体的一种效用，它是客体满足主体需要、欲望、目的时所呈现的一种关系属性。为什么"三纲五常"呈式微之势？为什么有些法律条文亟待修订甚至废除？因为人们的生存环境和价值准则有了新的内容。

仅就法律的缺陷而言，亚里士多德曾强调："法治应包含两重意义：已成立的法律获得普遍的服从，而大家所服从的法律又应该本身是制定得良好的法律。"（亚里士多德，1965）[199]可见，"良法"才是法治社会的基本前提。必须承认，任何社会都可能出现一些"恶法"，如果遵从即违背实质正义，如果不遵从则违背形式正义。在"恶法"面前何去何从，直接考验个人的价值信念和行为准则。无论是法律条文还是道德规范，必须是合理的，必须经得起良知的检视、拷问，才具备推行和实践的合法性。

七、判断力教育推崇价值理性

一个人的行为能力、生活能力是其判断力最为直观的表现形式。一个人的行为品质、生活境界，取决于行为和生活本身所蕴含的思想和德性的分量。没有思想和德性的人生是没有多少意义的人生，是肤浅、空洞、无趣的人生。未经反省的人生不值得过，而反省的目的就在于增加生存的重量。

在一个价值、道德、文化急剧变革的时代，怎样才能克服道德和法律本身的局限性？怎样为个人的言谈举止进行辩护？怎样为自己的"顺从"或"不从"行为的正当性进行解释？这是每个人认真生活时无法越过的难题。其实，对于任何人而言，都不存在一劳永逸或放之四海而皆准的生活准则和行动逻辑，科学的做法只能是在解决具体问题的过程中积极思考，有意识地锻炼思维，从而形成一个灵活、开放、富有批判意识和反省能力的头脑。

教育就是对儿童的行为进行引导和约束，培养其理性，从而使其过上一种理智的生活。这种理智主要表现为个人对于法律条文和道德规范的洞察力、理解力和批判力。在一个动荡不安且充满不确定性的时代，在一种多元价值秩序中，这种理智显得尤为重要。

但是，英国哲学家罗素曾经强调，我们没有理由期待一个受过教育的人比一个没有受过教育的人，或者一个聪明的人比一个愚蠢的人在道德上更为优越（罗素，2009）[205]。为什么这么说？因为，个人道德尤其是道德判断力，并非必然地与那些所谓受过教育的人或者聪明的人有缘分。作为教育的核心价值，道德尤其是道德判断力必须经过反复的、严肃的、持续不断的耐心引导和自我修炼，才可能在一个人的身上逐渐地成长起来。

八、判断力教育遵循文化逻辑

判断力教育作为一种"生活教育""人生教育"或"人格教育"，在我国传统教育思想中占有非常重要的位置，其中儒家论点堪称典范。比如众所周知的"己所不欲，勿施于人""己欲立而立人，己欲达而达人"，又如"博施于民而能济众""修己以敬，修己以安人，修己以安百姓"，等等，今天依然是人生处事的金科玉律。

人生就是生活，就是做人。但是，过什么样的生活、做什么样的人，这是教育无法回避的话题。"富贵不能淫，贫贱不能移，威武不能屈。"这是大丈夫人格，更是生活姿态和人生追求。或曰：仁者不忧，智者不惑，勇者不惧。或曰：老者安之，朋友信之，少者怀之。它们是判断力教育所描绘的人生境界，也是相关课程与教学的经典内容。

年龄和阅历造就了人的生活信念和生活态度。在宏大的人生坐标中，少年儿童是现实主义者，青年人是理想主义者，中年人是怀疑主义者，老年人是神秘主义者。或者说，少年儿童过的是一种感性的生活，青年人过的是一种梦幻的生活，中年人过的是一种多变的生活，而老年人过的是一种宗教式的生活。《论语》中的"君子之戒"，揭示了判断力教育顺序性、阶段性：

年少之时，血气未定，戒之在色；及其壮年，血气方刚，戒之在斗；及其老也，血气既衰，戒之在得。

经验告诉我们，为人处世，只有坚持一种发展的、联系的、辩证的观点，才可能大度从容、得心应手。孔子的"四毋说"值得铭记：毋意，毋必，毋固，毋我。经验还告诉我们，一个人的才智和德性相辅相成、相得益彰，而且，只有敏锐的洞察力与善意和良知同行时，才可能探知生活世界的精微处。所谓"才者，德之资也；德者，才之帅也"。现实生活中，心眼不多但品行端正的人，经常能看穿最狡猾的骗子的诡计，而贪婪、无知和虚荣则常常使一个人的判断力钝化，一个人一旦被这些东西控制，各种形式的常识和劝导，都不过是耳边风，很难产生实质性作用。

九、判断力教育直面人格现实

良好的判断力是一个人保持清醒、自由而不自我放纵的前提条件。在《斐德若》中，柏拉图将人的灵魂划分为三部分，其中的两部分像两匹马，第三部分像一个御车人。这两匹马中一匹驯良，一匹顽劣。驯良的这匹马占较尊的位置，样子顶美，身材挺直，颈项高举，鼻子像鹰钩，白毛黑眼，它爱好荣誉，谦逊和节制，因为懂事，要驾驭它并不需要鞭挞，只需劝导一声即可。顽劣的这匹马则相反，庞大、卷曲而丑陋，颈项短而粗，面庞平板，皮毛黝黑，眼睛灰土色里带血红色，不规矩而又骄横，耳朵长满了乱毛，又聋，鞭打脚踢也难得使其听从调度（柏拉图，2003）[168]。"御车人"靠什么来驾驭这两匹马？只能是良好的判断力。

一个人拥有了良好的判断力，才可能节制而不压抑，随性而不放纵，才可能在各种名利得失乃至危机面前心不慌、意不乱、安定从容。在《斐多》中，柏拉图特别强调，节制就是不被欲望所支配，就是对各种诱惑保持一种清醒。他认为，节制这种美德属于那些克制身体欲望而专注于哲学思考的人。今天，身处物质主义、科技至上和经济主导一切的商业大潮中，一个自我放纵的人，一个丧失了自控力、意志力的人，其精神生活的贫穷、困顿状态，可想而知。

关于节制和放纵两者之间的关系问题，亚里士多德进行过比较深入的探讨。他认为：一个人并不是因为他能够直面痛苦而就被称为节制，也不是因为他没能直面痛苦而就被称为放纵；放纵之人被称为放纵，是因为他由于没有得到快乐而不适当地感觉痛苦（由快乐造成的痛苦），而节制之人被称为节制，是由于他在没有得到快乐或回避快乐时并不感觉痛苦（亚里士多德，2003）[92]。这些论点，对于解决当代人的精神安顿问题，具有重要的启示意义。

十、判断力教育主张返璞归真

察己则可以知人，察今则可以知古。正确的自我认知和自我判断，乃是一切判断的基础；妄自尊大或妄自菲薄不但难以做出正确的判断，而且常常会导致严重后果。现实中，不少人会对明确无误的事情表示怀疑，而有的人则对一些尚不明确的东西深信不疑。如果没有自知之明，不知自我反省也不知谨慎使用的话，一个人的头脑将成为非常危险的东西。

一个人怎样才能不惑或不盲从呢？最要紧的就是养成良好的判断力。怎样才能具备良好的判断力？梁启超在《为学与做人》中有所阐释，他认为大致有三步：第一步，必须拥有相当的常识；第二步，对于自己要做的事，必须具备专门的知识；第三步，要有遇事能断的智慧。由此看来，生活常识、专业技能、实践历练三个方面，决定着一个人的判断力水平（史仲文，胡晓林，王书良，1993）[6]。

遗憾的是，有些富有常识、专业特长和相当生活阅历的人，却常常做出荒诞可笑的事情。有些时候，成人反而不如儿童聪明。为什么？童心最美！儿童心地单纯，其生活世界自然透明，而成人往往戴着有色眼镜看问题，其认知逻辑因而发生扭曲却不自知。成人常常会陷入一些偏见和假象中。正是基于这事实，人们才说：儿童是成人之父！其实，在有些是非面前，儿童之所以会比成人判断更准确，做出更为合理的反应，正因为他们心无旁骛，富有同情心，具有更为敏锐的感知能力。成人之所以会在有些是非面前反应迟钝，根源于冷漠、自私的狭隘心理。并不否认，成人往往比儿童更机灵、更世故、更圆滑，但必须承认，正是机灵、世故和圆滑毁坏了成人对于真、善、美的感知力和判断力。

　　从根本上讲，判断力教育是为了规避盲从、浮躁和浅薄，帮助人认识生活的本义，学会以滋养生命的方式享受人生。正如著名作家王蒙所言，生活的本质是你喝什么样的水，而不是盛水的杯子，真正的高贵是你喝了甘甜的水而不是举起了华贵的杯子；看重生活本质的人，在人生的路上艰苦跋涉，寻找更甜更美的甘泉，人生路上留下了一座座丰碑，而那些手捧金杯玉盏的人，却守着几个杯子度过了一生。

十一、判断力教育反对言听计从

　　之所以呼唤判断力教育，是因为当前判断力严重不足。其中，缺乏判断力的不只是儿童，还有教育者自身。反观现实，父母、教师、成人往往更需要判断力教育。

　　之所以呼唤判断力教育，还因为"唯书""唯师""唯上"依然盛行，不少教育者往往习惯于"顺从"而压制"不从"，严重忽视甚至扼杀了学生的批判意识和创新精神。在不少教育者的潜意识中，往往"顺从"是一种美德，而"不从"则是一种恶行。岂不知一个人的精神和判断力要想真正获得发展，必须敢于对形形色色的成见和"标准答案"说"No!"。诚如弗罗姆所言："人的智力发展依赖于不从的能力，即对试图禁止新思想的权威人士的不从和对长期形成的已变为废话的权威观点的不从。"（弗罗姆，1991）[3]

　　当然，任何专制的统治者都不会鼓励怀疑、批判和不从，他们总是习惯于将个人利益建立在传统、迷信和权力之上。"不要让青少年有判断力。只要给他们汽车、摩托车、刺激的音乐、流行的服饰以及竞争意识就行了。剥夺青少年的思考力，根植他们服从指导者命令的服从心。让他们对批判国家、社会和领袖抱着一种憎恶，让他们深信那是少数派和异端者的罪恶，让他们认为想法和大家不同的就是公敌。"这段被冠以"希特勒语录"的文字，就体现了专制的统治者试图削弱青少年判断力的意图。

　　事实上，在各种封闭、专制、独裁的文化体制中，沉默不语或逆来顺受，向来都是弱者的处世之道和生存智慧。所谓明哲保身、难得糊涂，其实不过是很多人逃避自由的借口。同时，那些对于别人的苦难遭遇无动于衷的人，那些对于身边不平之事听之任之默不作声的人，往往是丧失了道德判断力而灵魂瘫痪、精神麻木的人。言听计从也好，唯唯诺诺也好，可能是"大智"，但绝不是大勇。

十二、判断力教育的本质在于启蒙

《察今》曰："有道之士，贵以近知远，以今知古，以所见知所不见。故审堂下之阴，而知日月之行，阴阳之变；见瓶水之冰，而知天下之寒，鱼鳖之藏也；尝一脟肉，而知一镬之味，一鼎之调。"（《吕氏春秋·慎大览》）由此看来，除了价值判断力、道德判断力、文化判断力之外，我们还可以提出逻辑判断力、自然判断力、生活判断力等不同概念。但相比较来看，只有价值判断力，尤其是道德判断力得到了良好锻炼的人，才可能真正成为有教养的人，才配得上"有教养的人"这一称谓。因为，"有道"未必"有德"，"道"可行善，亦可为恶。正如《资治通鉴》中言："君子挟才以为善，小人挟才以为恶。挟才以为善者，善无不至矣；挟才以为恶者，恶亦无不至矣。"一个人用智慧来行善，就是天使，用智慧来作恶，就是魔鬼。对于一个道德判断力发育不健全或丧失了道德判断力的人而言，其勇敢的行为常常意味着鲁莽、残暴甚至罪孽，其聪明的脑袋，常常成为谄媚、附庸、腐败的资本和工具。

正如源赖朝所言，"判断力就像一株不断成长的植物，需要细心培育和不断看护，这样才可能在所有情况下都结出果实"（源赖朝，2010）[2]。在一个诚信、信仰、同情心、责任感稀缺，道德状况异常糟糕的环境里，儿童的心理健康和精神发育堪忧。社会上存在的一些所谓"精致的利己主义者"，尤为擅长的就是投机取巧和自我经营，他们常常能够上下通达、左右逢源，实现个人利益最大化。需要警醒的是，这些人可能是特别聪明的人，却不是有涵养、有品位的人，因为他们身上缺失了一种德性，道德判断力成为人格"短板"。事实上，这些人不过是培根所讲的那种精通"自谋之术"的人——爱自己甚于任何旁人的人（培根，1995）[99]。

总之，判断力犹如航船之舵、骏马之缰，它是人之为人的内在依据，而教育的使命就在于赋予人以理性和良好的判断力，让人拥有智慧，从而摆脱限制人类思想和毁坏人类情感的种种愚昧。从哲学的角度来看，真正自主自觉的教育，无论是探讨世界观、人生观、价值观，还是阐释本体论、认识论、价值论，都不会忽视个体判断力的培养和提升。"热情就像水晶一样脆弱，但判断力却像青铜一样持久耐用。"（源赖朝，2010）[4] 在一个价值多元、道德多元、文化多元的大变革时代，一个没有良好判断力的人，一个没有强大内心世界的人，可能糊里糊涂、跌跌撞撞、随波逐流，也可能畏首畏尾，茫然不知所措，甚至一错再错。诸如此类的反面现象，恰好有力地说明了"判断力教育"的理论意义和启蒙价值。

参考文献：

柏拉图，2003. 柏拉图全集：第二卷［M］. 王晓朝，译. 北京：人民出版社.

弗罗姆，1991. 人的呼唤：弗罗姆人道主义文集［M］. 上海：上海三联书店.

康德，2002. 判断力批判［M］. 邓晓芒，译. 北京：人民出版社.

联合国教科文组织国际教育发展委员会，1996. 学会生存：教育世界的今天和明天［M］. 北京：教育科学出版社.

罗素，2009. 西方哲学史［M］. 长春：吉林大学出版社.

培根，1995. 培根论说文集［M］. 东旭，肖昶，译. 海口：海南出版社.

史仲文，胡晓林，王书良，1993. 古今中外伟人智者名言精萃：论智慧［M］. 北京：中国国际广播出版社.

西季威克，1993. 伦理学方法［M］. 廖申白，译. 北京：中国社会科学出版社.

亚里士多德，1965. 政治学［M］. 吴寿彭，译. 北京：商务印书馆.

亚里士多德，2003. 尼各马可伦理学［M］. 廖申白，译. 北京：商务印书馆.

源赖朝，2010. 判断力［M］. 葛文婷，译. 哈尔滨：哈尔滨出版社.

Howe R，2006. The quotable teacher［M］. Lyons：Lyons Press.

第 1 版

后 记

　　从最初构思到本书完稿，我一直关注同类研究的前沿状况，重视相关学术成果的积累和借鉴。同时，也一再提醒自己，研究必须有新问题、新视角、新思考，否则，就不要动笔。因为，无论是重复自己还是重复别人，都是一件枯燥而没有多少意义的事情。

　　目前，中国基础教育改革研究尚未形成比较确定的问题域，更没有成熟的理论框架可以参照，若想有所建构、有所创新，必须深入实践、广泛阅读并付出艰苦的思想劳作。知其不可为而为之，这是一种自我挑战，更是一种理论勇气。好在，从事研究是任何年龄、任何地点、任何季节、任何时刻都可能得到的一种乐趣。我深信梅特里（L. Mettrie）的观点：有研究兴味的人是幸福的，而能够通过研究使自己的精神摆脱妄念并使自己摆脱虚荣心的人更加幸福。

　　本书属于我负责的全国教育科学"十一五"规划教育部重点课题"中国基础教育'九大学派'研究"（DAA090145）、教育部人文社会科学研究规划基金项目"我国基础教育'十年课改'的历史考察与反思"（11YJA880154），以及福建师范大学教育学院青年创新项目"中国基础教育改革与发展重大问题研究"的综合性成果。

　　本书出版得到了教育科学出版社教师教育编辑部刘灿主任的关心和帮助，得到了学术著作编辑部刘明堂主任的鼎力支持；责任编辑孔军老师字斟句酌、不厌其烦、一丝不苟的工作态度令我肃然起敬；敬爱的导师朱永新先生，于百忙之中精读书稿并欣然作序，对我既是鼓励也是鞭策；贤妻刘艳女士，在文献检索和书稿校正方面，做了大量细致入微的工作。谨此一并致谢！

张荣伟

2012 年 6 月 12 日于福州

第 2 版

后　记

本书第 1 版的出版时间是 2012 年 7 月。五年多来，本书第 1 版在福建师范大学教育学院一直作为教育学和小学教育两个本科专业的教材在使用，课程名称是"基础教育改革研究"。

我深知，用个人专著作为教材，既是一件令人开心的事情，也是一件极其危险的事情。为此，每次开课的时候，我都会特别强调：教师应该用教材教，但不只是教教材；学生应该用教材学，但不只是学教材。之所以倡导这种教学理念，主要是希望同学们不要一叶障目而不见泰山，不要"唯书""唯师""唯上"，而是要秉持怀疑精神和问题意识，审慎地对待任何一本书、任何一节课、任何一套知识系统。

"遗簪见取终安用，弊帚虽微亦自珍。"本书第 1 版先后获得了福建师范大学第七届优秀教学成果二等奖、第三届中国大学出版社图书奖（优秀学术著作）一等奖。文章千古事，得失寸心知。为了更好地适用于本科教学，在基本框架不变的前提下，我边教边改，对第 1 版进行了总体修订，并重点完善了第七章、第九章和结语部分。同时添加了《重新界说教育》（《新教师》2013 年 Z1 期）和《多元化时代亟须判断力教育》（《中国德育》2013 年第 14 期）两篇文章，作为第 2 版附录，算是对"我们需要怎样的教育"这一核心问题的一种回应。

本书再版，得到了福建省教育学研究生教育创新基地的资助，得到了教育科学出版社的鼎力支持，特此致谢！

张荣伟

2018 年 2 月 28 日于福州怡景书斋